易明赋能系列丛书

激活课堂

田俊国　原继东　著

作为一名老师，仅仅意识到灌输式的课堂效果不好是远远不够的，只有先体验到课堂互动的乐趣，熟悉课堂互动的手法，然后采取合适的策略和步骤进行教学，不断地锤炼自己，才能为学生带来美好的学习体验，才能真正成为一名促人改变的好老师。

只有老师自己的学习处于充分体验的状态下，才能用同样的方式把知识传递给自己的学生，这才是真正意义上的教学相长！本书从老师日常教学的七个实际问题入手，一步一步助力每位老师成为专家型老师。

图书在版编目（CIP）数据

激活课堂 / 田俊国，原继东著 . —北京：机械工业出版社，2023.8（2024.9 重印）

ISBN 978-7-111-73527-4

Ⅰ . ①激… Ⅱ . ①田… ②原… Ⅲ . ①课堂教学－教学研究 Ⅳ . ① G424.21

中国国家版本馆 CIP 数据核字（2023）第 132162 号

机械工业出版社（北京市百万庄大街 22 号　邮政编码 100037）
策划编辑：张潇杰　　　　　责任编辑：张潇杰
责任校对：郑　婕　李　婷　责任印制：邰　敏
三河市宏达印刷有限公司印刷
2024 年 9 月第 1 版第 2 次印刷
165mm×225mm・16 印张・1 插页・215 千字
标准书号：ISBN 978-7-111-73527-4
定价：59.00 元

电话服务　　　　　　　　网络服务
客服电话：010-88361066　机 工 官 网：www.cmpbook.com
　　　　　010-88379833　机 工 官 博：weibo.com/cmp1952
　　　　　010-68326294　金 书 网：www.golden-book.com
封底无防伪标均为盗版　机工教育服务网：www.cmpedu.com

序 1

  本书发轫于 2022 年我给某金融集团资深内训师授课的讲稿。当时的安排是每半天一个教学话题,共八个,先后讲了两期。我不愿意简单重复,所以虽然前后两次的话题相同,但具体内容和讲法却差异很大。可能因为课后反响实在太好了,原继东竟悄无声息地把课堂录音整理成三十多万字的文字稿,并将两次所授同一话题的内容做了整合,还补充了我在其他场合讲过的相关内容,也创造性地加了不少他授课的案例,增删多次后,成了现在的书稿。他的工作给了我意外的惊喜。我在他的书稿基础上又修订多次,决定出版。本书汇集了我在教学方面的最新主张和最佳实践,也凝聚了原继东的大量心血。

  这本书其实并不容易读,一方面因为内容涉猎很广,延展很多;另一方面因为探讨得很深,轻松的叙述背后直通认知心理学、教育学以及教学设计理论的底层逻辑。为了方便读者阅读,我简要对内容做个梳理。

  第一,开头第一问提纲挈领地指出教学效果不佳的根本原因是教学缺乏弹性。老师照本宣科,学生得过且过,导致课堂死气沉沉,既没有生趣又没有魅力。理想的课堂应该是师生双方全程处于创造性脑力劳动状态下,老师在课堂上不只是宣讲,更多的是引导和临场发挥;学生不只是被动地听讲,更要主动参与探讨和练习。学生的点滴收获都是自己深度参与探索而来的。思想是思维的产物,给学生传授某种思想的最好办法是带他们经过同样的思维过程得出结论。

  第二,要让课堂富有活力,老师必须处在真心想教的状态,而学生必须处在真心想学的状态。状态是一切的基础,状态不对,努力白费。第二问就是直面老师的状态问题,因为老师在课堂上处于主动的位置,所以老师的状态能带动学生的状态。我以为,解决老师状态问题的关键在于颠覆传统的蜡烛隐喻。老师并非是牺牲自己照亮别人的蜡烛,而是与学生同学习、共进步的学习者。我坚持认为,一堂课下来,老师的收获应该比学生多才对。在课堂上有更多收获才是老师更积极地投入教学的底层动力。那么,如何让老师在课堂上学到的比学生还多?就需要老师有意识地进入学习状态,老师是站着的学生,学生是坐着的老师。唯有老师发自内心地把课堂当成训练场,在课堂上持续提升自己对所授内容的融会贯通水平,持续提升对学生心理的洞察能力,坚持教学在对话中进行,用积极开放的对话充分激活自己及学生的大脑,恰到好处地走出舒适区才能学到更多。当然,还要课后复盘,哪些课前设计取得了预期效果,值得持续?哪些设计没有取得预期效果,值得探究原因?哪些临场发挥取得了意外效果,值得深究?哪些临场应对效果欠佳,后续需要优化?要相信"相信的力量",老师只要想让自己在课堂上的收获比学生还大,就一定能收获满满。想着应付差事则不可能有意外的收获。老师良好的状态是激活学生的前提,第三问便是探讨如何激活学生。很多老师抱怨学生不积极、课堂沉闷,我会反问:"你觉得青春年少的学生在课堂上呆若木鸡的状态正常吗?"学生们在课堂上表现出与其年龄不相称的状态,是课堂出问题了,而非学生本身不活跃。如何让学生在课堂上找到玩游戏时的感觉?那就要激发学生参与的意义感、效能感、获得感和信任感,老师要想办法帮助学生建立和巩固学习过程的愉悦回路。尽管大脑的工作方式极其复杂,但有一点是不变的,那就是倾向于重复积极的情感体验。如果老师能够帮助学生建立并持续增强"认知－行为－情感"相互促进的体验闭环,学生就一定能够踊跃参与课堂活动。

第三,教学在师生共同形成的社会化环境中进行,而人在不同社会环境中的表现差异会非常大。我把师生共同组成的课堂氛围称为场域。在课堂上,每个人的表现都会影响场域,要么给场域做贡献,要么破坏场域。人人都给场域奉献一点正能量,场域反过来会给每个人带来能量加持。假如人人都破坏场域,场域也会拉低每个人的能量。如果老师能够积极营造和运用场域,场域就是老师最得力的助教，倘若老师无视场域的存在，场域则会用其独特的方式制造课堂危机，甚至让老师难以收场。我认为老师要始终思考两个问题：第一，如何有效运用场域的力量促成学生自觉改变？第二，如何解放自己，促成学生相互交流和反馈？实际上第四问的内容紧密围绕这两个问题展开。

第四，教学是师生双方以既定内容的学习为目标展开的社会活动。教学工作的真正难度在于要在既定时间内让学生的内在发生预期的改变。教学设计要紧密围绕"如何让改变发生"这一严肃命题进行。学生要把老师所讲授的内容转化成自己的内容需经两个过程：一是形成个人版本的理解；二是发展出个性化的应用。所以，教学绝非简单的知识搬运，而是师生合作的再创造过程。这就意味着课程的内容要持续迭代，不仅内容要与时俱进地发展，教学形式也要不断创新。如何用研讨的方式实现在课堂上开发课程？如何在实践中持续迭代和优化课程？这是第五问重点探讨的问题。

第五，课堂绝非传授知识那么简单。真正的教育工作者能够兼顾教书和育人，在传授知识的同时滋养学生心灵。对话的由来包括两条通道：一条是语言形式的表达，是意识主导的思维加工的"言传"通道；另一条则是非语言形式的表达，是潜意识层面的感受体验通道，姑且称之为"身教"通道。优秀的老师总能在课堂上找到合适的切入点，与学生在心灵深处相遇，滋养学生的心灵，塑造学生的人格。用马扎诺的教学目标分类观来分析，教书的作用点在学生的认知系统和反应系统中；而育人的作用点却在学生更深层的自我系统中。自我系统包含学生的情感、价值观、人格等。孟子所说的浩然之气怎么养？浩然之气需要长时间地在正能量状态浸泡。老师如何在学生的潜意识层面作业？如何有效影响学生的自我系统？这是第六问要着力解决的问题。听上去有点玄，但确实很重要，只要老师的脑海里时刻不忘育人的初心，在实践中也很容易操作。

第七问详细阐述了老师的专业发展话题。老师如何以三尺讲台作为自己修身的平台，在教书育人的同时逐渐把自己修炼为专家型老师？在人工智能时代，老师绝对不能靠自己的油腻状态和存量知识教书育人，更重要的是保持积极奋进的正能量状态，以及与时俱进的学习力。专家型老师应该是什么样子的？又应该如何学习？如何保持积极进取的状态？老师又如何十年如一日地恰到好处地走出舒适区，有机整合理论学习、社会学习和实践学习，借助讲台把自己塑造成学科领域和教育教学领域的双料专家？本书阐述了我的实践经验和观点。

　　以上是本书的内容梗概，因为每个人的问题相对独立，读者完全可以根据自己的需要和兴趣选择阅读。教学的专业性和实践性都很强，值得奉献毕生的精力去深入钻研和持续发展。我写了很多本关于教学的书，各有侧重却也多有重复，但我的重复并不是简单地照搬，而是融汇了最新的领域和实践案例。我对本书最大的期望是它能对一线教师和培训师朋友产生一定的启发和借鉴作用，也希望读者朋友们能够轻松阅读，无须字斟句酌。开卷有益，读者能从本书中撷取跟自己有缘的部分内容就好。最后再次感谢原继东所做的努力，没有他的基础工作，也许这本书就不会出版。

田俊国
2023 年 6 月 24 日于北京

序 ②

1968年,阿波罗8号实现首次人类绕月飞行,航天员和地面的人们进行了一场对话,有一个小男孩好奇地问航天员:"是谁在推动飞行器飞行?"航天员机智地回答说:"是艾萨克·牛顿爵士。"

为什么是牛顿?因为正是牛顿让物理学进行了一次范式革命,牛顿之前的人们还在信奉亚里士多德的自然物理,而牛顿之后人类进入了理论物理时代,由此展开了近三百年的科技快速发展史。范式,是人们对一个领域的基本假设。范式革命,就是让人们拥有对这个领域新的心智地图,比如天文学中的日心说、生物学中的进化论。每一次重大突破都是与过去的决裂。当下最应该开展范式革命的,就是教学。

我从大学毕业后留校当老师,到去出版社做教材出版、数字出版,到创业做移动互联网教育,再到如今做教育培训,兜兜转转,都在围绕着教育教学做探索。从最开始对基础教育、高等教育的教学的迷茫,到尝试提升教学内容质量和形式表达,再到试图用技术撬动课堂革命,最终在田俊国老师这里发现了变革的真理:成功变革的关键不是内容、不是信息、不是技术,而是人。只有当教育中的人的心智发生改变,其他变化才会发生。教育中的人,无论是教育的管理者,还是一线的老师,或者学生和家长,甚至是每一个关心教育的人,都需要一次重大的"心智突围"。

相信很多教育同行会和我有同样的困惑:新的教育理念层出不穷,新的教学方法也在大量涌现,新的教学技术更是日新月异,可为什么还是有海量的课堂在走传统的老路?领导力领域的大师罗纳德·海菲兹,把人们面对的变革问题分成两种:一种叫作"技术性挑战",应对这类挑战需要人们提升技术水平;另一种叫作"调适性挑战",应对这类挑战则需要人们转换思维框架、提升心智水平。打个比方，技术性挑战面对的问题就像手机上那些 App 的小 Bug，而调适性挑战面对的则是手机操作系统的大问题。第一种挑战面对的是人们"不会"的技能问题，只要通过学习就可以"从不会到会"；第二种挑战面对的是人们"不能"的心态问题，往往隐藏着人们的恐惧、焦虑和无助，仅仅通过技能的学习无法让身在其中的人"从不能到能"。我们犯的最大的错误就是用"技术性"方法去应对"调适性"挑战，即使提供给老师再多的教育理论、教学方法、教学技术，不改变老师心智的底层操作系统，也难以让教育教学发生根本性的改变。

非常幸运，2019 年年中，我进入田俊国老师第五期"专家型导师特训营"学习，从那时起到现在就一直跟着田老师学习。在他的课堂上，我经常会感受到心智突围后的那种冲击力。他独创的理论和方法，也屡屡让我体验到"找到了突破传统教学范式中各种假设的路径"的那种喜悦——原来，人们在意识学习之外还有更大的一块学习是"潜意识学习"；原来，"社会化学习"才是教育教学的本质；原来，课堂教学里不止有内容和师生，还有无形的"场域"；原来，全人教育要深入滋养学生的"自我系统"；原来，人的大脑里住着"五个小孩"；原来，课程开发只是"解决病构问题"的具体应用；原来，学习力提升靠的是"ACCP 循环"的速度和力度；原来，学"方法论"比学具体的岗位技能更能适应环境；原来，"复盘/萃取"在人类的学习过程中不可或缺；原来，提升老师的"心力"比提升老师的能力更重要；原来，深度的"关系"才能带来深度的学习……我们可以从田老师的"心力拓展训练营""教学动能升级训练营""打造活力课堂训练营""魅力引导训练营""金课开发训练营""重塑关系训练营""学习力跃迁训练营""复盘与经验萃取训练营""领导者效能跃迁训练营"中分别感受到它们。田老师治学，始终坚持的是"己所不'用'，勿施于人"，他发展出来的所有理论和方法都是他的真实践。我也有幸在近处亲眼看到和亲身参与他的理论体系（如下图所示）的建构过程。

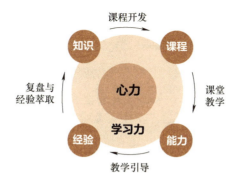

　　本书的内容脱胎于这些训练营中田俊国老师给学生们补充的拔高讲授部分，有一大部分是他给某大型国企专门定制的课程内容，还有一些是他每次训练营结束时在闭营仪式上的提升式总结，以及他在不同场景下的演讲。和专项的线上训练营或线下公开课内容不同，本书内容追求的是融会贯通地运用田老师的理论体系和方法工具去解决现实教育教学中那些令人十分关注的"大问题"，比如"如何在课堂上真正地激活学生"这样的难题。读者在阅读的过程中也会发现，每一个问题的解决，都需要多视角的审视、多维度的思考、多领域的运用，可能同一个知识点会在不同的问题场景中做不同的应用阐释。

　　于我而言，整理这本书稿的过程，也是一次愉悦的融会贯通的学习过程，能用之前的知识攻坚这些教育教学的"大问题"，本身就让我自己大脑的多巴胺井喷，不亦幸乎！当然，我也并非完全是田老师内容的"搬运工"。田老师教导我们说，在任何情境下都要发挥自己的创造能力和展示自己的独特风格，真正的高手要学会"戴着镣铐跳舞"。所以我在整理书稿的过程中也融入了自己的一些思考，体现在内容结构的设计上和部分知识的延展上。最为明显的是，我在整理书稿过程中力图为每一个知识点配上生动的故事，因为我们在做决策时是情感与思维并行的，讲故事要比讲道理更容易让读者有体验和感受，有体验、有感觉的知识才可能在未来用得上。特别需要说明的是，我的一些不成熟的思考内容可能会在书稿中借田老师的口说出来，如果读者在畅读过程中发现了这些瑕疵，切勿归罪于田老师。

本书原本起名叫《我能让你能》，这句话本身也是田老师在授课过程中偶得的金句，它至少包含两层意思，第一层意思是说所有老师都应该具有"我能让学生能"的信仰和本领；第二层意思是说田老师这一套理论方法能够让老师"从不能到能"。这句话容易让读者觉得太"妄自尊大"而且不能让读者在第一时间看到书名时确认这本书是一本教学能力提升的书，最终遗憾舍弃。但这个"能"字，确实点中本书要论述的核心，我将其"野蛮关联"到每一个要解决的主题问题上。

- 第一问"如何让教学富有弹性"，其核心解决的是老师和课堂的"效能"问题。
- 第二问"如何真正地做到教学相长"，其核心解决的是挖掘老师和学生的"潜能"问题。
- 第三问"如何在课堂上真正地激活学生"，其核心解决的是学生的"能动"问题。
- 第四问"如何有效促进课堂上的社会化学习"，其核心解决的是课堂"能量"的流动问题。
- 第五问"如何从无到有地开发和迭代课程"，其核心解决的是把课程开发的不可能变为"可能"的问题。
- 第六问"如何在教学中滋养学生的心灵"，其核心解决的是为学生自我系统"赋能"的问题。
- 第七问"如何成长为专家型老师"，其核心解决的是教育中的"能人"问题，只有有能人才能有能力。

有一位作家说过：答案是一个密闭的房间，问题则是一扇敞开邀请我们的门。这本书就用以上这七个问题，邀请每一位读者和我们一起开启对教育教学的思考与行动。

最后，我还要表达一些感谢。首先要感谢的是田俊国老师，他的大师风范和治学风格让我耳濡目染，他的教导让我真正地懂得人生最重要的是修身的功课，他是我人生的贵人！其次要感谢的是易明团队里陪伴我成长的卢飞宇老师，以及线上线下班里那些和我协同进化的领教们、同学们，正是在与他们的互相切磋中，我才能不断丰富人生算法和经验数据，他们都是我人生的同路人！然后还要感谢我敬爱的父母、岳父母、亲爱的妻子和两个可爱的女儿，是他们的支持与奉献让我能够坚定地走在探索教育教学的路上，他们是我人生最坚强的后盾！

原继东

农历癸卯年正月初六

序 1

序 2

第一问　如何让教学富有弹性 ··· 1

　一、弹性老师：从油腻说教到魅力引导 ····························· 2

　　　状态之问：你喜欢自己的课堂吗 ································· 3

　　　有弹性地教，给自己留下空间 ····································· 7

　　　在课堂上绽放，在引导中学习 ··································· 15

　　　活出有弹性的人生 ··· 23

　二、弹性课堂：从死气沉沉到生机勃勃 ··························· 25

　　　打破课堂的刻板印象 ·· 26

　　　有弹性地学，给学生留下空间 ··································· 26

　　　用对话营造生机勃勃的场域 ······································ 33

　　　课堂只是学习的一个环节 ··· 41

第二问　如何真正地做到教学相长 ······································ 45

　一、教学相长建立在课堂的双闭环之上 ··························· 46

　　　学：学生在课堂上从知到行的闭环 ····························· 47

　　　教：老师在教学中自我成长的闭环 ····························· 49

　二、老师要带着学习的心态去教学 ··································· 51

　　　教学不是奉献而是学习 ··· 51

　　　最难回答的问题是老师的状态问题 ····························· 54

　三、让老师自己每堂课的收获比学生大 ··························· 57

　　　课前：有准备地进入学习态 ······································ 58

　　　　课中：积极开放地对话 ·· 64
　　　　课后：从经验中汲取智慧 ·· 73
第三问　如何在课堂上真正地激活学生 ·· 77
　一、老师必须保持在赋能的状态 ·· 78
　　　　真：不端不装有点"二" ·· 79
　　　　低姿态地与学生建立连接 ·· 81
　　　　让你的学生喜欢你 ·· 83
　　　　深度聆听：用好奇心代替批判态 ································ 86
　二、关注学生学习背后的心理诉求 ·· 89
　　　　意义感：和学生的工作及生活实际关联紧密 ················ 89
　　　　效能感：回答能否学会的问题 ···································· 90
　　　　获得感：解决实际问题后的愉悦回路 ·························· 91
　　　　教学的每一步都要有心理动力设计 ······························ 93
　三、帮助学生建立学习的愉悦回路 ·· 95
　　　　用高版本的愉悦回路替代低效能的愉悦回路 ················ 95
　　　　在课堂上促成有效改变的闭环 ···································· 97
　　　　让学生在概念中获得生动的体验 ································ 100
　　　　像游戏一样教学，重在设计学生的参与 ······················ 101
　　　　给学生足够丰富的刺激和足够多元的反馈 ·················· 103
第四问　如何有效促进课堂上的社会化学习 ·································· 107
　一、学习的社会化本质 ·· 108
　二、场域是老师最重要的助教 ·· 111
　　　　场意识：永远不要忽视场域的力量 ···························· 111
　　　　学习公约：学、不、多、重、守 ································ 113
　　　　课堂破冰：尽快让学生活跃起来 ································ 115
　　　　营造场域：激活、交换、控场 ···································· 119

三、社会化学习才是学习效果的关键 ······ 121
社会化学习推动学习形成闭环 ······ 121
四种社会化学习的组织方式 ······ 123
社会化学习的组织技巧 ······ 127

四、打造集体心流:"言激情荡,悟来创往" ······ 130

第五问 如何从无到有地开发和迭代课程 137

一、懂得课程开发的基本原理 ······ 138
课程开发的五大要素 ······ 139
课程设计的十六字方略 ······ 142
形式创新没有极限 ······ 144

二、在课堂上开发课程 ······ 148
有问题即可开展培训,大不了就行动学习 ······ 148
五星教学是有答案的萃取,案例教学是有底牌的复盘 ······ 151
将研讨成果加工成课程,在课堂上持续完善 ······ 153
课程有生命,迭代无止境 ······ 155

三、在实践中发展多种讲法 ······ 157
不断丰富老师自己的数据库 ······ 157
整合无止境:在实践中实现知行合一 ······ 160
根据学生状态和场域调整讲法 ······ 161

第六问 如何在教学中滋养学生的心灵 165

一、在课堂上滋养真善美的种子 ······ 166
"成为谁"比"学什么"更重要 ······ 166
永远为学生的真善美赋能 ······ 168
要有敬畏心,不要轻易否定孩子 ······ 171

二、忘掉学校教的,剩下的才是教育 ······ 174

德：存天理，去人欲 ·················· 174
　　　志：志不立，天下无可成之事 ·········· 175
　　　智：解决问题的能力比答案更重要 ······ 176
　　　体：行为决定习惯，习惯决定命运 ······ 178
　　　学：学习力才是底层的竞争力 ·········· 179
　三、如何成为能滋养学生心灵的老师 ········ 180
　　　先疗愈自己：爱是溢出来的 ············ 180
　　　再滋养学生：教学的重点是帮人觉醒 ···· 187

第七问　如何成长为专家型老师 ·············· 205

　一、立志做有情怀的专家型老师 ············ 206
　　　三句话定义专家型老师 ················ 206
　　　专家型老师的成果框架 ················ 208
　二、专家型老师提升之路 ·················· 212
　　　专家型老师的心智升级 ················ 212
　　　专家型老师提升的三大功课 ············ 217
　　　个人经验升华与迭代 ·················· 223
　三、积极淡定，向愿而行 ·················· 226
　　　教学方法探索永无止境 ················ 226
　　　算法可以快速获取，数据需要慢慢积累 ·· 228
　　　学会在批判和挫折中学习 ·············· 230
　　　我的教育梦想 ························ 232

参考文献 ······································ 236

第一问

如何让教学富有弹性

教学不是产品，而是艺术品。流水线生产的千篇一律的产品和每一个都独具风格的艺术品之间，最大的区别是"弹性"。当下教学中最大的问题，就是缺乏"弹性"。千年之前的孔子就提倡"因材施教"，教学本来应该像打磨艺术品一样去塑造每一个学生，如今却硬生生地变成了统一模子的批量工业化生产。不管是教学，还是培训，课堂都像一大片荒芜的、干燥的、板结的盐碱地，即使是最好的种子，播种在那里也难以扎根。坚硬、死板是弹性的反义词，没有弹性的土地是长不出好庄稼的。

只有弹性的教学，才能培养出弹性的人才。弹性的人才是那种能够积极发挥自我的创造性、能够在任何情境下都活出自己风格的人。工业化时代已经远去，互联网时代发展得如火如荼，智能时代已经敞开大门，科技、社会、文化等各个方面瞬息万变，描述世界的新视角用 VUCA⊖ 都不足够，甚至得用 BANI⊖ 才能形容。只有足够有弹性的人才能适应快速变革的时代。时代发展呼唤弹性的教学。

如何让教学富有弹性是现时代教育教学最迫切需要回答的问题。弹性的教学应该是什么样的？有一个标准可以衡量，那就是能让师生双方处于创造性思维状态之下，处在人区别于动物的高级机能的充分发挥状态之下。想让教学有弹性，先要从弹性老师和弹性课堂入手。

一　弹性老师：从油腻说教到魅力引导

影响教学效果的变量很多，包括老师、学生、内容、课堂、课程、场域等，其中影响最大的变量一定是老师。老师不变，课堂就不会变。但今天的

⊖ Volatile、Uncertain、Complex、Ambiguous 四个单词的缩写，分别是易变不稳定、不确定、复杂和模糊的意思。

⊖ Brittle、Anxious、Nonlinear、Incomprehensible 四个单词的缩写，分别是脆弱性、焦虑、非线性和不可理解的意思。

课堂之所以这么死板,并不是现在这一茬老师的错,因为当这一茬老师是学生的时候,他们的老师就是用说教式、灌输式的方式教他们的。老师们没有体验过弹性教学,当然也就不会用弹性教学教学生。今天的教学积弊已久,要改变这个局面,最直接的方式是让老师恢复弹性,改变的核心是老师对教学的态度以及老师的教学方法,其实也就是做弹性老师的"心法"和"方法"。

状态之问:你喜欢自己的课堂吗

教育圈的悖论:教人改变的人却自己不变

请读者先思考一个问题:"作为老师,你喜欢不喜欢自己的课堂?在课堂上,你喜不喜欢你的学生?"对这个问题的回答可以把老师分为两种,一种老师对教学充满激情和热爱;另一种老师则把上课当作应付差事。上课这件事,老师的激情和热爱一定是第一位的。如果一个老师并不喜欢上课,学生会秒懂他的状态;如果一个老师并不喜欢自己的学生,学生也会很快感受到他的情绪。应付课堂、应付学生这件事,学生和老师自己的良知都看得见。作为老师,一定要明白一个道理:应付课堂,本质上其实是应付自己的人生。

罗素·L.艾柯夫是与德鲁克齐名的管理学大师,他的第一份工作是在一个大学里做讲师。当时他的班上有一个学生,因为上一年修这门课没有及格,所以这一年需要重修。这个学生这一次重修后通过了考试,就在考试后力邀艾柯夫一起吃个饭。艾柯夫耐不住学生诚恳的请求就同意了。吃饭的时候,学生说:"老师你的课讲得真好。"艾柯夫心想,很多人都觉得我讲课讲得好,也不差你这一票的表扬。但是那学生顿了顿继续说:"但是我发现了一个问题,就是您今年的课和去年讲的一模一样。"艾柯夫反问道:"我去年讲的和今年讲的一样,有什么问题吗?"学生回答说:"我就是很好奇,老师您自己的学习是怎么进行的呢?"艾柯夫两年一模一样的课,让学生发现他的课程是没有迭代的。这件事给了艾柯夫很大的触动,也让他的学习发生了很大的改变,艾柯夫快速迭代的人生也从此开始。

然而，这种年年重复的课堂在今天仍比比皆是。重复的课堂反映的是老师自己成长的停滞。铁打的课堂，流水的学生。课堂上的学生每年、每学期、每一次课都在换，如果一个老师的课程是在误人子弟，对于学生来说也只是耽误了这一年、这一学期、这一次而已。但是回头看看老师自己，如果十年、二十年如一日地这样讲课，到底耽误的是谁呢？

一位高校教师曾跟我讲，他们学校有一年在社科类公共课上实行轮换授课，目的是想让那些教一门课很长时间的老师能够换别的课教，因为他们调研发现，很多老师因为长时间教一门课都很"油腻"了。结果这个政策捅娄子了，很多老师找领导，说他们带这门课已经带了这么多年了，出台这个政策不是折腾他们吗？说得更厉害点，这不是"要他们的命"吗？

这种现象在现在的教育教学领域也非常普遍，我称之为"教育圈的悖论"，那就是：教学的目的是促人改变，然而那些教别人改变的人，自己却丝毫不改变。有很多老师用一成不变的PPT，年年上着一成不变的课，一茬一茬地教学生，而自己却完全不改变。相关调查显示：63%的老师工作10年后，很少再改变自己的教学方法。有56.6%的老师进入"职业高原"阶段后，对新的教学理念缺乏敏感和认同，满足于用已获得的技能进行重复教学。

一位在培训业界有点名声的老师，有一次见到我，非常自豪地向我标榜说："田老师，我这个课讲了很多很多遍了。现在这课讲到什么地方停顿，什么地方做练习，什么地方抛什么段子，我连一个逗号都不会乱！"我当时对他表示了敬仰，但是转过身来我就想："如果有一天机器人能够替代自然人讲课的话，那么第一个替代的不就是你吗？"

教育领域里有一句著名的话：教育就是爱和榜样。老师的状态和示范对学生的影响是巨大的。老师教学的目标是让学生发生改变，但是老师自己却一成不变，还想让学生改变，确实是很滑稽、很吊诡的一件事。一成不变是刚性，不是弹性。要想让教学有弹性，首先老师自己要有弹性。

在课堂上找到老师的第二动力源

现实中,太多老师的教学是照本宣科——照着 PPT 念、照着稿子念。从大脑工作的角度看,每个大脑都喜欢新鲜和刺激。这样的讲课,怎么可能让老师的大脑感受到新鲜、刺激?还有很多学生总渴望老师多"兜干货",实际上"兜干货"对常年授课的老师而言非常容易,前一句说完,下一句不假思索就顺嘴而出。因此这样的授课过程,也不能使老师的大脑完全激活。本来可以很生动的教学于是变成了生产线上枯燥的操作,这只能让老师活泼的大脑感到毫无意义、了无生趣。如果在课堂上老师自己的大脑都没有被完全激活,又怎么可能激活学生的大脑呢?如果老师在课堂上没有弹性,那么期望教学恢复弹性就是不可能的。

人是一种学习动物,广义地说,人时时处处都在学习。人的反应方式是分圈层的,可以分为舒适区、学习区和惶恐区。人这个物种很有意思,如果我们天天干一模一样的事儿,就会觉得很无聊;但如果要做的事情自己从来没干过,就又会觉得很焦虑。觉得无聊,就是处在舒适区;觉得焦虑,就是进入了惶恐区。人既不能太无聊,也不能太焦虑,最佳的学习状态应该是恰到好处地走出舒适区。而老师讲课"油腻"了以后,实际上就在自己的舒适区里瞎混,在舒适区里的老师是没有弹性的。想要保持弹性,老师就一定要具备学习态,让自己时时处在学习区。

我发现,<u>老师备课越充分,讲课的弹性就越小,备课的充分度和教学的弹性度是成反比的</u>。因为课前准备越充分,老师在课堂上就越可能处在舒适区。那种按照教案教课,一个字都不敢错、一个步骤都不敢乱、一个知识点都不敢落的教学就是典型代表。那老师备课应该备什么?我认为备状态要大于备内容。备内容,内容一定会越备越多、越备越死板,课堂就没有给学生和老师自己留下空间,就没有弹性。教学的目标是让学生改变,学生改变的前提是大脑能够被充分激活,老师讲的越多,越可能达不到激活学生大脑的

激活课堂

目的，因为老师把学生该干的事情干完了。真正要准备的是老师的状态，需要的是老师敢于直面学生的问题、敢于和学生互动、敢于把课堂所有权有序让渡给学生的勇气和真诚，需要的是老师自己想要在课堂上学习的学习态。检验一堂课好与坏的标准是学生学到了没有，而不是老师讲爽了没有。老师讲得越爽，学生可能学得越少。

和绝大多数老师不同，我多少年来上课都不用PPT。因为使用PPT很容易把老师的注意力拴在授课内容上，很容易让老师依赖PPT而让自己处在舒适区，上课时根据PPT把内容一交代就算完了。这种教学就是眼里没有学生，课程没有弹性，课堂没有活力。最为关键的是，老师自己也不能从这样的教学中有所收获。我的课堂就是一个白板、几支马克笔，即使是同样的主题，每一讲的内容都不一样。不是我不能讲成一模一样的，而是我不愿讲成一模一样的。讲成一模一样固然简单轻松，但也意味着让我自己处在舒适区里，这是对我自己生命的浪费。我生命的能量会被这简单重复给偷偷耗掉了，自己并没有成长。正因为每一讲都不一样，我的课堂就具有了弹性。每一讲都有我自己刻意整合进去的最新的内容，每一讲都有我自己临时的发挥，也就能让我的大脑时时处在创造性地发挥和适应性地改造的激活状态下，这个过程既是面向学生的教学也是我自己的学习，是课堂的弹性给了我自己很大的学习空间。

课堂是一个学习的场所，老师在课堂上最好的状态也是当一个学习者。不关乎身份，只关乎状态，谁处在学习态，谁就是学习者。老师可以是站着的学生，学生可以是坐着的老师。只要处在学习态，老师就能够在课堂上学习。

老师动力不足的根本原因是，老师不能在课堂上找到自我成长的动力。老师能够在课堂上学习到新的东西，就解决了老师自己成长的终极动力问题。这个问题得到解决的同时，教学的活力和教学的弹性也就恢复了。这个动力，我称之为老师的"第二动力源"。"第一动力源"经常是物质性的。教课固然是获得物质报酬的手段，但老师如果仅停留在这个物质性的"第一动力源"

上，恐怕永远也不会有大的成长。

有弹性地教，给自己留下空间

身份决定状态：内容快递与思维导师

基于老师在课堂上的注意力结构，我曾经把老师划分为以下五个层次。

1.0级别的老师（被动应付级），90%以上的注意力都放在自己的内容上，他们眼里几乎没有学生，更莫谈师生互动与氛围营造了。

2.0级别的老师（积极表现级），想尽办法对自己的课程内容进行演绎和包装，上课像说相声、演小品，依然是以老师为中心的讲授内容为主，注意力的重点还放在内容和自己身上，依然不关心学生对内容的吸收转化。

3.0级别的老师（教练引导级），注意力结构中内容的比例在下降，开始真正做到以学生为中心，真正关注学生对知识的吸收转化，会采用引导的方式把内容一点一点地传授给学生，老师的作用不是兜售内容，而是促进学生思考。

4.0级别的老师（师生共创级），注意力结构的重心又匀给了场域一些，他们更关注形成一个积极的、开放的、互相信赖的、敢于表达的、敢于提问的课堂场域环境，他们会以一个共同要解决的问题为线索，和学生一起展开开放、积极的讨论，然后在相互启发中形成共识，最终形成解决问题的办法。

5.0级别的老师（太上无我级），是那种超一流的老师，把营造场域的方式运用到了极致，让参与者完全沉浸其中，彼此深度联结，信息充分流动，意识和潜意识配合，共创智慧。

那么，从1.0级别到5.0级别老师的分水岭是什么呢？我认为最重要的有三个弹性指标。

第一是教学的内容弹性，教学内容越固定，老师越偏向于1.0级别；内容越有弹性或者越有拓展的空间，老师就越偏向于5.0级别，甚至到5.0级别的时候连内容都几乎没有了。

第二是师生的关系弹性，老师越高高在上沉浸在自己的知识中，就越可能停留在 1.0、2.0 级别；如果老师更愿意走近学生，跟学生在一起解决问题，就逐步迈向 3.0、4.0 级别了；当老师和学生进入到一种共同场域，师和生的界限完全模糊，那就进入 5.0 级别了。

第三是学生的思维弹性，如果学生在学习的全过程都处在被动地接收并简单地理解的状态，那么学生的思维显然是缺乏弹性的，他们的创造思维等高级机能就很难被激发出来，这就是老师处在 1.0 级别；如果学生的大脑被充分激活，其思维的弹性就很大，思维激活的力度越大，老师就越偏向 5.0 级别。

教学绝不是简单的知识传授，而是师生富有弹性的共创。教学内容要有弹性、师生关系要有弹性、学生思维要有弹性，首先老师要明确自己的身份，老师的身份决定了老师的状态。如果老师觉得自己只为内容负责，就大概率会把自己当成知识的"快递员"，而不管学生的状态，只要自己把这些知识讲到了，把知识"快递"到学生"家门口"，就万事大吉了。如果老师觉得自己只为自己的课堂表演负责，他的注意力就只能停留在内容包装和个人演绎上，学生的吸收转化对他来说也仍然是件可有可无的事。只有老师觉得自己应该为学生的吸收转化负责，他的身份才转变为学生的思维导师，老师存在的目的是让学生富有成效地思考，主动积极地建构，最终形成学生个人版本的理解，以及面对实际情境进行创造性的发挥和适应性的改造。老师最重要的作用是让学生在学习的全过程处在一种积极的、高效能的思维状态下。

某科学家曾经做过一个试验，想要看看学生们在看电视、看书、听课、吃饭、睡觉、聊天等各种活动中，哪些活动对大脑的激活程度高，哪些对大脑的激活程度低。试验结论非常讽刺，学生们在上课过程中的大脑激活程度是最低的，甚至还不如睡觉时大脑激活的程度，毕竟睡觉有时还会做梦。究其原因，就是老师在课堂上对学生的刺激太过单一，使得课堂非常无趣。

判断一堂课好与不好，可以看老师是累还是不累。老师喋喋不休地讲，下课后一定特别地累，就说明这堂课基本上失败了，因为这种讲法剥夺了学生的弹性空间。老师讲得越多，学生越没有空间和时间去自主地把新知和旧知结合起来做新的建构，也不能面对实际问题进行创造性的发挥和适应性的改造，学生实际上消化吸收得就越少。老师固然可以用这种"满堂灌"的授课方式牢牢地掌握课堂的控制权，固然可以获得自己对课堂的掌控感和安全感，但是从学生学习是为了改变的这个角度来讲，这种讲法确确实实没起到让学生改变的效果。

老师的身份要重新定义，不当内容快递员，要当学生的思维导师。老师没有直接给学生知识的权利。所有的思想都是思维的产物，想要让学生具备这种思想，就不能直接把结论给学生，而是要引导学生用同样的思维方式去探索。于是学生在经历了同样的思维过程后，也能得出同样的结论，这就能够让学生从这个过程中得到一种获得感、成就感，他会感觉到这个知识点是他自己想出来的，他对这个知识点就有了情感的体验。这个过程就是老师在思维引导的过程中转移了知识的所有权。

人人都戴着镣铐跳舞，关键是跳舞的艺术

讲到教学的弹性问题，就会有很多老师抱怨自己的客观环境。我想说的是，所有的没办法都是借口。没有油腻的工作，只有油腻的人；没有不能迁移的知识，只有不动脑筋的人；没有事情是没办法的，只有不会创造的人。

我们需要从学习的角度来审视这个问题。人的学习过程中有两次创造，第一次创造是学习者把新的知识和自己的旧知、经验结合后形成个人版本的理解；第二次创造是学习者把个人版本的理解与实际工作情境相结合，进行适应性的改造和创造性的发挥，形成具有个人特色的应用。这两次创造过程，一个是知识层面的再创造，一个是实践层面的再创造。如果教学中缺少这两个创造过程的设计，就很容易成为无效教学。作为老师，在课堂上必须给学生这两次创造的机会，给学生留出两次创造的弹性空间。

激活课堂

反观老师自己的学习，当然也得有这两次创造过程。不论老师从哪里学到的教学理论、教学方法、教学工具，都不存在不对它们做任何改变就能照搬到自己课堂上的情况，因为每一堂课学生的学情、学生的状态、课堂的环境、组织的文化等都不会是完全相同的。老师的第一次创造，是把学到的教学理论、教学方法、教学工具和自己过往的课堂实践经验结合的过程，通过这种结合形成个人版本的认知；老师的第二次创造，是面对真实的课堂把这些教学理论、教学方法、教学工具创造性地与学生学情结合、与教学环境结合，形成自己的一套讲法并在课堂上实施。有时为了保证第二次创造的效果，老师还要设计多套教学方案，甚至还要根据实际情况做进一步的临场创造。

老师千万不要把自己这两次创造的机会拱手让人。所有的限制条件都是老师自己做这两次创造的源泉，也是老师自己弹性的源泉。其实在这个世界上，人人都是戴着镣铐跳舞，关键的不是抱怨这个镣铐，而是要练就戴着镣铐跳舞的艺术。世界上没有人可以为所欲为，即使是总统、首相做事也有很多的限制性因素。但是在任何条件下，我们都仍然有一个弹性的创造空间。

《活出生命的意义》的作者维克多·弗兰克尔，在暗无天日的环境下，仍然活出了自己的生存空间，并发展出来自己的"意义疗法"，后来成为世界著名的心理学家。澳大利亚著名励志演讲家尼克·胡哲，天生没有四肢，只有一个长着两根脚趾的小脚，却仍然能获得大学本科双学位，还能访问34个国家，演讲1500余场，激励了无数的人。他们在极端限制的条件下还能活出自己的弹性空间，作为正常人的我们，怎么就不可以？

理想的客观环境是等不来的。所有的限制性条件，考验的都是我们的弹性。斯蒂芬·柯维在《高效能人士的7个习惯》里说过一句话："在刺激与反应之间我们有终极选择的自由。"要相信，只要愿意，我们就永远能找到属于自己的弹性空间。

我线下授课时习惯提前一天去考察教室，而实际上真正能百分百符合我理想预期的教室环境很少，总会有各种各样的不满意。比如，有的教室太空旷，有的太挤，有的桌子太大，有的还是固定的排坐桌椅。如果让主办方改，总会有很多客观上的不允许。主办方经常会有点无助地问我："只能在这样的条件下授课，行还是不行？"我永远都说行。反过来我会对自己说，这些限制都是我二次创造的机会。

有一次去一家企业授课，教室很大，但桌子也很大，每个小组10个人，对角线上的人对话，不放大嗓门的话根本听不见。这对做小组研讨活动非常有影响，如果各小组都放大嗓门，场面就会很嘈杂，互相受影响。但我总不能因为场地的不适合就退回传统教法吧？我一向认为，<u>所有限制你的地方，都是考验你创造力的地方</u>。于是在这次的课上，我就创造性地把我常用的3153结构化研讨方法（3153方法，就是3分钟自主思考，然后一个接一个每人分享1分钟，再用5分钟开放讨论，最后3分钟集体形成结论）改造成了31533方法，也就是先把一个小组分成两个半组，每个半组先进行3153的研讨，然后最后两个半组合并在一起用最后的3分钟把各自的结论整合到一起。在这一次之后，我就发现，只要小组人数超过8个，就适合使用这个新创的31533小组研讨工具。这就是把一个限制变成了一次创造，我用我的弹性，对冲了限制的刚性。

更进一步来说，高手甚至会主动创造限制性条件来提升自己戴着镣铐跳舞的艺术。当我们能转换视角，把教学中的各种限制性条件当成成就我们教学艺术水平的资源时，我们的弹性就足以应对未来的各种不确定性的变化。

给潜意识留下发挥的空间

弹性还不仅仅是要让自己保持思维的活性且具有创造力，还要求我们给自己的潜意识留下发挥的空间。有弹性的老师都善于驱动自己的潜意识工作，同时驱动学生的潜意识工作。

怎么样驱动潜意识工作呢？举个例子说明。

我的课堂非常欢迎学生随时站起来提问，但确实也会有突如其来的问题

激活课堂

让我毫无准备的大脑暂时性一片空白的时候。这个时候我该怎么办？我先是不管不顾地说一句话："你提的这个问题真是一个好问题！这个问题我可以从三个方面回答你。"当我说我可以从三个方面回答他的时候，我脑子里其实一个方面都还没有，但是"牛"却已经吹出去了。在那个当下，学生的问题就像食客点的菜，我的意识就像餐馆前台跑堂的，赶快去给潜意识这个后厨下菜单："你不是说有三个方面吗，赶快先拿出第一个方面吧。"于是我的潜意识就被激发，忽忽悠悠地就把第一个方面给到意识，然后用嘴讲出来。在讲第一个方面的同时，我的潜意识后厨还在紧急加工着第二个方面，等第一个方面说完，第二个方面也出来了，等第二个方面讲完，第三个方面也出来了。有时候，潜意识发现还能有第四个方面、第五个方面，那就补充说给学生。当然有时候到了第二个方面就没有了，那我也可以幽默地说："第三个方面就是要知道，最重要的是前两个方面！"

读者现在就可以尝试一下如何驱动潜意识工作。

请你现在对自己说："这本书读到这里，我有三点特别大的收获，这三点收获分别是……"然后请马上用笔把自己想到的收获一一记录在下面。

第 1 点收获是 _____ ；

第 2 点收获是 _____ ；

第 3 点收获是 _____ 。

如果你写完了，就请回顾一下你刚才的内在思维过程。当你对自己说"我有三点特别大的收获"时，其实一点收获都没出现在你的意识层面，但是你的意识马上开始把需求提交给了你的潜意识，很快，三点收获就一个接一个地出来了。

老师如果不懂得用潜意识工作的话，课堂也很难有弹性。任何一堂课都是意识和潜意识合作的结果，老师备课越多，潜意识就越没有发挥空间。极端情况是那种照稿子念的教学，意识一直掌握着讲话的控制权，潜意识完全被屏蔽掉了。而且，老师越是用意识把课堂填满、抓牢，越是追求课堂的掌控感，越能体现他安全感的缺失。越是意识牢牢抓住课堂的控制权，潜意识就越难以发挥作用，那种临场发挥式的"现挂"就越难以产生。潜意识的"胆子"很小，它只在自信从容的状态下、和谐融洽的氛围下才能开足马力工作。

把道理讲透的是菜鸟，善于留白的才是高手；过度备课的是菜鸟，临场发挥的才是高手。如果老师敢于在课堂上给自己和学生的潜意识留下发挥的空间，使师生双双处在一种潜意识工作的状态下，那就静等着欣赏"奇迹"吧。这样的每一堂课，都会有大量的留白空间，这堂课最终上成什么样连老师自己也不知道。这样的师生双双被激发的课堂，对每一个参与者都是一种享受。而且潜意识的临场发挥部分，往往也是事后最值得复盘的地方。如果老师固着在意识层面的内容、流程上，事先都知道讲什么、怎么讲，那么事后就没有什么复盘学习的空间。课堂上临场发挥越多，老师通过复盘进行自我学习的资源就越多。在课堂上回答了学生一个什么样的突如其来的问题？学生分享了一个什么样的新鲜故事？教学过程中有什么突发情况？在引导过程中有什么不流畅的地方……这都是可以通过复盘成为未来改进和提升的重点。

对于有弹性的老师来讲，课堂上的一切意外都可以变成"课托儿"。有一次我在一家企业上领导力的内训课，讲得正热烈的时候突然全场停电，灯灭了、话筒也没音了。我刚好讲到"当领导一定要抓大放小，不要事无巨细都自己做，就像苏世民在《我的经验与教训》中说的，干大事和干小事花的时间精力是一样的，那为什么不去干大事"。看到主办方和学生们一片慌乱，甚至在场的领导黑了脸，我就大声说道："大家别紧张，这次停电是我特地安排的，就是想检验一下大家在生活、工作中能不能做到抓大放小。就停电这点小事，对于我的教学来说不会有任何影响，但是你要是为这个事着急上火、抓小放大，搞得自己心情不佳，搞得下属情绪紧张，那你就不是我刚才提到的那种干大事的人。说白了，停电这件小事和我们的学习这件大事比起来，不值得计较。"刚说完这句话，电就来了，实际上是配电室的工人误操作了，但大家还真的以为是我刻意安排的。在课后作业中，很多听课的领导都提到这件事对他们启发很大，因为停电事件让他们对抓大放小有了"体验感"。

这一次突发事件，造就了我一次完美的临场"现挂"。在课后，我就复盘为什么这一次我能够发挥全部潜力做创造性补台。我复盘出了从容状态和思维活性这两个关键点。首先，我当时的状态是比较从容的，正在讲的那个知识点我非常熟悉，大脑内存还有30%左右没有用，刚好在事情发生当下给潜意识活动留下了空间；其次，在潜意识工作时，我把现场情境和正在讲的知识点进行了野蛮的关联，这种野蛮关联启发了我的创造性应对方案。当下一次再在课堂上遇到突发事件时，我就可以运用复盘出来的规律解决新场景下的问题了。

给潜意识留下空间，课堂上常常会涌现"神来之笔"。我的课堂上经常感到"如有神助"，经常在我想要转折到下一个单元的时候，就会有学生提出的问题恰恰把内容引入下一个单元，这个问题就成为下一个单元特别生动的情境导入，这个学生真就像是我故意安排在班里的"课托儿"一样。而恰恰是有了这些"神来之笔"，课堂才更能称为艺术品。

有一次我在课堂上讲大脑"内存"这个概念，正讲到"如果大脑的内存空间变得紧张，人就会很难应变。在课堂上，老师有内存，刺头也是课托儿；老师没内存，课托儿也是刺头"，一位同学不小心把水杯失手打翻了，流了一桌子水。坐这桌的学生都手忙脚乱地去收拾，忙中出错的同学又不小心打翻了另一个水杯，那场面真是"热闹"，打乱了现场讲课的节奏。这时候该怎么办呢？我一边看着他们收拾，一边对全班所有同学说："如果说第一个杯子被打翻是一场意外的话，那么第二个杯子被打翻就真是这堂课的课托儿。该事件真是一个现场的活教材，它真切地告诉了我们内存的重要性。所以，灵感专门找那些有内存的人，而事故专门找那些没内存的人！"这个事故现场，我用临时发挥的金句，既化解了打翻杯子同学的尴尬，还让所有人对内存这个概念有了切身的体验。

其实，如有神助中的"神"就是潜意识，虽然看不见、摸不着，但是却实实在在地起作用。当老师自以为是的时候，就没有给"神"留下位置；当老师喋喋不休的时候，就没有给"神"留下空间。在大脑内存里至少要给"神"留下20%的空间，"神"就会成为老师的助教。不给它留下空间，它就会帮倒忙。

在课堂上绽放，在引导中学习

敢于把课堂主导权还给学生

我很早就发现一个现象，课堂上学生的学习效果往往和老师的努力程度成反比，老师越努力，学生的学习效果越差。学习是要投入能量的，学生的点滴收获都是他自己折腾的结果，谁投入的多谁得到的多。学生自己不折腾，对这个知识就没有感觉，充其量只是认知脑的知道，没有感觉的知识是不会付诸应用的。学习没效果，首先要反思的就是学生从知到行这一段距离自己折腾得够不够。而从老师的角度来讲，也要在课堂上给足学生自我折腾的时间和空间。所以老师就要树立一个理念，就是让课堂有序地失控，把课堂的主导权还给学生。

但是，一旦老师把课堂的主导权还给学生，马上会遇到一个心理障碍，就是老师自己的安全感受到了威胁。为什么很多老师学习过很多的教学方法和教学技术，可是他的课堂仍然无法做出改变？对于这种老师来说，他们遇到的并非技术性的挑战，不是通过学习各种教学方法、教学技术就可以改变的。他们的根本挑战，是心理调适上的挑战，即使他们非常清晰地知道互动式、参与式的课堂应该是自己改进的目标，但是在心理上，永远都有另外一个相反的力量在阻碍他们去改变，很大程度上是因为他们的安全感受到了威胁。他们不敢和学生互动，一互动就害怕挑战、害怕失控、害怕尴尬，这些他们都难以从心理层面化解。

有很多老师会说："我现在还没达到专家那样的高度，还没有专家那么丰富的知识储备，所以不敢放手和学生互动。"但非常明显的事实是，专家的高度、专家的知识也并不是从娘胎里带来的。并不是先有了能力才敢和学生互动，而是和学生互动了才会发展出这种能力。只有先敢于把自己拖出舒适区，通过不断地和学生互动，才能发展出各种各样的互动方法，才会积累各种各样的互动经验。也就是说，没有知识、没有经验，并不是老师不敢互动的借口，而恰恰是老师要去互动的理由！

有一位学生曾经问我："田老师，我特别好奇，是什么样的机缘让你把自己的课堂变成互动式的呢？"我第一次的课堂改变要追溯到我在用友大学（现为用友学院）期间。虽然当时我是用友大学校长，但也承担了很多的授课任务。讲的时间长了，我就发现自己"油腻"了。往往一上课开个头，内容就像水龙头一样自己哗哗往外流。虽然学生听得很嗨，但我心里却一点都不高兴，因为我自己会觉得很无聊，这种灌输式的讲课法让我自己的学习成长空间变得很小，潜意识发挥的空间也变得很小。于是我就思考怎么样才能让自己不油腻。恰好这个时候我遇到了行动学习，行动学习的过程其实就是引导师引导参与者在互动中共创找答案的过程。学了一阵子行动学习后，我胆子就大了，决定在自己的课堂上试一试。

有一次讲领导力的课，我就换了讲法，开场就提问："你们在领导方面遇到的常见问题有哪些？"然后就让大家分小组头脑风暴。随后我和学生共同归纳出来四五个大家都想解决的问题，于是下一步就开展世界咖啡形式的行动学习，共同去寻找解决问题的办法。最后还和大家一起把答案给梳理清晰，再做一些点评，这堂课就非常圆满地完成了。课后我复盘，这种讲法有一个好处，就是我自己能够从中学到更多的东西，不仅把学生的旧知、经验、故事、案例激活成为我的学习资源，而且学生的问题还促使我把自己脑海中散落的知识有序地整合输出。从那一次之后，我的课程基本上就都变成互动式的了，也抛弃了PPT。而且我将这种新的教学方式推广给周围的其他内训师，整个用友大学的教学方法都有了一次大的革新。

互动式课堂，对于任何一个老师来说都是一个重大意义的变革。我坚信的是，绝大多数老师都是认可变革的方向的。但是，又是什么阻止了很多老师的内在变革的发生呢？从上面我个人改变教法的案例里可以发现，以下三个关键点非常重要。

首先是"未能看见"，这并非指老师们未能看见威胁和机遇，而是因为长期浸淫在传统灌输式教学模式之下，大多数老师都没有机会亲身体验互动式教学，没有体验的知识就不会用，我个人在转变过程中也是因为亲身体验到了行动学习这种新模式的力量才有坚定的决心去尝试的。

其次是"未能行动"。对于互动式教学的新教法，需要有一个刻意练习的过程才能把不擅长转变为擅长。有很多老师浅尝辄止，他们宁可在错误的事上显得能干，也不愿在正确的事上显得笨拙。陕西有一句俚语说透了当老师的三要素："状元才，英雄胆，城墙厚的一张脸。"此三者何为先后？我认为只有先具备"城墙厚的一张脸"，才能拥有"状元才"和"英雄胆"。

最后是"未能坚持"。"行百里者半九十"，过去的熟练度的拉力是巨大且诱人的。在刻意练习互动式的新教法的过程中，不可能一帆风顺、事事如意，不仅外在有很多限制性条件要依靠老师们付出大量的精力去创新和创造，而且内在心理上缺少安全感、满足感、效能感、成就感的那种疲惫和迷茫，都是把他们拉回传统教学方法的力量。在这一阶段可使用的方法是发展同盟，影响周围的人，形成一个共学共进的圈子，互相支持、互相鼓励、互相分享、互相研讨，抱团取暖，你总能在别人前进过程中的"小确幸"里找到你自己前进的力量，一个人走得快，一群人才能走得远。

魅力引导：让学生富有成效地思考

那么，互动式课堂的核心是什么呢？我认为，做老师最重要的不是给学生知识，而是引导学生富有成效地思考，让学生用自己的思考去领悟这些知识。我们一直在说不仅要授之以鱼，更要授之以渔。"鱼"是学生获得的知识，而"渔"就是学生自己思考的过程，"渔"一定是老师引导出来的。当我们都在抱怨现在的教育培养不出来创新型人才时，请先回头反思我们的教学里真正用引导方式启发学生思考的力度是否足够。

在教学中，老师给学生知识可以分成三种方式，第一种是平铺直叙，第二种是回答问题，第三种是点评作业。很显然，后两种的教学效果都要比第一种要好。学生没有理由一上来就听你讲一堆或许有用的知识，所以最好是先抛一个学生很关心的问题，让学生用已有的知识和经验试着去解决问题。当他们干不下去的时候就会产生问题，就会向老师提问，老师就可以通过回答问题的方式给他们补充新的知识。当学生做完了练习作业，老师也可以通过点评作业的方式把想讲的内容带给他们。这些全都是老师和学生的互动过程，所以就需要老师具备很多基本的教学引导功夫，包括怎么听、怎么说、怎么问、怎么答、怎么评。

听、说、问、答、评的本质是调动学生的思维，那么我们就得懂得其背后的脑科学原理。人的大脑实际上是非常复杂的，它由上千亿个神经细胞组成，而且还有很多分区，如前额叶、顶叶、枕叶、颞叶、杏仁核、海马体、丘脑、下丘脑、小脑、脑干、延髓等。人类复杂的大脑是长期进化的结果，大脑的各个分区各司其职，我们不管怎么样去让学生学习，其实都脱离不了大脑的运作规律。认知心理学已经把大脑的各个部分在遇到刺激时的加工过程讲得很详细、很清楚了。遗憾的是，这些内容实在是又专业又枯燥，一般人钻研不进去。但作为老师，如果不懂得认知心理学，就不懂得学生大脑的认知规律，就无法为科学授课打好地基。所以我对认知心理学的相关内容做了一个降维处理，把大脑功能比喻成"五个小孩"：逻辑思维小孩、想象力小孩、情绪小孩、动感小孩、意义觉察小孩。这"五个小孩"对应的脑区在大脑里是实实在在存在的，我只是为这些脑区起了一个形象点的名字。听、说、问、答、评这五门功夫的本质,也就是要激发学生大脑的"五个小孩"工作。

- 第一,"说"的功夫。

"说",就是老师自己发起的一段陈述。有的老师语言非常枯燥,就是一句接一句讲道理,而有的老师的语言元素就比较丰富,除了理性的逻辑,还有很多感性的成分。一句接一句地讲道理,就只是激活了学生的逻辑思维小孩,对应的只是大脑前额叶皮质上很小的一部分脑区。只有老师的语言表达变得丰富、立体,才能激活学生更多的脑区。"说"的关键就是要用语言激活学生更多的脑区,让学生产生富有成效的思考,进入积极的、创造性的脑力劳动状态中。

把话说出来和把话说到人心里去,是两种层次的表达。要把话说到一个人的心里去,确实是很难的一件事。高段位的老师应该能够清楚地知道自己讲的每一句话到底是想让学生大脑里的哪个小孩工作:如果想要调动逻辑思维小孩,那就得用理性和分析的语言;如果想要调动想象力小孩,就得用描述性语言给更多的画面感;如果想要调动意义觉察小孩,就得用金句和内在心理描述;如果想要调动情感小孩,就得有一些语音语调的变化和情绪性的表达;如果想要调动动感小孩,那么语言里就要使用很多动词来激发。老师的语言越丰富,激活学生更多脑区的可能性就越大。

如何提升老师说的能力呢?我比较提倡的是练习讲故事。讲故事能够立体地激活大脑的五个小孩工作,讲故事练习的实质就是在开发老师自己的大脑。老师可以试着分析自己的课堂录像或录音,然后在自己的语言里去找形容词、副词,看它们所占的比例。形容词、副词的使用是走心的,如果你发现自己使用得很少,就说明你只会用语言干巴巴地讲道理,就得刻意地通过讲故事练习增加情感元素。对于老师来讲,让自己的语言变得丰富且有张力,能够激发一个人的思考,能够激活一个人的情感,能够触动一个人的灵魂,这是一个非常重要的技能,必须要练。

■ 第二,"听"和"评"的功夫。

"听",就是听学生的发言;"评",就是点评学生的发言。"听"和"评"是一对。

"听",要的是深度的聆听,老师不能光听学生说什么,还要听学生怎么说。曾有一个学生非常感慨地说:"学完田老师的'魅力引导训练营',我才发现自己其实并不善于聆听,只不过是有耐心而已!"善于聆听,不是说只听学生表面上说的语义,还要去感受对方是如何说的,通过感受他的肢体语言、情绪,去揣摩他的内在状态。人与人之间最大的隔阂就在于每个人心里都有一把尺子,每时每刻都在丈量别人或者被别人丈量。所以有耐心只不过是聆听的基本条件,只有能够不带成见地立体地去听一个人,能听到对方大脑的哪个小孩在说话,能听到对方的精神世界,才是一个好的聆听者。

学生说的背后有很多的诉求,老师不会深度地聆听,就感受不到学生深层次的诉求,当然也做不到恰到好处的点评,更不可能通过点评为学生做更深层次的赋能。

有一次我在某高校培训五星教学,课中有一位老师说:"田老师,我觉得你的五星教学只适合社科类的教学,对那种逻辑性很强、理工科的教学不太适合。"听完他这句话,我的内心是不太支持他的观点的,但我通常不会跟学生进入一种辩论状态,于是说:"刚刚开始学五星教学,如果你感觉到它只适合社科类的教学,就在社科类的课堂里使用就行了。"我这句话刚说出去,这位老师就又来了一句说:"那也不绝对。"这一下子就让我有点尴尬了。我其实肯定了他说的话,但他却说这也不绝对。这个时候,我就洞察到这位老师这番表达背后的情感诉求,他是希望我注意到他的用心思考,是想让我看到他的思辨能力,是他的"情绪小孩"在指挥他说话。于是我就换了一种方式点评,我说:"看得出来,你一直都在努力地思考五星教学的适应性,努力地把五星教学这个新知跟你的教学实践相结合。你是一个很有批判性思维、很有思辨能力的人，我相信，以你的智慧一定能合理地找到一个度，让五星教学更好地在你的课堂中发挥作用。"我讲完以后，这位老师的表情马上就不一样了。从那以后，他就从一个课堂上的"刺儿头"变成了我的一个"课托儿"。在后面的授课过程中，他多次主动地把我讲的理论换成他认为更接地气的语言"翻译"给其他老师，摇身一变成了我的得力助教。

老师点评的时候，不仅可以点评知识点本身，同时可以对学生本人多做一些赋能性的点评。点评的本质是给学生反馈，反馈的前提是明确教学的目标。我认为教学其实有两个目标，一个叫表现性目标，还有一个叫成长性目标。表现性目标指的是学生知识技能的增长，成长性目标指的是学生人格、价值观的成长。针对表现性目标的是对学生运用知识、技能的表现和学习态度及与具体的学习内容相关的反馈，针对成长性目标的是对学生本人的某些特质、价值观、情怀等方面的一些赋能。反馈是非常重要的赋能手段，老师只要给学生点评，就有机会给他一个深度的反馈与赋能。

■ 第三，是"问"和"答"的功夫。

"问"，是向学生提问；"答"，就是回答学生的问题。"问"和"答"是一对。

老师该如何提问题呢？好问题的标准就是能够让学生进入富有成效的积极思考状态。学生的积极思考状态就是学生的内在对话，这种内在对话能够产生积极的、有意义的、有价值的神经元关联，而这种神经元关联才是学习真正发生的一个标志。

检验好问题的一个重要标志，就是问题抛出去之后，学生能不能进入一种积极的反思状态，而不是反射状态。比如一个人问"你吃了吗"，另一个人不假思索地回答"我吃了"，从问到答中间没有思维过程，只是下意识的反应，这就是反射状态。而好问题则能够让学生进入深度的，甚至和以前不一样的积极思考状态，也就是让学生切换脑区中不同的小孩去思考。"钻牛角尖"常常代表着一个人的大脑被五个小孩中的某一个所绑架，只会用一块脑区思考。对此，我们可以设计一个提问，引发对方换个方向思考，引导大脑把思考的"皮球"传给别的内在小孩。思考才是学习发生的重要的内在动作，而老师没办法钻到学生脑海里让这个内在动作发生，就只能在课堂上用问题去激活、去锚定学生思维的方向和思考的方式。

对应的，老师也要激活自己大脑中的五个小孩来回答学生的问题。所以对任何一个问题都至少要有五套答法。老师自己大脑的哪一个功能区对问题有反应，就可以把自己的反应拿出来分享给学生，然后促使学生进一步思考。有一句格言说，学生有提问的权利，老师没有直接给答案的权利。老师在回答问题的时候，仍然要进一步启发学生思考，甚至用问题回答问题，通过反问转移学生思考的方向。

不要把学生的提问视为挑战，而要把学生的提问视为机遇。即使有时候老师没有一个现成的答案，但这刚好是老师自己最好的学习时机。当一个老师饱读诗书又饱经沧桑，那么他最渴望的就是学生问出一个特别有质量的问题，他就有机会以这个问题为线索，把自己脑海里散落在各处的知识碎片、经验碎片整理成组块儿，而整理这个组块儿的过程本身就是对老师个人大脑的开发。

如果老师敢于放空自己，在听、说、问、答、评中不断地去和学生积极地对话，那么老师在促进学生思考的同时，学生也在促进老师思考，这时候老师就和学生收获得一样多。这也是 GE 前董事长杰克·韦尔奇特别热爱在克劳顿维尔培训中心上课的一个原因。他每两周去都要去克劳顿维尔上课，其实他没有那么多内容可讲，但他把课堂当成一个解决问题的场所，在课堂上，他抛出问题和学生互相探讨、互相启发。他说："我特别喜欢那种开放的相互问答，在问答中我从学生身上学到的和学生从我身上学到的一样多。"听、说、问、答、评，不仅是激活学生的重要法宝，更是激活老师自己的重要法宝。激活学生和激活老师，其实只是个手心和手背的问题，想激活学生，先得激活老师自己。

活出有弹性的人生

苏格拉底说："不经省察的人生不值得活。"我认为："没有弹性的人生也不值得活。"需要弹性的，不仅仅是我们的课堂，更是我们的人生。有弹性的人，不管遇到什么样的环境，永远都会为自己寻找一个弹性的空间，将自己的情怀、智慧和爱注入进去，尽情地绽放，持续地成长，活出自己的创造力。

孟子说过："人之异于禽兽者几希。"教育家维果茨基定义了人区别于动物的那"几希"的"高级机能"，最基本的包括随意注意、读心能力、反思能力、语言、逻辑思维等。人如果不用这些高级机能，那就和动物没什么区别。很多人的生命是很"油腻"的，几十年如一日地重复，明明知道没效果却偏偏停不下来去思考、去改变。比如很多老师的教学明明就是事倍功半，自己很累，效果也很差，可他们仍然在惯性中消耗着自己。所有的成长都是高级机能长期定投的结果，恰到好处地开发自己就能活出弹性的人生。

钢琴大师刘诗昆，在监狱里坐了8年牢，从监狱出来后不久，他就举办了自己的钢琴演奏会，技法之高让全世界震惊。人们就特别好奇，8年都没有触碰过钢琴的人，怎么不仅琴艺没下降，反而还高出很多？刘诗昆回答说："我这8年里从来也没有停止过练琴。"大家就更惊讶了，他连琴都没有怎么练啊？他就说："虽然我没有琴，但是我的脑海里时刻都摆着一架钢琴，我闭着眼睛都知道每一个琴键的位置和声音，我只要有机会，就可以运用我的想象力弹琴，自己弹自己听。"不管什么恶劣的环境都无法限制刘诗昆在大脑里面练琴。

只要状态是从容的、思维是弹性的，就永远能在各种环境中找到自己成长的弹性空间。没有枯燥的工作，只有没有弹性的人！

有一次我应邀做一个公开演讲，主题是怎么让企业大学做到上接战略、下接绩效。下课后，就有一个学生一直跟着我，最后在我上车之前请教我：

"田老师，我的老板其实特别重视培训，他是坚信培训能够给组织创造价值的，但是我的直接上司快退休了，什么责任都不愿担，我们下面的人想干什么都束手束脚，他让我们录些课程糊弄糊弄得了。结果我们录的这些课也几乎没有员工爱看，搞得我一点工作的心气都没有了。您说我这种情况该怎么办啊？"因为我马上就要上车了，时间很紧张，就直接反问了他一句："那你怎么还不辞职啊？"他说："现在工作不是很好找，而且这家企业给的工资还是蛮高的……"没等他说完，我就感受到他内在的"圣人"与"凡夫"交战的纠结，对他说："我用一句话回答你的问题：<u>工作不仅仅意味着可观的收入，更重要的是要有可歌可泣的故事，不能成长的工作一天都不能忍，不能绽放的工作一天都不能忍，没有成就感的工作一天都不能忍，工作中的每一天也是你生命的每一天！</u>"

工作其实是阶段性的，而人生是连续性的。工作是把自己铸造成器的一道工序，让自己的才华绽放，让自己的心灵成长，才是我们一辈子的工作。没有人在这个世界上可以为所欲为，不过是每个人的自由度大小不同而已。但是不管自由度多大或多小，只要你是一个弹性的人，就能在自己的工作中、课堂上找到一个弹性空间，植入自己的激情、情怀、智慧、才华，那么你的工作、你的课堂想没有特色、没有风格都很难。

弹性和执行力往往是相反的。很多人特别强调执行力，就问我能不能给他们的教学、他们的管理、他们的领导力搞一个傻瓜化的方案，让他们上手就能高效执行。我对他们的回答是："<u>傻瓜化的东西只能培养傻瓜。</u>因为所谓的傻瓜化，潜台词就是把所有的弹性空间都搞没了，这个事情只要照着清单不走样地做就行，不需要一点点改变。而现实是，所有的理论应用到实践中，都必须要有和独特场景相结合的创造性发挥和适应性改造的过程。"

做任何事情都要不落俗套，这可以当成一种人生理念。工业化时代，亨利·福特曾经说过，我只想雇佣一双手，但不得不雇佣一个人。弹性是大脑的诉求，而我们的四肢则喜欢简单的重复，活着的乐趣并不是简单的重复、在舒适区里待着，否则我们和动物就没啥区别。作为人，就是在做任何事情的时候都要有弹性。

找到自己的弹性空间，做的事情就会有"风格"。有一句话叫作客户是为你的风格买单，而不是为你的功能买单。从某种意义上来讲，这个世界上没有完全一模一样的两个产品，即便它们的功能一模一样，风格也可以千差万别，不同的人造就不同的风格。具有风格的产品甚至是一种艺术品，当年乔布斯主导设计的 iPhone 就突破了手机的传统功能，增加了独特的个人风格要素。艺术品就是艺术家把自己的思想、精神、激情等注入一个载体，然后人们又通过这个载体感受到艺术家的这些思想、精神、激情，这就是艺术家的弹性。我相信每一个人都可以活成人生的艺术家，只要能把自己的思想、精神、激情注入自己的人生过程中，就可以把自己的人生活成一个独一无二的艺术品，而不是一种天天重复、循规蹈矩的产品。从这个角度来讲，弹性是一种人生哲学。

弹性课堂：从死气沉沉到生机勃勃

打造弹性课堂也有几个核心要素，一个是老师，一个是学生，一个是内容，还有一个是老师和学生们共同形成的场域。一堂好课，一定是这四个元素结合得比较好的艺术品。好的课堂一定是师生合作的结果，这种合作就是课堂中弹性的、艺术的部分。老师必须能分清课堂里的产品部分和服务部分。产品部分，就是功能既定，在一个时间线上按照固定脚本进行的部分。而服务部分，它不是固定的，需要根据不同的情境做出不同的反应。弹性是产品和服务这两者最大的区别。那些从头到尾灌输的课堂，完全可以用录音录像复制。而好的课堂更强调服务的部分，师生双方都不知道下一步会发生什么样的互动、有什么样的问答，学生临时起意、老师临场发挥，这种课就是独一无二的，不可能再复制出和它一模一样的课堂。

激活课堂

打破课堂的刻板印象

网络上流行两个词,一个叫"躺平",一个叫"内卷",我觉得这两个词特别适合描述我们现在的课堂。课堂上学生的状态是"躺平"的,课堂本身则是"内卷"的。因此,在课堂上学生的大脑激活程度比吃饭、睡觉时的大脑激活程度还低,也就不足为怪了。死气沉沉变成了我们所有人对课堂的刻板印象,这对于本应该是所有人大脑高度激活的课堂,真是足够荒谬。

可以看到,在传统课堂上,学生们习惯了正襟危坐地当个木头人,老师们也习惯了对着空气讲一通,讲完了拍屁股走人。但是,我们的课堂大多面对的是生机勃勃的年轻人,他们正处在生命中最活力四射的年龄段,传统教学范式就像一个无形的框框把他们束缚得一动不动!

除此以外,传统教学范式还有一大堆非常不合时宜的基本假设:假设教学就是把知识当作砖块堆砌到学生的脑子里(认知主义),假设老师是知识的权威,假设学生只是被动接受教育的客体,假设理性化地讲道理是教学方法的主体……这些传统教学范式的假设隐藏在当下教育教学领域中每一个人的潜意识之中,成为我们思考和行动的默认前提,持续塑造着、影响着教育教学。范式,就像手机的操作系统,不全面升级,只靠给它打补丁或者开发新的 App,不能带来质的改变。人类在每一个领域的重大突破都源自对该领域原有范式的突破,比如从地心说到日心说,从自然物理到理论物理……是时候该对传统教学范式的那些假设进行改进了!

有弹性地学,给学生留下空间

重视课堂的社会属性,激发学生参与

作为老师,必须理解课堂有一个最基本的属性,就是它的社会属性。课堂是一个临时性的社会环境，教学是一种社会活动。维果茨基说，人和动物之间拉开了进化距离的那些高级机能全都是社会化的产物。正是人类的社交活动使得人之所以为人。课堂就是通过教学这种社会活动发展学生的高级机能的。

课堂教学最重要的工具是语言。语言也是人类社交活动中最关键的工具。而且对于人类而言，语言不仅是沟通的工具，还是思维的工具。个体之间的互相沟通会触发个体的内在反思，只有个体存在内在的反思才会产生真正的学习，这就是语言这个工具在教学中发挥作用的真谛。维果茨基也指出，所有高级机能的习得都是两次登台的，一次是在个体间的交互活动中，一次是在个体内的内在自我对话中，这两个过程的载体都是语言。由此可知，要想让学习在课堂上真正发生，那就既要有个体之间的横向沟通，也要有个体内的自我对话。

课堂教学脱离了社会化环境，教学效果就会出问题。当下很多学校和企业的课堂都搬到了线上，但是线上教学的效果却总有一种比线下教学差好多的感觉，原因就是很多的线上教学剥离了课堂的社会属性这个部分，把教学变成了单向的广播。师生之间没有对话，生生之间没有互动，课堂就是死气沉沉的。实际上，如果线上教学能把课堂的社会化问题解决了，教学效果也会得到保证。线上或线下的形式并不是造成教学效果差异的本质原因，在教学过程中有没有设计社会化学习的模块以促进学生的知识往能力的转化才是根本。

曾经有位企业家在交流过程中问我："我的业务现在正在快速发展，人才是我最大的瓶颈，请问田老师，有没有办法快速地、批量地培养一批优秀的员工呢？"快速复制人才是很多老板的梦想，但是我却遗憾地告诉他："从教育学的规律来讲，人才的培养没有捷径，不可能快速地、批量地培养一批理想人才。因为所有的学习都得在社会化环境中进行，这就意味着只要是学习就得有两人以上。要想推动一个人的快速成长，就得有同样的人花时间、精力跟他互动，只有通过这种互动过程才能让这个人的脑内发生很多反思，才能促进一个人的成长。那你想一想，培养一个人就需要花费这么多时间、精力，培养一批人的代价就更大，而且花费的时间、精力一样都不能少，怎可能做到快速、批量？"

衡量课堂社会化的关键指标，就是学生的参与度。为什么人们不像爱打游戏一样爱上课？就是因为游戏把参与的自主权最大限度地给到了玩家：面对一个目标，玩家在既定的规则下，通过一系列操作自主完成了这个任务后，游戏马上就会给他一个即时的反馈。目标、规则、参与、反馈就组成了一个闭环的体系，玩家的大脑会因为自己一次又一次的成功不断分泌多巴胺，于是就越玩越上瘾。游戏过程就是一个社会化互动过程，特别是其中的反馈部分，最能让玩家产生成就感、效能感、满足感。向游戏学习，课堂教学不仅要设计内容该怎么讲，更要设计学生该怎么参与，不是设计老师的讲授过程，而是设计学生的习得过程。

我推崇的教学模式是五星教学，它和传统教学最大的区别就是很好地解决了学生的参与问题。五星教学并不是一上来就平铺直叙地给学生讲知识，而是把这个知识要解决的那个问题先抛出来（聚焦问题）；老师假装不知道这个问题的答案，和学生们一起来探讨，学生把解决问题所需要的知识探讨出来大部分（激活旧知）；老师负责升华、拓展、延伸，与学生们一起得出解决问题的新知（论证新知）。这就是五星教学的前三星教学，用问题邀请学生参与解决，通过学生的参与得出结论，学生会觉得这个结论不是老师硬塞给他的，而是自己通过自主的思维、推理、升华得出来的，于是这个知识就变成学生自己的。聪明的老师都会用这种邀请学生参与研讨的方式转移知识的所有权。一旦新知出来了，就可以让学生试着用它解决另外一些现实问题，在这个过程中老师以教练的身份辅助他们成功（应用新知）；应用完成之后，师生共同谈一谈感受、心得，老师在一定程度上做拔高、做升华，就让知识往远迁移的方向多走两步（融会贯通）。在课堂上，一定要第一时间让学生参与进来，要让学生全过程处在一个问题探讨的状态、解决问题的状态，只有这样的状态才能让学生觉得收获的都是自己的。

学生在课堂上不主动，是因为老师没有给学生留下参与的空间。教学不是一口一口地把"饭"喂给学生，而是要引导学生自己折腾，启发学生自己思考，让他们全过程处在创造性脑力状态下，学生的点滴收获都是他自己折腾的结果。理解了这一点，老师也就明白，学生同不同意老师的结论并不重要，重要的是他们是不是真正地在创造性思考。学生不同意老师的结论，只不过说明学生在思考过程中还可能存在着一些障碍。老师千万不要当知识的辩护律师，强求学生当面同意自己的结论。只要学生动脑子积极思考了，就比不动脑子地接受一切更有成效。学生参与了，学生思考了，学生就有获得。

设计学生收获的五大来源

课堂的社会化属性就决定了学生学习收获的来源不是单一的，而是多元的。好的课堂，学生的收获有五大来源：学来的、悟来的、换来的、用来的、创来的。

"学来的"，指的是从老师的知识讲授中获得的部分。传统教学范式常常把这部分当作学生学习的全部，假设老师可以像搬砖一样把知识搬进学生的大脑。而实际上，老师的知识讲授只是学生学习的一部分信息输入而已。

"悟来的"，指的是学生在学习过程中并不是机械地听，而是边听边进行思维加工，把老师给的信息、同学给的信息和自己已有的信息进行整合，整合加工出来的东西就是学生悟的结果。《论语》里说"下学可以言传，上学必由心悟"，上等的学问其实都是悟来的学问。《庄子》里有这样一个故事：造车轮子的木匠质疑齐桓公读的书都是古人的糟粕，其依据就是自己造车轮子"得之于心而应之于手"的经验和感觉无法用语言传授给别人，那些讲不出来的部分才是真正的精华。能够用语言传递的内容仅仅是知识，但是从知识到能力还有很大一段距离的路要走，这段距离有相当大一部分要靠学生的领悟。

因此，老师应该在课堂上给学生留下"悟"的时间和空间。

"换来的"，指的是学生之间的信息交换。学生听完老师的讲授后会有自己的领悟，自然而然会产生两个需求：一是想要验证自己的领悟对不对；二是想要用自己的领悟去解决现实的问题，也就是找人验证或找事验证。但无论是"验之以人"还是"验之以事"，客观上都需要别人的反馈。反馈来源首先是老师，但大班教学中的老师只有一个，学生却可能有很多，每个学生都要争夺老师的反馈资源，它就变得很稀缺。老师的反馈资源照顾不到每一个学生怎么办？就要充分地利用课堂的社会化属性，拓展反馈的来源。《孙子兵法》中说"凡治众如治寡，分数是也"，意思就是治理一大群人就要把他们分成小群。在课堂上可以把学生分成小组，让学生们之间互相问答、互相点评、互相反馈。在小组内的互动中，学生之间的互相反馈就可以解决绝大多数个性化的问题，你的问题他可以帮着解答，他的问题你也许能帮着验证，你做得不到位的地方他可以帮着纠偏，他做得不够好的地方你能够帮着指正。于是老师只需要帮助各组解决那些难以解决的共性问题，这样就提高了老师反馈资源的效率和效果。同时，学生的外在信息来源得到了拓展，引发的内在反思也会更立体、更丰富。

"用来的"，指的是学生在应用新知的过程中把知识转化成能力。企业中的教学，最重要的是"两化"问题，一是经验知识化，也就是经验萃取问题；二是知识能力化，也就是知识的转化问题。其中，把知识转化成能力的过程是很漫长的，学生的目标不仅仅是要悟到而且要做到，课堂就要设计学生去实践从老师那里得来的知识。新知用了之后会有两种可能，一种可能是用起来有效果，那么学生就从行为上验证、从情感上认同这个知识，于是他的"认知－行为－情感"就完成了闭环；另一种可能是用起来没效果，那就需要老师和同学的反馈支持，找到没效果的原因，到底是知识没有理解透还是内容没有掌握全，通过纠偏让学生再次尝试，直到成功形成闭环。<u>教学的重心不在知识讲授，而在知识转化，只有知识转化成能力才能帮学生解决问</u>

题，在转化上下多大工夫都不为过。

"创来的"，指的是学生个人或学生团队共同做创造性的思考和发挥。布鲁姆对学习目标进行了分类，从记忆、理解，到应用、评价、综合和创造。高水平的课堂不能仅仅停留在让学生对知识进行记忆、理解的水平，要想方设法激发学生的创造。比如让学生们组建创作小组，运用所学的知识创作新作品，或者解决新问题，或者进行互相教学，学生的收获既有个人的智慧也有集体的智慧。

想要让课堂活力满满具有弹性，老师就要以终为始地立体设计学生的收获来源：哪些要从老师的讲授中学到？哪些需要学生自己悟到？哪些能在课堂上实践应用？哪些需要学生之间互动交换？哪些需要学生集体创造？

激活学生的创造性潜意识

学生得出什么样的结论往往取决于老师的引导会把他的哪些碎片激活。在五星教学中，面对不同内容的教学，在激活旧知阶段就应该激活不同类型的碎片：对于知识类教学，激活的应该是知识碎片；对于技能类教学，激活的应该是经验碎片；而对于态度类教学，激活的应该是情感碎片。激活碎片的过程，就是老师运用教学引导技术驱动学生潜意识工作的过程。

我在用友大学当校长的时候，有一次开车上班进车库，刚好我下属的车在我的车前面挡住了去路。她看到了我在等她，就想赶紧把自己的车倒进车位。但作为新手，她本来就不是特别熟练，再加上领导在后面等着，她就手忙脚乱的，总也倒不进去。我等了半天，终于看着她扭麻花一样把车扭到了车位上。从车上下来，她见到我之后就满脸通红地说："田校长，你看我这车技实在是太差了。"我很敏锐地洞察到那个当下的她非常缺乏效能感，就对她说："你嘴上说自己的车技太差了，但实际上你从拿到驾照到现在，进步已经很大了。"我这里用到的引导方式就是"暗示"。当她说自己车技太差的时候，潜意识激活出来的碎片都是车技差的各种囧事，但当我暗示她现在车技进步很大了，潜意识就激活出来很多开车成功时的各种碎片。她就说："可不是嘛，我现在都敢并线了，偶尔还敢超车呢！"当她把积极的情感碎片激活，效能感就回来了，当她走进办公室的时候就不会带着消极体验而是带着积极体验去工作。

怎么驱动学生的潜意识工作呢？首先老师得有驱动学生潜意识工作的意识，其次还得有驱动学生潜意识工作的功力，但前提是都得给学生的潜意识工作留下创造发挥的空间。《道德经》说"有之以为利，无之以为用"，"有之以为利"就是你有的东西能给你带来便利，"无之以为用"就是你没有的东西恰恰是你开拓的空间。给学生的潜意识工作留下空间，就是"无之以为用"，否则学生的大脑都被老师的讲授占满了，怎么可能有激活潜意识的机会。

高水平的课堂，老师的意识、潜意识，学生的意识、潜意识，这四项元素都会被激活。可以把这四项元素在课堂上的协同工作比喻为唱歌，那么你的课堂到底是在唱四一拍还是在唱四四拍？如果唱的是四一拍，节奏就非常快，典型的就是老师照稿子念，讲课讲得像赶狼，老师从头到尾只激活了自己的意识，老师自己的潜意识、学生的潜意识完全没被激活，甚至连学生的意识都难以跟上老师讲课的快节奏。如果唱的是四四拍，节奏就很悠扬，就像优雅的双人舞曲，老师和学生在课堂上对话，一来一往，互相配合，老师给自己的潜意识留下了空间，也给学生的潜意识留下了空间，老师和学生在过程中都有创造性的发挥，每一个人都因为自己的创造而感到愉悦。<u>好课堂之所以能让学生欲罢不能、回味无穷，就是因为学生的创造力在那里得到了完美的释放。</u>

好的课堂也会让老师欲罢不能、回味无穷。作为老师的我，每每课后复盘一堂这样的好课也会兴奋很久，主要是因为我在课堂上临场发挥的那些东西，而不是那些一再重复讲的东西。每个人都会为自己的创造性发挥而使得脑内多巴胺井喷。有学生问我说："你现在已经是很资深的导师了，为什么还要自己上讲台？"我回答他们说："我喜欢上讲台，是因为我喜欢讲台上的我自己。"其实，就是因为课堂上的临场发挥激活了我的创造力，那一刻连我自己都对自己很"崇拜"。

学生的每一次创造都渴望被看见，而老师每一次的"看见"都是对学生的赋能。学生的渴望被看见会被包装成各种形式，有的是大胆地表现，有的是虚心地求助，有的是尖锐地提问……所以老师一定要给学生的潜意识创造留下空间，然后再"看见"学生的创造，学生就更会有学习动力。那些在课堂上爱发言提问的学生一定会学到更多，因为他们的发言提问有效吸引了老师稀缺的注意力资源，能得到老师更多的精准反馈以及更多的"看见"，进一步激励他们去创造，学习就进入一种良性的"自动巡航"状态，不用老师的督促就有内在动力去学习、创造。学生留恋一个老师的课堂，一小部分是留恋老师的授课内容，一大部分是留恋老师给他的创造空间。创造是一切成长的源泉。

驱动学生的潜意识工作，还要注意在课堂上恰到好处地应用规则。强制运用规则，就可能会侵犯学生的空间，激发学生的心理"防御"，导致学生安全感的缺失。那些惩罚性的语言会把学生置于老师的对立面，学生的潜意识永远也不会跟着老师走，因为潜意识的运作是需要安全感来保证的。《魔鬼词典》里有一句话：教育就是向智者揭示智慧，对愚者掩盖无知。在课堂上给学生的"面子"留下空间，就是帮学生掩盖很多"无知"。当学生还没有自知之明的时候，他的效能感还在，但是此刻老师偏偏要揭示学生的"无知"，于是学生的效能感也没了，这是对学生的双重打击。没有效能感，同样不会让学生进入创造态。

用对话营造生机勃勃的场域

教学要在对话中进行

课堂既然是一个社会化场域，教学就必须在对话中进行。对话贯穿教学始终，离开了对话就没有学习。

拆解课堂上的对话：学生听老师讲课，不仅在听老师说什么，也就是老师语言中的信息，语言中的信息引发了学生意识的思维活动；同时，学生还在感受老师怎么说，包括老师的语音语调、情感表达；学生的内在还会把这两路的信号进行对称，根据这些信号去提取自己的相关经验，学生自己的内在对话一直在进行；而对话是双向的，学生的反应也分出两路信号，一路以语言表达信息，一路以非语言表达状态，这两路信号同样会激活老师的意识和潜意识；老师的内在也同样会进行意识和潜意识对话。师生两人在课堂上的对话场景，实际上是一个八路信号的回字形。

本质上，只要个体间存在知识、信息、理解、数据等方面的差异，对话就是重要的学习手段，个体间的学习就是用我的语言启动你的思考。我们最经常关注的是课堂上的信息交换，但课堂上流动的不仅有信息，还有能量。信息是通过分析理解去加工和处理的，能量是通过感受体验去解码和交换的。课堂就是让信息和能量在个体间流动的场所，目的是促进个体内在思维、内在对话的进行。这个流动的信息和能量会触发另外一个脑袋里面的内在反应，而这个内在反应让他能够把老师讲的知识跟自己过往的经验和已有的知识进行关联，关联之后就对这个知识有了感觉、有了温度，只有有温度、有感觉的知识才可能被应用。所以我们就会发现，真正有效的学习不仅仅是信息流把信息送到，而且是能量流要让学生有感觉。如果在课堂上能够形成信息流和能量流的同频共振，学生的学习就会特别有效。

课堂效果永远是师生合作的结果。一方面，老师高投入的讲课状态会激发学生更深层次的思考，激发学生提出更好的问题，激发学生有价值的连接性思考。另一方面，老师能不能进入状态，经常要看学生能否提出有质量的问题，学生的问题和连接性思考常常能激活老师的很多旧知，也会激发老师更深入、更全面的思考。只有一波思考触动另一波思考，雅斯贝尔斯所说的"一个灵魂唤醒另一个灵魂"才有可能成真。而灌输式教学的效果则是要碰运气的，只有当学生非常想学的时候才会主动听老师灌输。灌输的最大问题在于，老师只管发射信号，根本不考虑学生能否正常接收。灌输式的课堂会让学生感觉有被胁迫、被控制的感觉。在没有掌控感的状态下，学生的能量是收缩的。场域越严肃，学生在课堂上的接收越被动，其大脑神经元越难活跃起来。

弹性的课堂一定要始终坚持教学在对话中进行。即便是在演讲，也要试图和听众对话。只有老师自己处在对话态，学生才会跟着老师的思维去对话。反之，若老师处在说教态，学生就会在思维上和老师脱轨。

首先调整学生的状态

在课堂上，老师不能只对内容负责，还要充分地考虑学生的状态。比如，有很多老师学完五星教学后就在课堂上很野蛮地去教，但学生却不像他们想象的那样积极参与，于是他们就会说五星教学不适合他们的课堂。其实他们忽略了教学中一个非常重要的要素，那就是学生的状态。学生不在良好的学习状态，老师不管用什么"高端"教学法也都只能是一个人的独角戏。不论什么课堂，老师要做的第一件事就是调整学生的状态。<u>不顾学生的状态和感受，兀自讲自己的内容是低情商的表现。</u>一定先要让学生处在愿意和老师对话的状态，处在愿意学习的状态，然后才讲内容。否则，状态不对，一切努力都白费。

调整学生状态这件事也得循序渐进。有一次我给一个大企业讲赋能领导力的课程。我所有课都是有很多互动的，但是在这次课上我发现，只要我一提问，学生们马上就低下了头，恨不得把下巴塞到胸腔中，不敢和我对视。我马上就知道了，这个企业的整体文化让这些学生不习惯课堂上的发言和互动。那么，作为老师的我该怎么办？就得降低互动的难度，否则继续坚持强互动就只能是自找尴尬。于是在五星教学的激活旧知阶段，我就不再让他们分组讨论，我聚焦完问题后就说："关于这个问题，因为这个课我讲了很多遍，通常会遇到三种不同的答案，第一种是……第二种是……第三种是……"然后我就问他们，同意第一种答案的请举手。只要有人举手，我就请他告诉我为什么这么选。同样的方法也用在第二种答案、第三种答案上。用这个方法就把他们的旧知激活了。同时，不管他们发言的内容好坏，我都会不遗余力地在点评反馈中给他们赋能。当一两个人能被我激励，其他的人也就容易激活了。

调动学生好的学习状态，至少包括四个方面。首先是开放，就是学生愿意打开心门。只有学生愿意打开心门，才能够和老师、同学、场域连接。调动学生开放的状态需要老师营造出一种积极的、开放的场域环境，让在场的每个人都能感到安全、被信任，可以毫无阻碍地发表意见。其次是激活，就是让学生的大脑处于被激发的状态，主要是激发潜意识参与学习创造。然而潜意识参与的前提是安全与愉悦，老师就要保障学生潜意识的"触角"自然地舒展开。第三是领悟，就是学生处在积极的内在对话状态。真正的学习一定是内在对话的产物，所有的外在对话都是为了让内在对话发生。老师应该刻意培养自己的"第六感"，能够时刻觉察学生是否处在内在对话状态。第四是道说，就是让学生将内在的思维说出来。只有学生能够在课堂上通过语言把思维外化，老师才能检验学生是否学会了以及掌握的程度，学习的效果就可以当堂检验。这四个方面，我将其称为学生的状态位，可简化为"开、激、悟、道"四个字，是老师在课堂上调整学生状态的目标方向。

老师握有调动学生状态的主动权。但在现实课堂中，老师确实面对着巨大的挑战。很多老师常常会被学生的不参与、不积极、不配合、不关心的状态所打击，很容易就自己先放弃了。老师内心一放弃，学生会秒懂，于是老师和学生就又一起回到了之前师生互相应付的恶性循环中。

怎么把学生带入"开、激、悟、道"的状态位呢？

第一，老师要能够低姿态地与学生建立连接。如果老师高高在上、牛气哄哄，学生就会进入批判态，在心态上远离老师，即使老师讲的内容再有用，学生的心门打不开，知识也进不去。老师要能够在课堂上时时觉察自己的状态、学生的状态，透过学生的表现检视自己和学生的心理距离是否越来越远。只有老师和学生的心的桥梁先搭建起来，老师的专业才有用武之地。

第二，老师要敢于用自己的状态"带节奏"。人的状态是相互影响的，老师的轻松会带动学生的轻松，老师的紧张会让学生也紧张。老师对课堂事件的反应方式会影响每一个学生的状态。如果学生觉得老师小心眼，觉得老师不近人情，觉得老师高冷，他们就会自动把状态调整为"别惹老师"的状态，整个课堂氛围就轻松不起来。

第三，老师要学会表现出轻松的顽皮态，善用自嘲和幽默。

有一次上课破冰时，我邀请学生们做自我介绍并谈谈对课堂的期待。有一个学生说："我这个人喜欢实用，最讨厌老师耍花架子，不爱听那些虚头巴脑的理论，我到这来就是为了听一些马上就能用的干货。"显然，这位学生是带着抵抗情绪走进教室的。这种抵抗情绪会让他的心收得很紧，也会影响我和其他同学的状态。我半开玩笑地回应道："听得出你对这堂课期待很高，你的发言把我这脸皮厚的家伙都搞紧张了。经验告诉我，越轻松的课堂学习效果越好。防御引发防御，紧张引发紧张，多一份能量用于防御，就少一份能量投入互动。越是期待高，越应该放轻松，抱着玩的心态在课堂上，大家说对不对？"全体学生鼓掌说对。

让学生尽快折腾起来

老师一定要在课堂上用最快的速度让学生进入练习状态和互动状态。只有让学生尽快折腾起来，他们的大脑才会处在创造性脑力劳动的状态下。而且学生一旦动起来，老师就有机会回答学生在动起来之后碰到的问题，就有机会点评学生动起来后的作业练习结果。通过回答问题和点评作业，老师就能够把知识穿插进去，换一种方式讲给学生。从学生的角度看，这个过程就是学生借助老师和同学的资源共同解决问题的过程。知识掌握的标志是学生形成个人版本的认知。学生利用老师和同学提供的及时的反馈、足够的刺激，促使自己形成个人版本的认知。这样的教学就是以学生的改变为中心。

所以知识学习一定伴随着一个思维过程，这个过程其实就是"建构"。建构主义知识观认为，知识有一个重要的属性是再生产属性。也就是说，知识学习不是把一个个知识的"砖块"从一个大脑搬到另一个大脑，而是把新知和旧知、经验结合后重新加工生成个人版本的认知的过程。对任何一个知识，每个人都会有不同的理解。面对同一个词语我们都会有个人版本的不同理解，更别说更复杂一些的知识、理论了。这种知识的建构观也挑战着传统教学范式所崇尚的"标准答案"，因为"标准答案"衡量不了学生的内在思维水平。即使学生对同一道选择题有同样的答案，那种死记硬背和认真推导出来的思维水平能一样吗？

　　理解了知识学习的建构过程，我们就能够理解学生在学习过程中出现的各种稀奇古怪的问题，这些问题都可以定义为"关联障碍"，都是学生在知识的再生产过程中新知和旧知无法关联而产生的。不是学生非要当"刺儿头"挑战老师的权威，而是学生把老师讲的知识和他过往的知识、经验进行对照的时候产生了各种矛盾或者遇到了各种障碍。如果老师能通过回答和点评解除学生的关联障碍，学生就能够把这个新知镶嵌到他原有的知识体系中；如果这个障碍解除不了，学生就会无情地抛弃老师讲的内容。学生绝不会因为老师讲得天花乱坠就要勉强接纳造成他内在认知不和谐的知识。只有尽快让学生折腾起来，才有机会让学生显现这些关联障碍，才能通过社会化学习环境的学生间互动，或者通过老师的答疑和点评帮助学生解决。

　　有一次我给一个大企业做实战复盘的教学，当我讲到复盘中必须把客观的流程先假设成完美流程才能够找到自己身上的问题，意思就是不要向外归因，不要动不动就找环境的原因，而是要向内归因去找自己的问题。马上就有一位学生就有了关联障碍，他站起来问道："老师，我们之前做过一次流程改进的教学，那位老师说必须把人假设成完美的，才能找到流程的问题。现在你教的跟那位老师教的完全相反，要先假设流程是完美的。我就不知道该信谁的了？"我略加思考后回答他说："那就得看你复盘的目的是什么。如果复盘的目的是流程改进，那你就得把人假设成完美的；如果复盘的目的是人的提高，那你就得把流程假设成完美的。你想让谁改变，就得把它之外的东西假设成完美的，然后才能向内看。所以说目的不一样，假设和边界就不一样。"这个回答就让这位同学豁然开朗，全班学生也都非常受益。而其实我比他们还豁然开朗，因为这个问题使我对内外归因的假设有了更进一步的理解，虽然这些知识原本在我的脑海中，但是这个问题促成了这个新理解的整合输出。所以学生的关联障碍，其实也是老师学习的契机。

面授的意义就在于学生的当面折腾，课程就是折腾的脚本，课堂是折腾的靶场。适当遭遇挫折，再纠正后掌握的技能会更牢靠。人们在失败的经历中会学到更多。这一点让我想起早年做"企业全面经营沙盘"老师时的经历，我困惑地发现，那些在企业模拟经营中取得好成绩的学生，总结发言时常常志得意满，浮于表面；而那些经营惨淡甚至把自己的企业搞倒闭的学生，在总结发言时很深刻，很全面，很真切。基于此，我认为可以在教学中适当地采取"挖坑式教学法"，先给学生挖一个坑让学生解决一下，当学生在解决过程中失败时，老师再把关键的知识抛出来。

关注信息流与能量流

想要打造活力满满的课堂，就要营造生机勃勃的场域。<u>永远不要忽视场域的力量，好的场域能让课堂教学顺畅，坏的场域则会阻碍课堂教学</u>。到底是顺风还是逆风，主要看老师营造场域的能力。在企业里讲课，企业文化客观上就成了课堂场域的底色。在学校里教书，不像在企业里讲课只讲几天，往往一门课要教一个学期，那就宁可在前几节课重点把班级课堂的互动氛围搞起来，把师生关系建立好，把场域营造好，这就能使后面的课变得特别顺畅。

营造课堂场域，老师就要懂得课堂上不仅存在着信息流，还存在着能量流。信息流好理解，就是对话中的语义部分，它是有意识的，用的更多的是思维，传递的是思想。什么是能量流呢？前面所说的"状态"就是能量流，是一种情绪情感的流动，它更多的是潜意识的，传递的是一种感受。这正是很多老师在课堂上不懂得或不注重的部分。

信息流和能量流对于老师的启示,就是老师在课堂上不仅仅只为知识负责,还要时刻关注学生的状态,时刻注意让课堂场域中的情感流动起来。最好的课堂不是信息流单向流淌的课堂,而是那种信息和能量能够自由流淌,师生能够畅所欲言的安全场域。师生之间的关系就像一个电阻。如果师生双方互相戴着有色眼镜,不愿意真心开放地表达,这个电阻就很大,阻碍了信息流和能量流的双向流动。如果这电阻大到了"断路",老师讲的即使是金科玉律,学生那里也无法接收。相反,如果这个电阻是零,师生之间的关系就变成超导状态,师生双双达到"心流"。所以影响教学效果的关键,不是老师把道理讲得透不透,而是师生之间的关系电阻大不大,信息流和能量流能不能顺畅流通。

关注课堂中的能量流,就要求老师通过教学引导给学生积极的情感回应。在教学的过程中,不仅仅要给学生知识,还要滋养学生的心灵。而这一部分,也是我们的课堂长期忽视的部分。滋养学生的心灵,就是要让学生的自我系统能够成长。老师必须要知道,我们不能只关注他们的认知系统,而把他们的元认知系统、自我系统抛在一边不管不顾○。学生的不同系统有不同的学习方式,所以老师的教学模式也要随之改变。给予知识、工具和方法策略,这是针对学生认知系统的改变(to know);传授知识的同时培养学科思维、训练解决问题的方法、让学生学会学习,影响的是学生的元认知系统(to learn);帮助学生树立正确的人生观和价值观,让他们自己探索将来能成为什么样的人,这作用在学生的自我系统(to be)。我们不能把教学简化成传授知识、传授技能或者分享经验,这只是教学的一部分而已。更不能简单地把学生自我系统的滋养只交给思想品德老师,或者把它推给家庭,每一堂课、每一位老师都需要对学生的自我系统的成长付出。在课堂上,该如何滋养学生的自我系统呢?学生的抱负、情怀、价值观、爱心、自信心等都是跟自我系统紧密

○ 著名教育学家罗伯特·J. 马扎诺基于"人的行为模式"提出了四大系统,分别是自我系统、元认知系统、认知系统,自我系统决定是否接受新任务或者继续现有行为,元认知系统建立目标与策略,认知系统处理相关信息,知识系统从外界获取信息。

相关的元素，这一部分的赋能就一定要利用课堂中的能量流、情感流。

如果一个老师具备了掌控信息流和能量流的能力，就能让课堂走向一种更高级的场域水平，可以称之为"集体心流"。在这样的课堂中，老师一定会让学生处在一个关系融洽的教学环境中，让学生有足够的安全感，对老师和同学有足够的信任感，可以知无不言、言无不尽。于是师生在对话中互相激励，双双进入一种心流状态。我总结了打造集体心流的八字真言——"言激情荡，悟来创往"，就是师生之间用语言相互激发（言激），然后产生一种很温暖的情感荡漾在课堂上（情荡），你的语言激发了我的感悟、我的语言激发了你的感悟（悟来），这些感悟经过师生的共同加工又产生了一些新的创造（创往），就这样在课堂上不断产生着脑力激荡、情感激荡，每一个人都能享受课堂，所有人都感觉收获很多。在这样的课堂上，老师、学生、内容都是有弹性的。

课堂只是学习的一个环节

老师还必须知道的是，课堂学习并不是学习的全部。学习其实是一个持续的过程，课堂学习只是这个过程中的一个环节。即使课堂学习可能是学习过程中一个很重要的环节，但是它仍然不能够代替全部学习。弹性课堂还应该关注课堂学习之后的学生学习。

一个人点滴的改变都需要精力的倾注才行。"亚洲飞人"苏炳添在做客一档节目的时候，透露了自己早年其实习惯右脚起跑。但当时他最好成绩停留在了10秒10，一直都不能有所突破。后来一个教练对他两条腿的肌肉做了测试后发现，他虽然习惯于右脚起跑，但其实他的左腿的力量更大，更利于起跑。如果他保持习惯不变的话，10秒的大关是突破不了的。2014年苏炳添决定改变起跑脚。这意味着他要对抗自己几十年的起跑习惯，于是就必须做高强度的刻意练习。苏炳添自己表示，当年改起跑脚的过程自己非常迷茫，极其不适应，连睡觉都在想跑步的节奏，背后的艰辛可想而知。而正是因为他改了起跑脚，才有了后来的9秒99、9秒91，以及9秒83！苏炳添知道改起跑脚会有突破的可能，但是只是知道没有用，从知道到做到的过程是他艰辛的刻意练习。

这个故事其实是一个隐喻，教学的目标是让学生发生改变，就像苏炳添从右脚起跑换成左脚起跑。课堂教学只是让学生"悟到"，就像苏炳添悟到应该换起跑脚。但是从"悟到"到"做到"，学生必须经历刻意练习的过程，就像苏炳添的艰苦练习。学习，并不是说认知脑意识到了就完成了，更重要的是把觉知转化成能力。学习中最大的误区，就是自以为自己懂了。有一句话说，理论上，理论和实践没有什么差别；实际上，理论和实践差别很大。没有人是看说明书学会骑自行车的。不实践，只是用头脑想一想，就达不到真懂。只有通过实践，才真正能让理论有感觉、有体验。"悟到"只是脑细胞的改变，"做到"则要达到整体的改变。课堂教学之后，让知识真正转化成能力，还有很长的一段路要走。

也正因为学习是一个相对漫长的过程，所以在教学里有一个很棘手的难题，那就是如何评估教学效果。很多一线老师都会提出这样的问题：课后应该做什么才能保证课堂教学效果的落地？这个问题本质上是注意力投注的问题。老师的注意力是有限的，课上学生的学习情况还触手可及，而课下学生的练习则鞭长莫及。要想让课后学生持续练习，唯一的办法就是加大对他们的注意力的倾注。

以我的线上训练营为例。学生每天的理论学习部分是听音频课，这种课程的特殊性在于它是一种异步性教学，困难就是学生每天的学习自主掌控，老师很难获得学生学习的反馈，即使在音频课里布置了练习作业，学生是否真的做了老师也并不知道。怎么解决这个问题？

第一，我的训练营延伸了学习形式，增加了"每日反思日记"的打卡，要求学生在听完音频课、做完自主练习之后要参与打卡，打卡的内容是4F结构（事实Facts、感受Feelings、发现Findings、计划Futures），打卡的过程则是学生思维梳理的过程，也是知识转化的过程；第二，面对诸多学生的打卡，

◀ 第一问
如何让教学富有弹性

以我一个人的时间精力根本不够去点评和反馈，所以采用了"分包"的形式，我培养了一大批领教，他们对训练营的知识部分非常熟悉，也有大量的实践经验，同时也习得了赋能反馈的技术和方法，就代替我对各小组每一个学生的打卡进行精准点评、精准反馈、精准赋能；第三，学生学习、练习过程中仍然还有大量的困惑、困难待解决，训练营则采用社会化学习的方式，各小组在线上视频会议做主题研讨，小组成员各自分享学习心得，同时提出各自的学习困惑，然后用集体智慧解决绝大部分的学生困惑，留下来的大家共识的难题我才会在班级大研讨活动中做针对性解答。

训练营的实践学习、社会化学习的延伸设计，目的就是要解决学生学完落地的问题，学完必须要做转化，不能把知识转化成能力的教学就是无效教学。不断通过打卡、领教反馈、社会化学习、班级研讨等向学生的学习落地投注注意力，即使做到如此多的注意力倾注，也仍然保证不了学生真的从"悟到"到"做到"，因为从脑细胞到整体的改变，让整体形成情绪记忆和肌肉记忆都需要一个很长时间的能量灌注才行。所以我们在训练营里也倡导"泡营"，就是让学生一期一期地跟着训练营反复学，不断地为知识的落地注入能量。

学习的本质是大脑的神经元关联。两个神经元的轴突和树突之间互相搭上了，就是"悟到"。但是这种连接很容易断，想要让这种连接牢固，或者说让这种连接成为习惯，就需要轴突和树突之间不断地互相传递神经递质。连接再加上神经递质的不断传递，就是愉悦回路的建立，就会巩固和强化轴突和树突之间的关联。"做到"就是两者之间的神经递质互相传递强化了这种关联，其实就是情绪能量、行为能量的投入，形成的就是情绪记忆或肌肉记忆。

有一个学生参加了我线上教学四大模块连训的学习，分别是"打造活力课堂训练营""魅力引导训练营""复盘与经验萃取训练营""金课开发训练营"。他在最终学习成果汇报中展示了他学习过程中的态度转变，他说："刚学'打造活力课堂训练营'的时候，我还没进入状态，觉得田老师讲的'没啥意思'；逐步地，我发现田老师和别人讲的不太一样，特别是听到'魅力引导训练营'关于倾听的部分，以虚受人的倾听让我感觉这课'有点意思'；当我听到'复盘与经验萃取训练营'的个人模式的复盘部分时，用田老师的方法我自己真实地复盘出我的一个不堪的底层模式的时候，我觉得田老师讲的'真有意思'；当我学到'金课开发训练营'把这四个训练营的内容融会贯通时，我不得不感慨，田老师讲的实在'太有意思'了！"从"没啥意思"到"有点意思"，再到"真有意思"，再到"太有意思"，就是典型的态度改变从"理解"到"认同"，再到"价值化"再到"信奉"的过程㊀。他这一步一步地上台阶，就是情绪能量一步一步投入、一步一步强化神经元关联的过程。所谓的态度类教学，无非就是用情绪能量不断强化神经元关联。

学习是有层次的，我将其归纳为"五识"：知识、见识、胆识、成识、常识。第一个层次是知识，知识只是认知脑的学习，但如果不能够把知识转化成能力，那就只有一个作用就是吹牛。学富五车却过不好这一生的人很多。第二个层次叫见识，就是不仅知道而且体验过。第三个层次叫胆识，有了知识和见识，你才有勇气试一试。传统教学范式下的老师，即使知道互动性教学的好处，但也只停留在知识层面，只有当他见识了以后才能有足够的胆识去试一试。第四个层次叫成识，如果敢于真的试一试而且出效果了，就会进入到这个层次。所谓"知是行之始，行是知之成"，经过验证的、经过实践的知识就是成识。到了成识阶段，就完成了认知、情感、行为闭环的愉悦回路，就愿意一用再用。第五个层次叫常识，将成识用久了就变成了常识，就性格化了。学生在课后通过大量的练习和实践把学到的知识发展成为常识，才是真正立足于深层次改变的学习。在这学习的五个层次里，好的课堂能解决知识、见识、胆识甚至成识，让学生形成一次学习闭环，但最终学生要在课外通过刻意练习才有可能把知识变为常识。<u>行动才是学习，知识只是学习前的准备。</u>

㊀ 豪恩斯坦提出了态度类教学的五个台阶：理解、认同、价值化、信奉、性格化。

第二问

如何真正地做到教学相长

《礼记·学记》里讲："是故学然后知不足，教然后知困。知不足，然后能自反也；知困，然后能自强也。"对于学生，教学相长指的是"学然后知不足"；对于老师，教学相长指的是"教然后知困"。所谓的"知困"有两重含义：一是知道学生之所困，即授课过程中的难点；二是知道老师自己之所困，包括课程设计的不足之处和老师知识储备的不足。建构主义的课堂就是一个学习场，在这个学习场上，老师和学生都在进行建构。老师引导完成对学生思想建构的同时，学生也在不知不觉中帮助老师建构课程。好老师是在课堂上锤炼出来的，好课程是在课堂上打磨出来的。学生、老师、课程都是不断成长的有机体，课堂正是这三者之间互动的场域。一个良性的互动，三者都有成长，学生收获了知识和技能，老师提高了授课技能并不断把所传授的内容与学生的现状进行匹配，在每次授课的过程中持续汲取新的素材并演化出新的课程版本。这三者的良性循环才是让学生听课收益最大化的途径，才是老师成为专家型老师的依托，才是课程成为精品课程的必要工序。教学相长的真正含义是学生、老师、课程的持续的良性循环！教学相长绝对不是传统教学范式下知道却做不到的"传说"，在建构主义教学范式下，它有实实在在的实现路径。

教学相长建立在课堂的双闭环之上

教学相长建立在课堂的双闭环之上，一个闭环是学生的闭环，就是"学相长"；另一个闭环是老师的闭环，就是"教相长"。"学相长"，老师在课堂上并不是只完成知识的交付，而是完整的从知识交付到知识转化再到知识应用；"教相长"，也不是指把学生教会了就完了，而是在教会学生的同时还能让老师自己有实实在在的收获。

学：学生在课堂上从知到行的闭环

教学的目标是让学生发生改变，为达成这个目标则必须在课堂上让学生实现从知到行的闭环。

我所推崇的五星教学法，就是一个典型的能够让学生实现从知到行的教学方法，它用教学机制保证了这个闭环。五星教学可以分为两个大的阶段，前三星是一个阶段，后两星是一个阶段。前三星的聚焦问题、激活旧知、论证新知，可以称之为"为了学而教"，其目的就是让神经元之间的轴突和树突产生连接。后两星的应用新知、融会贯通，可以称之为"为了用而教"，其目的就是让轴突和树突之间的神经递质大量地分泌和传递，强化神经元之间的连接，于是愉悦回路就产生了，学习形成了一次闭环。五星教学的前三星主要作用在认知上，而后两星则通过促进学生的知识应用实现行为的验证、情感的认同，于是"认知—行为—情感"也形成了闭环。无论是从知到行的闭环，还是"认知—行为—情感"的闭环，都会强化原本不牢靠的神经元连接，形成情绪记忆甚至肌肉记忆。老师只有让学生在课堂上实现了这样的学习闭环，才有理由相信学生未来有可能在实践中真正能把这些学到的知识用起来，并通过实践应用逐步强化，最终形成固化在身体里的能力。反之，如果在课堂上学生就没有形成这样的学习闭环，只是在认知上得到了一些或然有用的知识，他们就很难在实践中真正地从脑海中调取这些知识，时间长了那个神经元关联也就弱化到聊胜于无了。

教学生学习的老师必须得懂学习。学习科学近年来发展迅速，前沿成果大量涌现，一线老师一定要关注这些研究成果，把理论转化为自己的课堂实践。2022年初，我交叉类比研究了人工智能的学习和人的学习后，结合心理学、教育学、脑科学、学习科学，提出了"学习力加速的ACCP循环模型"。这个模型有两个维度，一个是意识学习和潜意识学习的维度；另一个是个体内学习和个体间学习的维度。这两个维度一交叉，就形成了一个四象限模型：第二象限是个体间的意识学习，可以称之为"吸收（Absorb）"，这是个体从外界获得信息、知识的过程；第一象限是个体内的意识学习，可以称之为"建构（Construct）"，这是个体内部把自己的旧知经验和新吸收的信息知识做整合的过程；第四象限是个体内的潜意识学习，可以称之为"创造（Create）"，这是个体内部把自己建构的知识创造性地应用于新的问题、新的场景的潜意识创造过程；第三象限是个体间的潜意识学习，可以称之为"表现（Perform）"，个体把自己的创造输出、表现出去，这个表现就能带来个体间的反馈，反馈就会引发新一轮的"吸收→建构→创造→表现"的学习过程。

从这个模型可以看出，真正的学习从来不会止步于知识的吸收和建构，只有把知识真正地转化成创造性的应用和表现，才能形成一个完整的学习闭环，这和让学生形成从知到行的闭环是一致的。同时，我们还可以知道，要想实现学习力的快速跃迁，那就要提升这个ACCP学习闭环的速度和力度。所谓加快速度，就是能在一定时间里比别人多跑几圈这个闭环；所谓提升力度，就是能真正地大跨步走出舒适区，开放接受新的知识，在每轮闭环的过程中不断反思复盘，让自己的收获远远大于别人。

不论从教的角度还是从学的角度来看，闭环都是一种能力。现实中很多人都不具备这种闭环能力。有些人看起来学习很努力，每天戴着耳机听各种课程，但只是在认知上做到了"知道"，却从来不在"用到"上下苦功夫。还有一些人看似非常聪明，但往往自以为是，感觉自己不管什么东西一听就懂，于是眼高手低，学什么东西脑补一下就完了，而事实是实践中的很多细节如果不真正动手做是无法知道的，于是当他们真正去解决问题时就会捉襟见肘，越聪明的人似乎越容易和高能的智慧擦肩而过。而恰恰是那些不太聪明的但又有一些"憨豆精神"的人，愿意踏踏实实去践行、去应用，往往能一步一步地发展得更快更好。《论语》里描述孔子的学生子路，"子路有闻，未之能行，唯恐有闻"，就是说他每每学到一点知识，如果自己还做不到，就担心别人再告诉他新的知识。子路非常懂得学习的本质，那就是知行合一！现代人应该向子路好好学学。

教：老师在教学中自我成长的闭环

只有学生在课堂上实现了从知到行的闭环，老师才能够进入到第二个闭环，也就是在学生的改变中获得自我成长的闭环。

为什么很多老师上课时间一长就没有动力了，上着上着就变成应付差事了？其原因就在于他们在教学中始终没有从学生的改变中感受到自己的价值。为什么他们会感受不到？就是学生在他们的课堂上没有形成从知到行的闭环。学生在课堂上没有形成"认知—行为—情感"的闭环，大脑就不会释放足够的神经递质，也就不可能在课堂上表现出较为充沛的情感能量。知识灌输的课堂让学生形成"冷漠脸"，老师又怎么可能从这些"冷漠脸"上获得学生的情感反馈和情感激励呢？没有了反馈和激励，老师的大脑也无法被激发，长期在课堂上获得不了多巴胺的刺激，就会失去意义感、归属感、效能感、成就感。相反，如果学生在学习过程中获得了实实在在的改变，这个改变就会给老师莫大的激励，让老师感受到自己的价值，老师的付出和收获之间才能形成闭环。因此，老师的闭环一定要建立在学生的闭环的基础上。

激活课堂

早在十多年前,针对培训领域的现状,我旗帜鲜明地提出了"不以学生改变为目的的培训都是耍流氓"。既然自己提出来了,那自己就得做到。而事实上,我提出这个观点的时候,还并不完全具备这个能力。但这句话重新定义了培训的目标,剩下的只是在教学实践中不断地摸索。我就不断尝试新方法,然后不断地复盘、不断地萃取,去寻找那些真的能让学生发生改变的办法。现在我已经总结出了一整套行之有效的教学方法,期间也经历了很多坎坷波折,每一个方法后面都有故事,每一个技巧后面都有经历。我回顾这段历程,到底是什么支撑我十几年来持续不断地去探索?我发现,其实就是那一批又一批的学生,他们实实在在的改变是我最大的动力。每当我在课堂上看到他们因为改变而从内到外焕发出的那种精神、眼神里迸现的那种光芒,我的心灵都会受到震颤。很多学生说他们的人生可以分成前后两段,前一段是认识我之前,后一段是认识我之后,他们都愿意用自己真实的改变为我的教学背书。他们的这些反馈,让我更加坚定地相信以学生改变为中心的教学的价值。他们的真实的改变是对我的教学理论应用到教学实践中产生效果的证明,让作为老师的我也实现了从知到行的闭环。

以学生的改变为中心,就必须摒弃传统课堂的那种只让学生"了解什么""理解什么""掌握什么"的这样的目标,而是要设置"表现性目标"。所谓表现性目标,就是学生在学完这个知识之后,他能够有什么样的表现。表现性目标,就是以终为始地直奔教学需要学生所做的改变而去。传统的教学目标对老师没有压力,老师可以由着性子讲,完全是以老师为中心——我跟你讲了你就应该了解,我给你推导了你就应该理解,我给你演示了你就应该掌握,但是学生到底了解了吗、理解了吗、掌握了吗?根本没办法检验。以老师为中心、以内容为中心,学生根本没有机会去表现、没有机会去参与,怎么能让老师知道自己的教学到底有没有效果?于是教学评估在传统教学中成了一个世界级的难题。但是只要使用表现性目标,牵一发而动全身,一切都不一样了:老师会有压力,因为他的目标是要学生实实在在地发生改变;

学生也会有压力，因为他们要在老师的带动下真正动脑动手实现改变；于是教学内容、教学过程、教学形式都得围绕着这个表现性目标而改变。只有讲一讲就让学生练一练，练完了还得让学生汇报一下，才有可能真正检测到学生是否实现了表现性目标要求达到的那种改变。有了表现性目标，学生从知到行的闭环就容易实现了，老师的教学是否有效的闭环也相应实现了。

老师要带着学习的心态去教学

每个老师应该把课堂当成自己学习的场所，深刻地懂得教学就是学习。只有这样当老师才会有终极的动力，只有这样才不会在教学中遇到挑战就犹豫退缩，在课堂中碰到"刺儿头"就倍受伤害，面对躺平的学生就心灰意冷……其实，<u>外面没有别人，只有自己，你做的所有事情都和你自己个人的成长和修身有关，一切都是为你而来，而非冲你而来，所有的遇见都在为你的成长积累厚重的经历和经验</u>。只要老师处在学习态，每一堂课客观上都成了自己成长的资粮！带着学习态去教学，我认为是老师最应该懂得的道理。

教学不是奉献而是学习

在教育教学领域，我觉得最误导老师们的就是所谓的"蜡烛隐喻"。它告诉老师们要牺牲自己照亮别人，但是，为什么老师就一定要是那个悲壮的"牺牲者"呢？这个照亮别人就必须牺牲自己的隐含假设，造就了老师这个职业在我们的心中辛苦的形象，同样也给老师们下了一个心锚——不牺牲自己好像就不算是好老师。

从另一个角度看，这个隐喻还造成了很多老师的"拯救者心态"或者

"牺牲者心态",虽然他们用尽全力,却是以"为你好"为借口控制学生。碰到听话好学的学生还尚可欣慰,一旦自己的一腔热血不被学生接受时,这种心态就容易崩塌内伤,很多老师就是这样从"拯救"到"躺平"甚至"愤怒"。从学生角度看,被动地被"拯救"也让他们形成了依赖,缺少主观能动性,内在不独立和谐,人格成长受到阻碍。

我反对"蜡烛隐喻",我认为:教学不是奉献而是学习,老师要带着学习的心态去教学。

几年前,一位在教育培训领域里有点名气的老师向我炫耀,说他现在的课都已经不讲了,都交给他的徒弟们去讲了,话里话外透露着自豪。我对他这种自豪不以为然,而且我认为作为老师的他并不是真的理解教学。为什么?就是因为他不懂得教学对于老师来讲并不是辛苦的奉献,而是美妙的学习。我经常讲,只要我的身体条件允许,就不会离开教学一线,因为教学于我来说是最重要的一种学习方式和成长手段,我在教学的同时也在学习。

稻盛和夫说"唯有工作才是最好的修行",就是把工作和学习合一了。这句话对老师这个职业同样适用,老师的教学工作和老师自己的学习并不是对立的,而是合一的。在课堂上,老师是站着的学生,学生是坐着的老师,不关乎身份,只关乎状态,谁在学习态谁就是学习者。课堂是让学习真正发生的地方,老师要发自内心地认为课堂也是自己学习的场所,只要处在学习态,就能够学到很多。

很多老师总以为一个知识点自己讲了很多遍自己就懂了,但其实懂和真懂之间的距离是非常大的。学习中最大的误区就是自以为自己懂了。验证是否真的懂了,就要看老师敢不敢直面学生提出的很多的问题。真正敢于直面学生问题的老师会发现,在给学生的答疑解惑中自己也能够逐步融会贯通。所以客观上是学生在课堂上帮助老师"修",本来老师知道了还不一定能做到的知识,通过回答学生的提问、点评学生的分享、师生之间的互动就逐步转化成老师的能力。老师一定要理解：所有的课堂都是双向赋能的，老师给学生赋能，学生也给老师赋能。组织学习理论的鼻祖、哈佛大学教授克里斯·阿吉里斯曾说过："感谢我的学生，我从他们身上学到更多。"这句话绝不是简单的谦虚之词，是阿吉里斯真心发出的感慨。老师和学生其实都是学习者，只不过老师先走了几步、多知道了一点，但从知识的应用和发展上来讲，老师仍然有很长很远的路要走。学生在从不懂到懂的过程中一定会产生很多疑惑、犯很多错误，学生在结合自己的旧知经验和实际场景的过程中会对知识有很多创新发挥和变式应用，老师帮学生解决这些疑惑、纠正这些错误的时候，点评这些创新发挥和变式应用的时候，就能实现自己对知识的融会贯通。所以老师和学生在课堂上都是学习者，只不过分工不同、角色不同、学习方式不同罢了。

人是社会动物，需要在社会化场域里通过其他人的刺激激活自己的大脑，大脑被激活得越多，神经元之间的关联就愈加丰富和紧密，这就是学习的第一性原理。如果一个人能够数十年如一日地恰到好处地激活自己的大脑，让大脑长期处于"激活态"而不是"油腻态"，那他在任何领域里都很容易成为专家。课堂不正是这样一个让老师的大脑激活的社会化场域吗？只要老师能带着学习态来讲课，在教学中能恰到好处地走出舒适区，充分激活大脑的高级机能，那么互动也好、提问也好、挑战也好、事故也好……课堂发生的一切都能成为老师学习成长的资源。所谓能量投注到哪里，收获就在哪里，当老师带着学习态去教学，那课堂就不只是老师奉献的场所，更是老师学习的场所。

几年前，我和一位教育业界大咖做过一次互动。我在互动中说："如果老师没有解决自己在课堂上的学习问题，他教学的终极动力总会缺一点。"然后这位大咖马上就挑战了我一个问题，他说："那我想问一个问题，那种把四则运算教了一辈子的老师，又怎么样让他在教学中融会贯通呢？又怎么样让他在课堂中学习呢？"我当时回答说："教育学本身就是研究一个个体如何教另外一个个体改变的专业。哪怕是教幼儿园的孩子学识字，哪怕是教小学生学四则运算，虽然在教学内容本身上确实没有让老师再学习的空间，但是在教学方法和学习方法上，在对人性的探索上，在对人的心理研究上，都仍然有着巨大的学习和研究空间。比如，著名教育家苏霍姆林斯基，他的身份不过是一名小学校长，但他在小学教育的实践中却研究出了大量的教学规律。再比如，大家熟知的蒙台梭利教育法，也是蒙台梭利在小孩子的教育实践中通过观察、研究、试验，总结出来的。还有建构主义的鼻祖维果茨基，他的理论也是在观察儿童成长、儿童思维中进行的。即使一位老师是教幼儿园的、教小学的，他也能把自己的研究领域往教育学、心理学、发展心理学、认知心理学、学习科学等方向拓展。对人性的研究是没有极限的啊！"

检验你自己是否真的带着学习态去上课，可以问自己这样一个问题：如果有一门课你已经讲了40遍了，那当你讲第41遍的时候，你还能不能兴奋？如果你觉得自己在讲第41遍的时候每个标点符号都能顺嘴说出来，实在没啥可讲了，就说明自己不在学习态。其实，即使是第41遍、第51遍，这个时候老师也仍然有机会把自己最新的思考、最新的感悟、最新的经验刻意地融入课程中，也仍然能让课程变得非常不同。

最难回答的问题是老师的状态问题

在多年的针对教师培训的教学实践中，我发现有一大类问题非常相似，而且非常难回答。

比如讲五星教学，就有很多学生这样问——

"我们的新员工素质都很低、经验都很少、参与性也不高，五星教学是不是不太适合他们啊？"

"我觉得五星教学适合实践性强的内容，那些理论性极强的科目比如数学、物理，我们该怎么教？"

如果直接回答他们提出的问题本身，你就"上当"了。当一个人问出这

◀ 第二问
如何真正地做到教学相长

样的问题，尤其当他一个接一个地问出两个及以上的类似问题后，就可以判断出来他提问的根本并不在问题本身，而是他在用这样一种问问题的方式表达他对把这个知识用到自己课堂上的无能为力，展现出来的是他"躺平"的心力状态。直接回答他的问题本身意义也并不大，他没有心力去应用这个知识，状态不对，小问题都会变成大问题。

从根本上讲，这是一个知行合一的问题，反映的是他们的知和行之间的距离。王阳明有一句话特别能解决这个问题——"知之真切笃实处即是行，行之明觉精察处即是知，知行功夫本不可离。"

什么叫"知之真切笃实处即是行"？所谓"真切"，就是坚定不移地相信，并以此为信仰、为理想，脑海里有清晰的目标画面、效果画面。所谓"笃实"，就是做任何事情都按这个信仰照办，追随着这个理想，长期持续地走在"朝圣"的路上。曾经有学生问我："我怎么样才能成为田老师？"我反过来问他："你有多强烈的意愿要像我这样？"这问的就是"真切""笃实"。如果你对自己的理想信念是"真切""笃实"的，那你理想信念的画面、愿景信仰的目标会丝丝入扣地印到你的脑海里，你会时时刻刻对它们"不思量、自难忘"，做任何事情都体现着它们，那就是"真切""笃实"。

我公开说过我的人生大愿——"活着是为了淡定地改变中国教育"，我对我的大愿就是有"真切""笃实"的行。比如我的线上训练营培养了百余人的领教队伍，他们通过训练营帮助了很多学生的成长，经常在各种场合听到一些学生反馈某个领教是他生命的贵人，而这些被领教赋能成长后的学生本身在生活中也成了周围人的贵人。这就是一种级联效应，从我给领教的赋能成长为始，我、领教、学生在一级一级地影响着周围的人。当这种级联一层一层荡漾开去，我相信"改变中国教育"就不是个很难的问题。虽然这个目标很大，但它在我的脑海中却非常"真切"，我给他人的赋能动作也非常"笃实"。

什么叫"行之明觉精察处即是知"？所谓"明觉"，就是时时刻刻知道自己在干什么，不仅知道自己当下在做什么，也知道自己做得怎么样，还知道下一步自己要做什么，要做出什么样的效果。所谓"精察"，就是在细微之处下功夫。《中庸》中说"致广大而尽精微"，意思也是表达通达广大之境而又极尽精微之处，启示人们干事创业既要登高望远、胸怀大局，又要落实落细、积微成著，即所谓的"天下大事，必作于细"。比如老师讲课不仅知道信息流，现在还能够在课堂的能量流上用功，把教学这件事的颗粒度弄得更细致，这就是"精察"。

不能"真切笃实""明觉精察"的老师，课堂上百分之八九十的时间都是内在分裂的，一方面他心里想的和他实际做的并不一致，另一方面他对教学这件事情也没有做到无限地热爱，即使他们生搬硬套地去使用五星教学、建构主义，也是边干边怀疑，这样的内在分裂就使得他很难去整合信息流和能量流，就很难身心合一地站在课堂上，于是作为老师的影响力就会大打折扣，因为内在分裂使得他的能量无法聚焦。相反，如果你能把眼睫毛和脚丫子的能量都投入到课堂上，那么学生不仅能听到你说了什么，还能感受到你是怎么说的，你的影响力能量就像激光一样聚焦，直抵学生的内心。有一个比喻说，学生就像是一个一个的鸡蛋，需要用老师目光的温暖去孵化他们出壳。用目光的温暖去孵化，说的就是一个老师真正地爱教育、爱教学、爱课堂、爱学生，他真正在享受教学这件事。信深，才能行远；觉明，才能智达。这才是老师真正的"知行合一"。

一个老师如果没能解决自己的内在状态问题，那他实际上也不会把上课当成一种享受，更多的时候会把上课当成一种应付，自然在面对新的教学理念、教学方法、教学思想时会产生一种抗拒、排斥、拒绝的状态。如果老师解决了自己的内在状态问题，真的是"真切笃实""明觉精察"地去上课的时候，上课的当下身心合一、心无旁骛，创造性的意识、潜意识在课堂上随意挥洒，时时迸发和碰撞出"神来之笔"，怎能说这不是一种享受呢？这个时候，被激活的处于创造性脑力劳动状态下的老师，会发现课堂上遇到的各种各样的挑战、各种各样的事件，都是帮助自己学习成长的素材和资源，那又何惧把新的教学方法、教学理念、教学思想运用到自己的课堂上呢？王阳明还说过"攻吾之短者是吾师"，也就是说那些指出我不足的人都是我的老师。换一个视角就会发现：一切存在都是资源，一切遇见都是机缘。当老师真正做到知行合一的时候，就能淡定地处理各种各样的质疑，淡定地应对各种各样的挑战。

千万不要找借口。找借口固然能让人一时轻松，但一旦把找借口变成习惯，最终就会一事无成。因为找借口容易让人失去效能感，"这一切都不是我的原因""我只是一个牺牲者""是学生不争气""是领导没魄力"……一切向外求，外在的一切都可以成为理由。遇到困难和障碍，要有智慧，没有办不成的事，只有不会变通的人。一个在任何环境下都懂得变通的人，就永远能进行创造性的发挥和适应性的改造。

三 让老师自己每堂课的收获比学生大

带着学习态去教学，有一个绝招就是在心里给自己树立一个"小目标"：每一堂课下来，我自己的收获都要比学生大。这其实是给自己定下了一个"心锚"，让自己在每次课的课前、课中、课后都能够把自己学习目标的实现放到整体教学中去。

对于学生来说，一堂课只会上一遍，而这堂课的老师是要讲很多遍的，如果老师每讲一遍都能够比学生收获大，10遍、20遍、30遍……那个积累效应可不得了。有的老师会觉得这样的目标很虚妄，实际上这个目标并不难实现，大多数人缺的是让它实现的方法。有一句金句说，知道要什么的人总知道怎么办。有了目标之后，我们就可以创造性地寻找实现它的路径。要想完成这个"小目标"，课前、课中、课后都有一些踏实的工作要做。

课前：有准备地进入学习态

坚决拒绝简单的重复

老师要树立的第一个原则就是——坚决拒绝简单的重复。

曾经有一位老师向我吹嘘，说他经过这么多年的授课，现在终于可以在课堂上连脑子都不用动，内容顺嘴而出，连一个逗号都不会错。我听到后特别替他悲哀。一茬一茬的学生是不知道他的课变不变的，因为他们都是只听一次，对他们来说没太大损失。但是对老师自己呢？他自己的灵魂是听得到自己有没有处在学习态的。在这一遍又一遍重复的时间里，自己丝毫没有成长和进步。讲课的每一分钟也是自己生命的每一分钟，这种简单的重复其实是对自己生命的浪费。同时，无论课程有多好，简单的重复也会让老师的状态逐渐从激情澎湃走向单调乏味。师生的状态是相互影响的，老师的不在状态也会引发学生的不在状态，师生上课都味同嚼蜡，何必呢？何苦呢？

拒绝简单的重复就必须有意识地把自己拖出舒适区。这不单单是保证学生状态的要求，更是老师自身进步的要求。建议老师可以对自己的教学有所要求，比如说每一次课都要有10%～20%的更新。这个更新也有技巧：遇到新学生讲老内容，遇到老学生讲新内容。遇到新学生讲老内容，是因为授课环境陌生，跟这些新学生没有打过交道，大脑"内存"需要留出足够的空间去适应环境，去和学生建立良好的师生关系，所以适合讲熟悉的内容，内容更新的幅度建议小一些。遇到老学生讲新内容，是因为对学生已经有一定程度的了解，环境不再陌生，和学生也已经建立起了关系，大脑"内存"不需要为这部分内容分配空间，注意力就可以专注在授课内容上，所以适合集中精力讲更新的内容，胆子可以更大一些。否则，又是新学生，又是新内容，大脑同时要在陌生的环境和更新的内容之间多线作战，没有一定高度的老师，恐怕会应付不过来。

◀ 第二问
如何真正地做到教学相长

我有一个线下的"专家型导师特训营",一共四个模块,每月讲一个模块,每个模块4天的课。对于我来说,这个特训营已经开了七八期了,内容都是熟透了的。但是,每一期第一模块的4天,我面对的大都是新学生,我会保守一些讲老内容,更新的内容会少一些。到了第二个模块,那些新学生都变成了老学生,我和他们已经非常熟悉了,我就会非常大胆地讲新内容,非常大幅度地把自己拖出舒适区,把我最新的思考、最近的研究融入课程中,让我自己在这个过程中更充分地学习。所以在我心里,这个"专家型导师特训营"不仅是我传播知识、培训英才的道场,更是我自己绝佳的练功平台。

刻意运用、刻意练习、刻意抒情

怎么把自己拖出舒适区呢?具体的方法是设计教学中的"三刻意":刻意运用、刻意练习、刻意抒情。

刻意运用,就是想方设法把自己最新的读书心得、实践感悟运用到课堂中,在课堂上刻意地去引用它们。老师的很多理论、方法,其源头都是读书读来的,但是要把它们都发展成为自己的理论,就要敢于在课堂上刻意运用。如果用得灵,果然如书上所说,这个理论、方法就实现了闭环,闭环了就可以继续升华;如果用得不灵,那就去仔细地复盘,看哪些地方还要再改一改、变一变,下次再用用试试。所有的理论要能变得有用,都必须结合自己的实践。当每次刻意运用后都做复盘迭代,久而久之,这个东西就会成为成你自己的了。

很多人听过我的课之后,都惊讶于我在课堂上脱口而出的金句、恰到好处的国学词句引用,大家都以为我会苦兮兮地背这些金句、词句,但实际上我的办法是以用促学。我会把书上读到的东西和自己的感悟刻意地结合不同的实践内容,这个课程用一遍,那个课程用一遍,只要能够在课堂上运用三遍以上,自然而然就记住了。课堂上不仅是老师给学生讲,其实老师自己也在听自己讲。而且运用后的记住,有当时的课堂情境做背书,附带着较强的情感能量,未来遇到类似的情境,这些金句、词句就会无意识地从大脑里住外弹，这就证明这些新内容已经结结实实地成为你自己的了。但是前三次的运用，确实需要老师自己在课前做刻意的设计。

刻意练习，是针对某项技能的学习。任何一项需要熟练掌握的动作技能都是多项成分技能有机整合后的综合表现。心理学家安德斯·埃里克森发现：在某一个领域精熟的人，不管是小提琴家、外科医生还是运动员，学习方法都异于常人，他们都会将活动分解为细小的动作，不断重复，而每一次重复他们都做微小的——几乎难以觉察的调整，逐步改进。这就讲出了刻意练习的几个关键步骤：第一，要有明确的目标，一段时间只攻克一个成分技能；第二，带着套路练习，在认知层面熟悉动作实现的步骤和要领；第三，恰到好处地走出舒适区，让成就感略大于挫败感；第四，大量重复，让有意识的部分逐步化作无意识的自动化反应；第五，及时有效的反馈，及时纠正过程中的细微偏差，做对了要及时庆祝。所以刻意练习并不是"傻练"，是要在练习前有着清晰的设计。老师的教学里当然也有成分技能，比如说老师的基本功——听、说、问、答、评。单就回答问题这一项，也有多种多样的技巧，比如用假如回答问题、用问题回答问题、用情感回答问题、用感受回答问题、用暗示回答问题、用隐喻回答问题、用金句回答问题等。所以老师在课堂上刻意练习的点其实很多，每一个成分技能都需要长时间的刻意练习。但刻意练习最忌讳"贪"，不要想着在一堂课上一次练很多技能，走出舒适区一定要"恰到好处"，否则容易进入"恐慌区"。

刻意抒情，是锤炼老师在课堂上语言的运用，恰到好处地让信息流和能量流和谐地配合。信息流是语言中的语义部分，能量流是语言中的情感部分，除此之外，还包括语音语调、肢体语言的表达。把语言表达区分为信息流和能量流，就能让我们运用语言时的颗粒度进一步细化。把话讲出来和把话讲到人心里去，这是两码事。曾经有一位在音乐领域有点建树的老师说，情感是一种资源，运用它要恰到好处，任何时候都要把情感恰到好处地注入，信息和情感应该像是互相配合着共同跳一支舞。我们在生活中也能观察到，有些人讲话就会显得只注重逻辑而缺乏情绪感染，而有些人就是有极其优秀的表达力。那种信息流和能量流兼具的语言，就像大合唱，意义部分、逻辑部分、表情部分、肢体部分、语音语调部分、情绪部分都有恰到好处的相互配合。太注重信息流的表达会显得干巴巴，太注重能量流的表达则又会显得过度夸张。如果你还没有达到那种能把一字一句都送到学生心里的语言功夫，就需要在课前设计课堂上刻意抒情的部分，该走心的部分就不要走脑。

恰到好处地留白

虽然说不打无准备之仗，但是对于老师的备课来说，往往失之于准备得过度充分！很多老师都有这样的备课风格：整堂课设计得严丝合缝，力图做到不让任何一分钟在自己的掌控之外。我对此的建议是：要学会恰到好处地留白。

如果整堂课太满，其实老师全程都是在使用自己的意识脑工作，那就进入不了学习态。而进入学习态的一个重要标志，就是能够运用意识和潜意识共同学习，而不仅仅只用意识学习。仔细观察一下那些重要场合的讲话，主讲人语速都比较慢，停顿都比较多，为什么？第一，当然是给受众留下思考和消化的时间，以慢来表示内容的重要性，大家得仔细"咀嚼"才行；第二，就是给自己的潜意识留下反应的时间，因为说出去的每一句话、每一个词汇都可能引发不可估计的结果，所有的话都得想圆了才能说。这和老师面对学生授课其实本质差不多，都是让对方"学到"。有的老师讲课，语速极快、内容极多，学生应接不暇，这就是不懂得学习的原理却一味地蛮干。如果你讲课讲得像"赶狼"，那么留给学生的只有心慌。

恰到好处地留白，既是给自己的潜意识留下发挥的空间，也是给学生留下参与的空间。把道理讲透很容易，善于留白的才是高手。只有留白，老师自己的潜意识才有机会在课堂上施展，而其潜意识每一次走出脚本的意外发挥，都是老师自己复盘学习的绝佳机会；只有留白，课堂才能给学生留下参与的空间，学生的现场提问、学生的即时分享都只能在课堂的留白里发生，这些才是老师值得复盘的宝贵资源。无论是老师自己的潜意识发挥还是学生反馈的资源，对老师来讲都是扩充大脑数据库的准备。所以老师想要在课堂上有准备地去学习，就不要把课备得那么满。

恰到好处地留白，也是给"神来之笔"留下空间。我们常常在生活中会有这种体验，有一个灵感或顿悟突然在某个场景被激发出来，连自己都不知道它是怎么来的，犹如"神来之笔"。所谓的"神"，其实指的是潜意识的直觉反应。脑科学研究发现，一个人达到"顿悟"状态时其大脑的多个区域会被激活。顿悟是一种知觉重组现象，大脑越放松，激活的区域越多，越容易产生顿悟。因此，全部由意识接管的大脑很难产生"顿悟"，只有把潜意识参与的空间充分留出来，才有可能促成"顿悟"的迸发。说得玄一点，那就是，你在讲课时没给"神"留下空间，何来"神来之笔"？

状态准备：慈、雄、对、觉

课前，老师最重要的备课是状态的准备，我称之为老师的"状态位"。只有老师和学生都处在良好的状态下，才能保证师生双方都能够在课堂中有所收获。而老师的状态常常直接影响学生的状态，因此老师摆好"状态位"对课堂更加重要。老师要准备哪些状态呢？我总结了四个字——慈、雄、对、觉。

"慈"，就是慈悲心。老师不只是个职业，更是个专业。如果一个人仅仅把老师当作职业，那他就仅仅处在混饭吃的层面；只有把老师当作专业，才会对教学精益求精，才会有教书育人的情怀。作为老师，必须时时刻刻地问自己为什么站在这个讲台上，必须找到一种超越个人利益的理由、意义和价值。如果老师失去了慈悲心，他的课堂一定会是一场灾难。一切不以爱为基础的教育都是无效教育，"用心"比任何教学技巧都有效。课堂上的每一分钟都是学生生命中非常宝贵的一分钟，也是老师生命中宝贵的一分钟，敬畏课堂，尊重生命，老师要为学生的改变负责，一切教学活动都应以学生的改变为中心。

"雄",就是雄心,或者叫信心。学生不仅会听老师说什么,还在感受老师怎么说。一个信心满满的老师,哪怕是说错了,学生也不会怀疑他;一个缺乏信心的老师,哪怕是说对了,学生也会怀疑他是错的。底气不足而硬装出来的强大,会很容易被学生觉察到。老师不仅要表现出自己的信心,更要在课堂上不断地给学生信心。在课堂上给学生信心比给学生知识更重要,传授知识的同时,老师要抓住一切机会去滋养学生的心灵。老师的自信来源于充足的知识储备,来源于专业的教学方法,来源于内在的"自洽",来源于无私的关爱。缺乏自信的爱很无力,缺乏爱的自信易伤人,"慈"与"雄"是相得益彰的。

"对",就是对话态。有效学习都是学生内在对话的结果,而所有外在对话都是促成内在对话的手段。只有对话才能激发学生大脑积极的、有价值的神经元关联。保持对话态,就能让课堂上的信息和能量畅通流动,保证师生的大脑处在轻松舒展的状态下。因此,老师要力求课堂学习在师生、生生对话中进行,同时还要透过学生的表情洞察其内在对话的状态。老师要管住自己的嘴巴,只有老师停止以自我为中心的说教,课堂才能回归对话的状态,给学生留足思考的空间、自我对话的空间,有效的改变才可期!也只有处在对话态,老师才有机会在和学生的对话过程中实现自己的学习。

"觉",就是觉察态。觉察是对思维的监控,是人类大脑独有的机能。所有课堂上的情绪反应都先要用觉察态来监控。对学生保持觉察的前提是老师对自己保持觉察,就像在大脑里植入了电脑操作系统的任务管理器,每当有情绪反应就一定要打开这个任务管理器,启动觉察程序问问自己:"我这是怎么了?我的状态对不对?我的慈悲心在不在?我是真为了学生好,还是为了征服对方?我该怎么办……"老师还要善于觉察学生状态和课堂场域,这也是应用教学引导的必要前提。更重要的是,老师自我觉察的榜样能够为培养学生养成觉察习惯做示范。当一个人开始有意识地觉察自己的思维的时候,修身就进入了快车道。

"慈、雄、对、觉"的状态位是老师在课堂上的理想状态。老师如果能够时刻处于这个状态的话，学生就很容易被激活，课堂也很容易被激活，自然能够保证老师在课堂上的学习效果。但这种状态不是在课堂上自然发生的，需要老师在课前做足自己的心理建设。

课中：积极开放地对话

最大限度地确保课堂在对话中进行

教育家苏霍姆林斯基说，好的课堂要让师生全过程处在创造性脑力劳动状态下。学生只有处在创造性脑力劳动状态下，才有理由相信自己学习的不是死的知识，而是活的思维。老师只有处在创造性脑力劳动状态下，才有可能让意识和潜意识在课堂上恰到好处地配合，做到边教边学。建构主义理解下的知识，是学习者基于自己已有的知识和经验的主观建构，知识掌握的标志是生成个人版本的理解。建构主义理解下的教学，是老师和学生、学生和学生之间的相互对话、相互启发和相互交换，充分发挥课堂的社会属性。确保课堂在对话中进行，就能最大限度地保障老师和学生的思维活力。老师和学生的思维有了活力，课堂才有活力。如果老师只是机械地在讲台上背书，完全沉浸在自己的舒适区里，学生从头到尾都在做被动的记忆和机械的理解，无法达到更高层次的思维活动⊖，师生双方大脑的激活程度都很低，教学效果也就比较模糊，老师自己在课堂上的学习就更是毫无根基的"海市蜃楼"。

有老师曾问过我这样一个问题："田老师，我的课已经讲了很多年了，现在我出口成章，几乎都能倒背如流了，但是越讲越觉得自己有枯竭的感觉，怎么办啊？"其实很多老师都有这个困惑。我就问他："我猜，你的课堂一定

⊖ 布鲁姆的教学目标分类，从低到高分别是：记忆、理解、应用、分析、评价、综合、创造，层次越高大脑的激活程度越高，知识的吸收转化越好。

是那种灌输式的，从头到尾都是你讲，是吗？"他回答道："对啊。你是怎么知道的？"我说："你有越上越枯竭的感觉，那你的课就一定是这个范式的。"早在2012年，我就提出了检验一堂课好坏的标准，那就是看老师灌输的比例和师生互动的比例。如果老师灌输的比例超过50%，那么这堂课基本上就是失败的。失败的原因除了没能激活学生的思维之外，老师在过程中没能成就自己的学习也是一大原因。

老师和学生在课堂上都是学习者，老师对学生的语言输出是学生学习的输入，学生对老师的语言反馈是老师学习的输入。灌输式课堂上，老师单向地给学生输入，不给学生时间和空间做知识转化，自然激发不了学生学习转化后的反馈，老师也得不到新的输入，老师和学生都没有学到东西，变成了一个"双输"的局面。确保课堂在对话中进行，老师和学生之间才会有问有答、有说有评，在问、答、说、评之间，学生和老师都有了新的输入，每个人都会启发自己的内在对话，学习才真正发生。

学生在课堂上的大脑激活程度是最低的，甚至比睡觉还要低。为什么？就是老师没有让教学在对话中进行，于是就导致了真正的学习根本就不能发生。这是一个非常讽刺的结论，最应该激活大脑的课堂却是大脑激活程度最低的场所。教学在对话中进行的主导权在老师，而不在学生。传统的教学范式中，我们已经习惯于学生正襟危坐，爱提问的学生被贴了一个标签叫"刺儿头"，教学静悄悄成为规矩、常识，而可悲的是，在这种情况下学习是不可能发生的。这种教学范式必须被打破，"无对话，不教学"。

用自己的状态带动学生的状态

状态是一切的保证。想要营造活力满满的课堂，特别重要的是老师在课堂开始的前几分钟一定要保证良好的状态。学生的状态往往是老师激发的，一旦把这几分钟的状态营造好了，后面的授课过程就容易进入状态的自动巡航。这种自动巡航的标志，就是老师能够全然忘乎所以地投入，和学生们打成一片，沉浸在相互交流、相互启发的感觉中。实现了课堂状态的自动巡航，就能给老师自己节省下来很多能量以用在自己的"三刻意"上。

千万要记住，学生的状态永远比老师的状态来得晚而退得早。老师要用自己的状态带动学生的状态，不仅在课前做好"慈、雄、对、觉"的状态位准备，更要在进入课堂后从心理层面走近学生。切忌高高在上，而要用热情和关爱俯下身来邀请学生们参与。那种装酷的开场方式风险很高。一上来就花式秀自己，说自己多牛多酷，以为只有这样才能够震住学生，以为只有这样才能吸引住学生的注意力。但其实，这会让学生和老师产生隔阂和距离，学生本想亲近老师，但老师的一番装酷只会让他们觉得你太难接近，只好敬而远之，非常不利于课堂上的师生对话。特别是对成人培训来说，重点不是给学生一堆或然有用的知识，而是能够解决学生棘手的问题，课程一开始把自己抬得越高，就越会激起学生的挑战和防御心态，假使课程不能解决学生的问题，恐怕会摔得更惨。老师用装酷的方式无非是为了获得在陌生环境里的安全感，然而这种方式无异于饮鸩止渴。老师真正要做的，是降低姿态、降低身段走近学生，跟他们打成一片，让老师和学生从一个一个的"I（我）"成为一个整体的"We（我们）"。

我们每个人都有两个身份，一个身份是"I（我）"，一个身份是"We（我们）"。"I"身份是一种分别能量，用于凸显自我；"We"身份是一种连接能量，用于连接彼此。当课堂上"We"身份能量十足，老师和学生都会模糊身份的界限，那种同频共振的互相激发的状态就容易建立起来。而相反的"I"身份能量十足，那就是老师和学生们个个都在守住或强化自我的边界，就很难建立连接。状态是能量的管道，状态建设不够好，能量管道就难通畅，知识传递、思维激荡就难发生。

每次直播课前我都会主动邀请学生们打开摄像头，有时候我还会向主办方特别强调要求学生全程打开摄像头，即使不是互动性授课而只是一次演讲我也仍然会如此要求。为什么要这么做？因为我深知，只要学生一打开摄像头,他的"We"身份就自动被强化,他就会觉得自己在老师和其他同学们的关注之下,注意力就会回到课堂上,回到和老师、同学的连接上,这就是一种对话状态,课堂上就会产生一种情感和能量的流动。而相反,如果每一个都躲在关闭的摄像头后面干着自己的事情,课堂实际上就是一盘散沙。另外,在直播授课的过程中,讲到精彩处,我也经常主动地邀请学生在评论区发送"666""888"等来进行场域调频,同时对学生上课过程中在评论区的见解、点评、提问给予及时的"看见",还会在举例子的时候随机地使用学生的名字……所有这些小动作都围绕着一个目的,就是让学生意识到教学是一个社会化的活动,我们在一起努力地建造一个师生对话、生生对话的互动场所。而这些操作也保障了我的线上课堂始终处于较高的能量状态下,教学效果也极佳。线上和线下并不是造成教学效果差异的根本原因,而在教学过程中有没有互动、有没有能量的流动才是根本原因。

当然,并不是每一次老师做状态建设的努力都会起到作用,如果学生的状态没调动好,我的建议是继续调状态:宁愿在有状态的课堂上讲一分钟,也不要在没状态的课堂上讲一堂课。老师在教学过程中一定要有一双善于觉察的眼睛,时刻关注自己的状态、学生们的状态以及整个场域的状态,出现状态问题,请先调状态。

我在一次企业内训的线下课上,发现很多学生都不在学习态,看手机的看手机,打电脑的打电脑,各干各的。我没有选择继续往下讲内容,而是走到学生中间去,拍了拍其中一个学生说:"某某同学,你跟你的手机在一起,而我一个人在这里孤军奋战,我觉得好孤单、好无助。"我讲出了现场的事实和我的真实感受,而且在一定程度上向他们示弱。虽然我点的只是一个学生,但情感的表达却吸引了全班的注意力。在看到所有人有点愧疚的目光后,我继续说:"我和你最大的隔阂就是你的手机,我其实是想和你在这个真实的世界里交流,而你的心却去了虚拟空间。我们每个人都应该意识到,课堂是一个社会化的学习场域,每一个人都在为这个场域做贡献,或者扯后腿……"

一番语重心长的交流后，一个较好的互动场域就重新建构起来了。

时刻保持觉察：越走出剧本，越需要状态

大多数老师上课，心里是有一个"剧本"的，一般按常规的课堂流程展开。但是，经常遇到一个突发状况，不在老师的设计之内，就走出剧本了。很多老师对走出剧本这件事有恐惧感，但事实往往是这些突发事件能让我们学到更多。

菜鸟老师和高手老师处理课堂突发事件的心理状态非常不同，根据反应水平的不同，分别是"完蛋了""怎么办"和"太好了"。

菜鸟老师在课堂上遇到挑战，心理的第一反应是"完蛋了"，于是内心收紧，整个人进入防御态，启动"战斗—逃跑模式"。学生一挑战，他的大脑一片空白，于是只能跟着学生进入情绪状态。此时他的潜意识完全被屏蔽，即使他有再强大的经验数据库，在情绪状态下也难以创造性发挥。一旦和学生硬杠，学生会感受到他的失态，这会使他很容易失去学生们的心。

稍微有经验的老师，第一反应会是"怎么办"，第一时间进入解决问题的状态，意识脑紧张地搜寻解决问题的方案，绝大多数能量用在经验记忆的提取上。如果有过去的相关经验就赶快调取出来对付过去，如果没有过去的相关经验，他也容易进入"稀缺态"，或是找个借口糊弄，或是顾左右而言他。这种老师在过程中表现出来的不自信、不真诚的状态，同样也会影响学生的后续学习状态。

而专家型老师的反应则不同，他们会特别喜欢课堂上有学生走出剧本提出挑战，每当这种情况出现，他们的第一反应不是"完蛋了""怎么办"，而是"太好了"！他们先不关心自己有没有能力处理好这个挑战，而是产生一种兴奋的感觉。因为他们非常确定的是，这个走出剧本的学生能够给自己带来学习的机会。即便那个当下自己没有处理好，课后也还能够通过复盘学习到更多，他们会假想如果再给一次机会的话自己该如何处理，让自己的意识和潜意识共同模拟产生2.0版的处理方案,下次遇到类似的情况就直接用这个新的2.0版方案再试一试。如果那个当下处理得很好,比如说借此出现了"神来之笔",那他们的状态以及学生的状态会被极大激发,极有利于接下来的课堂教学。

学生的挑战,很多并不是在挑战老师的权威,本质上展现的其实是学生在学习过程中的"关联障碍"。这些"关联障碍",有些是学生不能把老师给的新知和自己的旧知经验相结合,甚至新旧知识之间还有冲突;或者是不能和自己面对的新场景、新问题相结合,对新知产生了怀疑;或者是学生在知识建构的过程中某种需求没有被满足,比如意义感、成就感、效能感等。这些都需要老师通过高度的觉察感知学生的真实需求。

越走出剧本,就越需要状态。面对走出剧本的第一反应,更有效的是兴奋,而不是害怕。兴奋,就容易调取大脑中的远数据、冷算法、旧情结,让潜意识处于创造性状态下。有状态,刺儿头也能转化为课托儿;没状态,课托儿也会变成刺头儿。

我在早期专家型导师班的一次课堂上讲五星教学,其中有一个环节叫翻转课堂,就是各学习小组共同开发一个五星教学课程,然后每个组的发言代表在现场说课,我会现场做点评。其中有一个小组,派上来一位女同学,她的教学设计是典型的包装起来的说教,而且讲得很啰唆。大多数学生听着听着就失焦了,但她还是毫无察觉,自顾自地讲完。我在她讲完之后就准备点评,点评之前先征求了一下她的意见,我说:"我接下来的点评要看你的接受能力,如果你希望对你的成长有帮助的话,我就点评得狠一点,你要希望我温柔一点,我就少说两句。"她说:"田老师您但说无妨,我来这里就是为了学习的。"其实她是客套话,但我就当真了。我就没有客气,鞭辟入里地对她的很多问题进行了批判和分析。现场同学们都觉得收获很大,她表面上也接受了这些点评。因为她上的是前两天公开课的部分,在第二天结束后就离开了课堂,剩下的导师班的学生第三天继续上课。

就在第三天中午,当大家都在午休的时候,班级的学习群"炸锅"了。

那位女学生用了一两千字的叙述，讲她的感受和情绪，讲我对她自信心的打击，讲对我授课的不满。我的第一反应是愤怒，真想马上写一段反驳的文字质问她："不是你让我狠一点的吗？不是你说狠一点的点评能学到更多吗？"但很快我的理智就回来了，我问了自己一个问题："如果我反驳她，那么群里的学生们会怎么看我？我讲'慈、雄、对、觉'，自己却做不到'慈、雄、对、觉'吗？不管我写什么去反驳，从格局上就输了。"我突然意识到，这位女学生给我的是一种负面情绪包裹着的反馈。不管我是什么地位、什么身份，但就在对同学们点评这件事上，这个真实的反馈告诉我那些点评没有收到我预期的效果，那么，该反思的不是她，而应该是我。

于是，我就在班级群里留下了几句话："某某同学，我非常抱歉，我从你的文字里看到，我在课堂上对你的点评没有收到预期效果。作为老师，只要我的教学行为没有收到预期的效果，就值得我深入反思。显然，我当时对你的反馈超出你的承受能力了，我现在正式收回我对你在课堂上的所有点评，并对你造成的伤害郑重道歉。我也非常感谢你给我的反馈，使我有进一步提升的机会。抱歉并感谢。"当天下午导师班的课堂上，我就把我在此过程中的反思和觉察分享给同学们。所有同学都说从这个事件中学到了很多，对老师的"慈、雄、对、觉"有了更为深刻的体验。

每个人都会遇到各种各样的挑战和挫折，但是我们在遇到挑战和挫折的时候还能不能处在学习态，还可不可以觉察反思，这就非常考验老师的弹性、课堂的弹性。不管多激烈的事件，把它当成反馈，它就会是一个反馈，把它当成攻击，它就会是一个攻击。把发生的一切都当成反馈，就能够持续不断地学习。对抗态只会招来对抗态，防御态只会招来防御态，反思态才会招来反思态。在课堂上发生教学事故时，老师只要能率先进入反思态，就能逼着对方进入反思态。

上面这个故事还有一个结尾，当我把这一段回复发到学习群之后，这位女同学就默默退群了。但是她晚上给我留了一条简短的私信："田老师，理性地想您给我的点评是有价值、有意义的，我确实从中学到很多。在写那些文字时，我的心情就是平静不了，负面情绪需要发泄，请您海涵。"我最后给她留了一句话："我们都是学习者，我们彼此都在这个事件中学到了更多，这才是更重要的。"事后持续复盘这个教学事故，我又发展出来了很多新东西，比如说课堂里的信息流和能量流，比如说掌控场域，比如说成长性目标等。现在回头看，这个教学事故真是上天馈赠的礼物。

对于课堂的意外事件，什么时候老师能从"怕事"到"来的不是事"到"来事都是好事"，那就说明老师的能量水平升级了。

促进信息流与能量流的有序流动

只有流动的知识才能创造价值。如果一个人学富五车却不与他人对话，那么他的知识永远都只是一种存量。只有通过对话才能够激发另外一个人脑内的反应，这个脑内的反应才是学习，这样的知识才是流动的、有价值的。流动的知识创造价值，流动的情感促成改变，在课堂上除了信息流，还有能量流。老师只有学会了在课堂上促进信息流和能量流的有序流动，才有可能促成"言激情荡、悟来创往"的集体心流，才能促成老师和学生都有收获的课堂。

怎么理解流动性呢？如果把大脑比喻成一个超级计算机，那么这个超级计算机的关键内容，一个是算法，一个是数据。算法和数据都在不停地变换和更新，这叫流动性好。如果算法和数据只是死气沉沉地放在那里，就是没有流动性。对于算法，巴菲特的合伙人查理·芒格认为，每个学科都是从一个独特的角度切入去了解这个世界，而要对世界有真实的了解，就必须掌握多个学科的核心思维方式。他甚至总结出了100多个多学科思维模型。我经常说"多框架制造绝杀"，意思是要不断地更换思维模型，从多种不同的角度观察、判断和处理一件事，这样的算法就是有流动性的。而我们常见的钻牛角尖，那就是算法的流动性被情绪锁死了。再说数据，在快速变化、不确定性极高的世界里,想要用存量的经验过好这一生已经越来越难了,必须得用不断更新的数据替代和迭代过去的老数据。还有情感,也同样需要较高的流动性。所谓情感的流动性,指的是能够运用语言准确地与他人沟通内在的感受和内心的状态。拥有较好的情感流动性的人,能够在关系中不带批判性、不含附加条件地体会和表达真实的情感,也能够有意识地、创造性地运用情感。

从脑科学的角度来说,学习的目的是让我们大脑的神经元建立新的突触连接。那么,是算法、数据以及情感流动性好的脑袋容易建立这种新连接,还是流动性不好的脑袋容易建立这种新连接?显然是前者。有很多机构邀请老师讲课,非常注重最后的结果,常常要求老师有一个所谓的最终交付物。但他们如果懂得脑科学,就会知道最后的结果是什么不重要,只要老师的课堂能保证学生全程处在高能的流动状态下,就能确保每一个人都有收获。

那么,如何促进信息流与能量流的"有序流动"呢?这就涉及教学框架的设计。所谓教学框架,就是教学这项活动从开头到结尾应该用何种过程、步骤来展开。我最推崇的教学框架是"五星教学",它是 M. 戴维·梅里尔(M.David Merrill)教授广泛研究全世界 11 个最具代表性的教学框架后总结归纳出来的。针对不同的内容,五星教学也有不同的教学策略,比如知识类内容的五星教学、技能类内容的五星教学、态度类内容的五星教学。㊀ 仔细研究五星教学,会发现它的每一个步骤背后都有典型的学生参与的心理动力支撑,与人类的认知规律高度契合。我总结出了五星教学的五点思想精髓:①五星教学就是要用一套行之有效的教学框架,把传统课堂的说教模式转化为问题导向的师生探讨模式;②五星教学用机制保障教学在对话中进行;③五星教学最大限度地降低学生的认知负荷,提高吸收转化率;④五星教学让学生知其然也知其所以然;⑤五星教学使老师能够在教学中学习,真正达到教学相长的效果。整个五星教学过程能保证信息流与能量流的"有序流动",能够保证学生的大脑在课程的全程里处在一个比较高的激活水平,能够保证学生在这

㊀ 具体五星教学的教学应用可以参考《让学习真正在课堂上发生》和《金课开发15讲》两本书。

样一个积极参与的状态下让教学顺畅地进行。

课后：从经验中汲取智慧

花较少的时间备课，花较多的时间复盘

关于教学中的自我学习，我还有一个秘诀，那就是：花较少的时间备课，花较多的时间复盘。老师备课越多，越是用意识在做，越容易把课堂变成表演。而课堂其实是一种深层次的互动，需要给老师自己的潜意识以及学生的参与留下空间，而这个"留白"会给课堂带来很多意外的收获，比如老师自己借题发挥的"神来之笔"，比如走出脚本的突发状况应对，只要老师处在"慈、雄、对、觉"的状态中，课堂上一切的遇见都可以视为自我成长的资源。凡是走出脚本的东西都值得复盘。

复盘是什么？复盘就是站在终点回望来路，是解决问题的逆向工程。复盘的方法是什么？联想有著名的复盘四步法：第一步叫回顾目标（Goal），第二步叫评价结果（Result），第三步叫分析原因（Analysis），第四步叫总结经验（Insight）。把这四步对应的英文单词字头连起来就是GRAI。但是我有一个自己独特的、更简单的复盘方法，叫"三找法"。联想的四步法中的G和R是可以合并的，回顾开始的目标和评价最终的结果两者一交叉类比，其实只做了一个动作，就是找差距。所以联想的四步法就可以变成"三找法"：找差距、找原因、找方法。找差距就是把G和R合并了；找原因就是A，就是分析；找方法，就是怎么做才能更好。不管是联想的GRAI，还是用我的三找法，都规定了复盘这件事的步骤。

懂得了复盘是什么和复盘怎么做，但很多人不知道复盘的本质，或者说不知道复盘到底是为了什么。复盘的本质是经验学习。复盘的作用就是一句话：有意识地学，无意识地用。以老师自己的学习为例，课堂上发生走出脚本的事，都是老师难得的授课经验数据库的积累。复盘就是让老师把这些故事拎出来回看，有意识地对这个经验进行重新加工、提炼，把这个经验中的规律找出来，或者在此基础上迭代出更好的版本，这都是有意识地从经验中汲取智慧。而下一次在课堂上再发生类似的场景，因为有过这样有意识的复盘，复盘的结论就更容易转化为无意识的应用。即使这一次没用上，再复盘再加工，总有一天能把有意识复盘的成果无意识地用上。

很多老师不想、不愿、不敢回看课堂上发生的那些"事故"，我觉得非常可惜，白白浪费这些礼物。有一句话说得好："当生活给了你一记重拳，不要急着反抗或者逃避，也许拳头打开，是满手的糖果呢？"复盘就是把拳头打开的那把钥匙。虽然尼采说过"凡是杀不死我的，必使我更强大"，但是我更想强调的是"杀不死我的未必使我更强大，只有认真复盘那些杀不死我的，才能使我更强大"。伤痛和智慧之间的桥梁，一定是复盘。不复盘，失败就还是失败，伤痛仍然是伤痛。

从老师自己学习的角度来看课堂教学，其本质上是一个积累数据库的过程。老师上课最重要的就是做好两条，一是保证老师自己的学习态，二是相信自己的数据库，让自己的数据库在线。而前一条是后一条的前提，有了好的状态才能保证数据库被激活。想要在课堂上快速更新自己的数据库，就需要老师认真地对待每一堂课，每一堂课都不是简单的重复，而是和学生在对话中互相激发、互相学习。课后，再把这堂课新发生的东西通过复盘放到数据库里，如此循环往复，老师的数据库会越来越强大。

内容复盘、流程复盘、能量复盘

课后的复盘该"复"哪些东西呢？我认为主要是内容、流程和能量，对应着内容复盘、流程复盘和能量复盘。

内容复盘：本次课的教学内容还有没有迭代的可能，还有没有可优化的空间？课堂上涌现的好案例、好金句、好问答、好现挂有助于哪些教学内容的迭代？那些没有答上来的问题、没有应对好的挑战说明教学内容的哪一部分没有吃透，反映了自己的哪些盲点……这些问题针对的是教学内容本身。

▶ 第二问
如何真正地做到教学相长

　　流程复盘：整个教学过程顺畅不顺畅？哪个地方的讨论陷入旋涡中，这些环节是否可以优化？整个课程是不是连贯，教学的节奏是不是把握得很好？节奏把握不好的环节下次该如何控场……这些问题针对的是教学流程。

　　能量复盘：老师自己的状态是什么时候好起来的？和学生之间是什么时候产生共鸣的？什么时候达到了状态的高点，什么时候又从高点上下来的？有哪些事件把本来挺高的能量给降下来了？又有哪些事件把本来挺低的能量给抬高了？能不能找到这些能量的关键触发点或者是触发操作？对学生的精准赋能是否起到了效果……这些问题针对的是课堂的场域能量。

　　需要特别地强调一下能量复盘。课后复盘对大多数老师来说已经是奢侈品了，而在课后复盘中关注能量复盘的人更是寥寥无几。为什么要进行能量复盘？除了通过能量复盘逐步掌握老师状态、学生状态、场域状态的调控方法之外，能在能量复盘中找到对老师自己的滋养也是一个非常重要的原因。比如复盘课上对学生的某次精准赋能是否有效，如果有效，老师就一定能感受到那种深层次的愉悦回路，也就是说老师能感受到自己在教书的时候还做了育人的事，能够从那个学生的眼神中感受到自己的价值，那个学生的眼神就是对老师最大的激励。作为老师，要习惯于在课堂上搜集一些积极的情感元素来激励自己，这其实是主动收集反馈的行为。反馈和反思是塑造人的两把刻刀。外部反馈促进内在反思，内在反思就是学习。但问题是，所有的反馈都要用积极的视角去看，这样的话，反馈才能激发老师的积极反思，才能滋养老师的自我成长。老师一定要学会把主动寻找反馈和主动反思当成习惯。

　　另外，既然老师在课前做了"三刻意"的设计，在课堂上也实实在在地让刻意运用、刻意练习和刻意抒情落实，那么课后也需要对"三刻意"进行复盘：刻意运用是否起到了让教学内容教授得更清晰的效果？刻意练习有没有形成认知—情感—行为闭环的感觉？自己对刻意抒情满意不满意，学生有没有被感动？总之，复盘自己的"三刻意"有没有收到预想的效果。有则固化，无则反思。

第三问

如何在课堂上真正地激活学生

激活课堂

有一位做社会培训的老师对我说："在课堂上实在找不到成就感，学生们昏昏欲睡，老师讲的味同嚼蜡，一点意思都没有。"

老师有气无力地在课堂上应付，学生半昏半睡地在课堂上爱听不听，这基本上成为常识了。责怪学生并不能让这种情况变好，反而会把自己推向批判态，甚至站到学生的对立面。责怪环境也只能是"躺平"的借口，无益于课堂教学的改变。冰冻三尺非一日之寒，传统范式的惯性是极大的，要多一点耐心和方法。在课堂上激活学生真的是无解的吗？我认为不是的，这世界没有无解的问题，只有躺平的人。接下来，我们就深入探讨一下，作为老师该怎么样因势利导去激活学生。

一 老师必须保持在赋能的状态

我们必须要知道的是，老师是解决课堂问题的最核心的变量。因为老师在课堂上掌握实际的主导权，而学生大多数是被动的，即使是参与式的、互动式的课堂，也要靠老师带动学生。老师对于课堂氛围的改变起着绝对的主导作用，如果一位老师意识不到课堂氛围的改变是自己的责任的话，那他作为老师就是不合格的。

斯蒂芬·柯维在《高效能人士的7个习惯》中提出了影响圈和关注圈的概念，影响圈指的是通过自身努力可以影响和改变的东西，关注圈则是指影响圈之外自己关注的东西的总和。柯维是在提醒我们关注自身能控制的方面（影响圈），不要把精力浪费在不能控制的方面（关注圈）。那在课堂上老师的影响圈是什么？不是别的，只是老师自己。更确切地说，是老师自己的状态。因为除了老师自己的状态，别的一切，包括学生在内，其实都不受老师的控制。想要在课堂上真正地激活学生，老师必须保持在赋能的状态下。

真：不端不装有点"二"

老师要保持在赋能的状态下，第一点是要保持真诚和开放，甚至还要有一点"顽皮"。用更形象的话说，就是"不端不装有点'二'"。

在一次企业领导层的培训课上，我讲了20分钟后，就对学生说："通过刚才20分钟的观察，我发现你们基本不会领导90后、00后。"那些人面带挑战的笑容，好像在说"上课才20分钟，你凭什么就总结出这么重要的断言？"我解释说："不是你们有没有领导水平的问题，而是你们的调性跟90后、00后不一致。"他们就更纳闷了，我继续说："你想知道90后的调性是什么吗？90后的调性就是一句话，'不端不装有点二'。而你们呢，是有点端，有点装，还不够'二'。完全相反。"

当领导和当老师有一个共同点，就是都要影响人、改变人，所以上面这段话说给老师也一样适用。学生都是90后、00后、10后，时代又进一步了，原来"端"的、"装"的、不够"二"的东西要改一改，要"二"一点。现在教育界最大的矛盾是，学生已经"二"得一塌糊涂了，老师还在一本正经。老师的"端"会造成学生的"端"，老师的"装"会造成学生的"装"，老师的不够"二"会让学生离你而去。

前面提到过人的"I"身份和"We"身份，它们代表着分别能量和连接能量。我们能够观察到，人们在社会化的环境中和在独处的情境下，其能量状态是不一样的。一旦进入社会化环境，每个人都想"装"一点，主要是为了凸显自我，于是就会用分别能量努力地维护自己的"I"身份。特别是作为老师，就更想"装"一些、"端"一些，时间长了，就像戴上了一个隐形的面具。但维护这个面具是需要能量投入的，这部分能量投入到了"端"着、"装"着，就不能投入到其他更重要的方面去。而且这个面具还让师生之间多了一堵"墙"，阻碍了能量的顺畅流动。怎么取下这个面具？良药就是"不端不装有点'二'，就要从"I"身份走向"We"身份，更多地运用连接能量。

"不端不装有点'二'"就是要在每一刻都尽最大可能地呈现最真实的自己。在课堂上，"真"就是意识下的信息流和潜意识下的能量流合一的、和谐的一种状态。"真"的反面就是"装"，"真"是内在不分裂，心里怎么想的就怎么做，内在和外在尽可能地合一、不耗能；而"装"是内在分裂的，表现出来的是一股能量征服另一股能量，非常耗能。但想要达到"真"的状态说起来容易，做起来却很难。

很多老师愿意用严格的规则来保证课堂的有序进行，但碰到非常规情况时，情绪就容易走出稳态。而我的做法是在法令上严、在执法上松。比如在直播课上，我会强调希望每一位学生能在听课过程中打开摄像头，目的是保证学生学习的注意力投入，而且能和我有同在一个场域下的互动感、参与感。但有些学生还是没打开摄像头，我也并不因此而愤怒。我在课堂上严要求的目的是让学生自己管理自己，但是他不遵从，我也相信他一定有什么不可言说的理由。我尽我所能地去影响，影响不了我也能自适，所谓"课讲有缘人，人听有缘课"。我不会因为这件事影响我的能量流动，我更不会浪费能量去执拗地维护规章制度或者我的个人权威。有学生问我："田老师，我看你讲一周课都没事，而我讲两天课就不行了，得休息一周才能缓过劲来，这是怎么回事？"我的回答是："我在课堂上很真实，课堂上的我和课下跟他们聊天的我没什么区别，而你在课堂上却要努力营造出另外一个形象，于是你的意志力就在这两天的课程里耗尽了，可不得休息一周才能恢复元气啊？"

不端不装容易理解，"二"又该如何做到呢？"二"是一种顽皮和活泼。做领导，要敢于顽皮和活泼，那些年轻人才会喜欢你；做老师，也要敢于顽皮和活泼，那些00后、10后才会愿意接近你。作为老师，课堂中都不敢"二"，那生活中、工作中就更"二"不起来。敢"二"的基础仍然是不端不装，仍然是真诚和开放。

◀ 第三问
如何在课堂上真正地激活学生

低姿态地与学生建立连接

绝大多数人有一个固化的老师形象，就是高高在上的知识权威，让学生敬而远之。这个传统范式是有问题的，不论老师在专业上有多厉害，如果不能放下面具，就难以走进学生的内心。老师必须得知道自己的舞台并不在物理空间上的讲台，而在学生精神空间的内心，如果学生的心门都不向你打开，纵使你有十八般武艺也没有用武之地。老师越是高高在上，学生越有学不会的理由，越没法和老师对话。更有那种靠把自己包装成业界权威才能讲课的老师，他们的课堂还没开始就走向了没效果的结局。只有让学生愿意与老师连接，信息和能量的通道才能打开。俯下身去，低姿态地与学生建立连接，是教学真正开始的第一步。

我有一个学生是高校专业课老师，她的课堂是很吸引人的，用五星教学、行动学习等多种方式激发学生参与。这些教学活动的设计对绝大多数学生都是有效的，但偶尔班上也会有个别学生游离在外或假装参与。她一方面理解可能是由这些孩子的性格因素造成的，另一方面也在苦苦找寻激发这些个别学生的办法。有一位女生总是不太参与课堂互动，从这个女生的作业和测试上也能看出其对这门专业课没什么感觉。这一天，她去学校的超市买东西，刚好碰到了这位女生，非常巧合的是，她们俩都买了同样品牌、同样口味的薯片。"原来你也喜欢吃这个啊？"她借这个巧合趁机和这位女生攀谈起来，不是用老师的口吻，而是以朋友的身份。这位女生也打开了话匣子，师生两人高兴地聊了好一阵子。之后，这个女孩在课堂上就有了变化，不再躲避她的眼光，也愿意努力地去参与一些研讨活动，她也给这个女孩更多的鼓励和关注，这个女孩在课堂上的表现越来越好。很奇怪，只是一包薯片的缘分，就让师生两人的心更近了，学生的心门就打开了。只要老师愿意放下高高在上的权威身份，和学生建立平等互爱的朋友关系，教学效果就会加分。

激活课堂

课堂是一个社会化场域，低姿态地与学生建立连接，有助于在这个社会化的场域里建立人与人之间的信任感，也就是满足了马斯洛需求理论中的安全需求、归属需求、尊重需求等，只有这些需求得到了保障，学习才能有效发生。有意思的是：信任是可以互相传递的，师生之间的信任传递，生生之间的信任传递，能让课堂上信息和能量的流动得到最佳的保障。营造相互信任、积极开放的氛围是老师在课堂上最重要的工作之一。老师要敢于打开自己的乔哈里窗㊀，敢于讲自己身上真实发生的故事，甚至可以适当自嘲。不管这些故事是自己的高光时刻还是低谷时分，最关键的是这些故事都附着老师自己丰富的情感，通过这些真实的故事让学生走进老师的内心深处，老师的开放会激发学生的开放，他们也会在课堂上渐次打开自我。每当学生有些许开放的表现，老师就要及时给予恰到好处的回应和激励，就能感染更多的学生。

走进学生的内心，老师要外圆而内方、温柔而坚定。外圆、温柔，是说老师和学生连接的"界面"要友好；内方、坚定，是指老师还要有原则、有对错，不能无底线地迁就与攀附。老师与学生的关系和家长与孩子的关系是类似的。有很多家长难以和青春期的孩子沟通，就是因为走不进孩子的内心。

在我的"心力拓展训练营"里，有一位学生说他儿子上初三了，但是刚换了一个新学校，每天儿子从学校回来，问他新学校怎么样，他说"还好吧"；问他老师教得怎么样，他说"凑合吧"；问他食堂伙食怎么样，他说"还行吧"……总之不管问他什么，他的回答都不会超过三个字。他就问我："我该怎么样才能撬开我儿子的嘴，让他和我说三个以上的字呢？"我反问他："你孩子刚生下来就是这样的吗？"他说不是的，孩子小时候很健谈的。我说："那我们就得考察考察你们使用什么样的教育流程和教育方式把孩子变成这样的了。孩子变成这样，其本质是对你们已经不信任了，说难听点是人家

㊀ 乔哈里窗是一种关于沟通的技巧和理论，也被称为"自我意识的发现——反馈模型"。这个理论最初是由乔瑟夫（Joseph）和哈里（Harry）在20世纪50年代提出的。视窗理论将人际沟通的信息比作一个窗子，它被分为4个区域：开放区、隐秘区、盲目区、未知区，人的有效沟通就是这四个区域的有机融合。

懒得理你们了。原来孩子理你们的时候，一说话你们就批评他，他说得越多，被批评得就越多，就干脆选择不说了。他这种不说的行为里透露的是对你们满满的失望……"解决的办法是什么呢？我建议他还是要从低姿态地与孩子建立连接开始。

让你的学生喜欢你

与学生建立更高级的连接关系，是让你的学生喜欢你。

想让你的学生喜欢你，首先是请你先喜欢你的学生。

我的一位学生在高中教语文，她班上有一个学霸，别的学科都非常优秀，唯独语文成绩略逊一些。她就想，如果这个孩子的语文成绩能够有所提升那就好上加好了。可是在语文课上，明显地看出来这孩子对语文不是非常感兴趣。从别的学科成绩分析，这位学霸的学习方法肯定是没有问题的，唯一缺乏的就是对语文的兴趣。那么，怎么调动他学习语文的兴趣呢？关键变量是老师。于是，她在课堂上给这个孩子更多表达的机会，而且在表达后有更多针对性的赋能；平时也表达出对这个孩子生活的关注；在这个孩子周围营造一个同学共学语文的小环境；甚至在全班给这个孩子写了一封公开信，深切地表达了她对这个孩子的关心……就这样，仅仅经过一个学期这个孩子就一跃成了语文学科的学霸。她在访谈中说，从师生关系入手，让孩子喜欢老师，他就会爱上语文。

越小的孩子越容易出现这种情况，比如在中小学，我们会发现，往往这个学生爱上哪个学科的原因并非这个学科的魅力所致，而是学生首先喜欢教这个学科的老师。相反，一个学生讨厌某个学科，往往也是因为他讨厌教这个学科的老师。

美国心理学家罗森塔尔和雅克布森曾经做过一个实验。他们先对小学1～6年级的学生进行了一次"预测未来发展的测验"，其实是一次智力测验。

激活课堂

然后，他们在这些班级中随机抽取约20%的学生，并让教师认识到"这些儿童的能力今后会得到发展"，使教师产生对这一发展可能性的期望。8个月后，他们又进行了第二次智力测验。结果发现，被期望的学生，特别是一、二年级被期望的学生，比其他学生在智商上有了明显的提高，而且表现出更有适应能力、更有魅力、求知欲更强、智力更活跃等倾向。这就是著名的"罗森塔尔效应"：教师的期望会传递给被期望的学生并产生鼓励效应，使其朝着教师期望的方向变化。它在提醒我们，作为老师，要对学生充满信心，相信他们能发展得更好。

让你的学生喜欢你，还要让你自己成为一个招人喜欢的人，这是老师"做人"的功课。老师必须认识到，学生来到了课堂上，不只是他们的认知系统，还包括他们的自我系统、元认知系统。教育的目标从来不是只让学生学到一些或然有用的知识、技能，而是从内到外地让学生发生改变。针对学生知识、技能、态度的改变，教学要设置表现性目标去验证，而对于学生自我系统、元认知系统的改变，则要用成长性目标去滋养。对应地，老师身上也有两个部分，一个是知识技能的表达，还有一个是内在状态的表达。所以老师不能只在知识技能的专业性这一个方面下功夫，而忽视了做人的修养。有一句话说得好：你不可能给别人你自己没有的东西。要想用光亮照亮别人，首先你自己心里得有光。如果老师自己的内在都不自洽，又如何能给学生的灵魂更多的滋养？爱是溢出来的，不是造出来的。做老师的，一定要在自己的内在修养上下功夫。

想要招学生的喜欢，还要善于利用自己身上的一些独特元素。有的老师语言里会有一些天生的幽默，就可以把它用到课堂上，用幽默造就轻松的语言环境。有的老师则有让人亲近的动作，比如在课堂里"走场"，从讲台上走到学生中间去；比如强化和学生的眼神交流，让每一个学生感到一堂课老师至少和他对视过三四回；比如可能的身体接触，包括拍拍学生的肩，甚至在情绪高昂的时候还可以来一个拥抱，等等。总之，都是要想尽一切办法拉近和学生之间的心理距离。

我曾经应邀给一家企业的中层经理讲授《绩效管理》。课程设计是先用视频给出场景，抛出问题引发学生讨论，最后引导学生得出结论。然而，我面对的学生可能从来没上过这种互动的课程，每抛出一个问题，大家就争先恐后地低头，我捕捉不到任何一个想分享的眼神。面对如此场景，可能99%的老师都会产生应付心理，赶紧讲完了事。但我是崇尚建构主义教学的，怎么能轻易放弃呢？当我又抛出一个问题没人回答时，就对学生们说："我知道大家还不习惯当堂讨论和回答问题，但我相信这个问题一定会引发大家的思考。这样吧，大家先思考一下这个问题，时间两分钟。"课堂一片死寂。两分钟后我还是没有捕捉到任何一个有发言意愿的眼神。于是我就对回答问题做了降维处理，我说："根据我以往上这门课的经验，大家对这个问题大概会有两种不同的意见。"我走到讲台的左侧，模拟学生的口吻说："一部分学生认为……"然后问："同意这种观点的请举手。"谢天谢地，终于有几个学生羞涩地举起了手。我又走到讲台的右侧，模拟另一派学生的口吻说："当然，还有人这么想……"陈述了另一种相对抗的观点，然后问："谁同意这种观点？"又有几个人怯怯地举手。接下来，我就点名让前一次举过手的学生代表发言，强化第一种观点，虽然他有点不情愿，但点名发言，他还是说了几句。然后，我问大家还有没有补充？这时候终于有人主动站出来补充了。接着，我又点名让持第二种观点的人强化他们的主张并补充，看得出来，这个过程中多数人在思考。最后我抛出知识底牌并进行点评，虽然比以往的互动课堂的效果差了些，但还是比照本宣科的效果要好很多。一个多小时过去了，课堂终于有了氛围，安排互动活动也没那么困难了。

<u>失败的课堂一定是老师先对学生失望，继而引发了学生对老师的更大失望！</u>只要老师心中的激情熊熊燃烧，哪怕学生是湿柴火，也会被先烤干再燃烧的，用热情之火点燃冰冷的课堂的信念比金子都宝贵。

深度聆听：用好奇心代替批判态

和学生建立连接，还有一个非常重要的技能，那就是"深度聆听"。

作为老师，"听"是教学引导能力的五大功课（听、说、问、答、评）里最基础、最重要的，同时也是最难的。而且，越是学富五车、满腹经纶的老师越难以做到深度聆听，因为他们的内存里装的东西实在是太满了。

深度聆听难就难在听的人自己状态不对。什么样才是一个好的聆听状态？《易经》"咸卦"说："山上有泽，咸，君子以虚受人。""以虚受人"就是一个最好的聆听状态。所谓的"以虚受人"，就是把自己的内存、把自己的内在空间、把自己的心腾出来去感受别人。

在我的一次师资培训课堂上，有一位学生的发言比较啰唆，而且内容还特别冗长。我注意到很多学生的注意力都飘了。学生可以不听，但是作为老师的我一定要听，而且还要特别认真地听，毕竟我是要点评的。这样啰唆冗长的发言，确实挑战老师始终保持深度聆听的状态。这个学生发言结束后，我马上问班上所有的学生："刚才这位发言的同学的观点，有谁能给大家复述一下？"全班没人举手。于是我紧接着对现场学生的状态做了一个点评："你们向我学的是教学技术，那么所有教学技术里最重要的就是聆听。因为你始终要对学生的内容进行恰到好处的点评，那么你不听是不可以的，而且你不仅仅要听这个学生的内容，还要感受这个学生的状态，你要全神贯注地跟学生建立多通道的连接。如果不能保持良好的聆听状态，恐怕你就会失去一次次走进学生心里的机会。"

国际著名的催眠大师艾瑞克森有一个能够让客户快速进入催眠状态的诀窍，这个诀窍其实非常简单，就是将自己所有的精力全方位地倾注到对方身上。当我们把所有的注意力、所有的内存全都放在一个人身上时，我们自我边界的防御就会逐渐瓦解。我们的注意力与那个人连接得越多，我们的自我边界就瓦解得越多。当我们忘我到忘记了自己的边界,而全然跟别人连接的时候,其实就是率先让自己进入了催眠状态。所谓秘诀,说白了就是要想让客户快速进入催眠状态,首先自己要通过全然地关注对方先把自己催眠。当我们全然地关注对方的时候,对方的意识、潜意识也就不得不和我们建立连接,我们在关注他的同时,他也在对我们的关注进行回应。所以,当老师主动地、全然地关注学生的时候,就率先进入了一种深度聆听状态,老师的自我边界发生了瓦解,而学生也不得不全然地关注老师,学生的自我边界也会逐渐瓦解,于是师生双双进入了有觉察的半催眠状态,即心流状态。

卡内基在《人性的弱点》里讲,商店里的产品推销员如果喋喋不休地给客户讲自己的产品多好多好,客户一点都不买账,因为客户是带着防备地听。而真正聪明的推销员不会多说什么,反而是投入最大的关注去听客户的倾诉。要知道,全身心地关注一个人,才是对他最大的尊重。当客户感受到了这种尊重,就会觉得两人之间建立了深层次的信任,这就是所谓的"关注即赋能"。当信任感建立起来之后,即便这个推销员并没有过多地说自己的产品多好,但客户基于对推销员的信任也大概率会选择他推荐的产品,这样的销售就显得特别容易。同理,老师在教学场景里也需要全身心地去关注学生,因为学生也需要被尊重,也需要被理解,也需要被看见。当老师尽最大的努力去理解、去回应学生的观点时,学生就会有一种被尊重、被理解、被看见的感觉。这也就是我常说的:在课堂上给学生信心要比给学生知识更重要。给学生信心,是通过老师对学生发言全身心的倾听,是通过倾听后对学生做恰到好处的点评,是通过对学生做一些很重要的赋能,才能做到的。而深度聆听是做好这一切的第一步。

深度聆听时一定要用好奇心代替批判态。我们不能只听这个人最浅层次地说了什么,更重要的是考察他是怎么说的,还要思考其表达和表现背后的需求。每个人表达的背后都有一些终极的需求,越是带着情感的表达,越是带着价值观；越是具有倾向性，越是潜藏着底层的需求。当一个人表现出愤怒或其他负面情绪的时候，实际上是他底层的安全需求、归属需求、尊重需求、自我实现需求等需求的一种或几种没有被满足。所以不能只听一个人表达了什么，还要听这个表达背后的需求。他为什么会有这样的表达、这样的表现？如果能带着好奇心去倾听，就能听得越来越深层次。

"了解学生背后的故事，是一个充满了能量的教育方法。"一本关于教学的小书《真实性学习》讲了一个真实的故事：汤姆从学校毕业后成为一名小学教师，他的入职指导员马克在他登上讲台之前给了他一个忠告："汤姆，我唯一能教会你的一件事，就是要知道，教书育人最重要的是对孩子们的关心和爱。其他一切，无论什么事情或目标，都没有这重要。师生关系，是最重要的。"汤姆记下了马克的话，开始了他的教师职涯。但是，汤姆终究碰到了困难。10个月后，汤姆因为自己班上一个学生的恶劣行为爆发了，在办公室里大发脾气，向每一位老师诉苦："这个学生真是无可救药！"马克及时阻止了他，并单独开导他："教书育人就是打造良好的师生关系。没有良好的师生关系，你将一无所有。为什么不换一种沟通方式呢？你有了解过他行为背后的故事吗？你知道他上次受到赞美是什么时候吗？你能看到他身上任何积极的方面吗？……汤姆，如果你想要你的学生理解和听从你的建议，或许，首先改变的应该是你自己。"这席话让汤姆进入了反思态。马克随后给了汤姆一个厚实的拥抱，"你可以做到的，汤姆！"汤姆真切地感受到马克对自己成长的关心和期待。那一刻，他真正意识到马克的入职忠告中的关键表达——师生关系是教学工作的基础。在那一年年末的时候，汤姆发现，这个被他视为冥顽不化的孩子，实际上是一个严重的家庭虐待案件中的受害者，因此他的行为异于常人。当汤姆开始愿意花时间去了解他的内心，倾听他的故事，不被自己先入为主的偏见蒙蔽时，他才真正意识到——原来每天早上能够按时起床出现在学校，对这个小男孩来说，已经是一项巨大的成就。汤姆终于知道，自己太执着于自身的需求而完全忽略了对方真正的需要是什么，正如马克所说,需要改变的是他自己。

在每一个全新的课程里,我们能够给学生们提供的最好的礼物,不是全新的技术或者课程安排,而是那颗能够看到和听到他们心声的同理心。教育始于人,也止于人。每一个课堂上的所谓的"刺儿头",背后都有他们一些真实的需求。这些需求没有被看见,他们就会不断地"刺"下去。老师要对学生的状态保持敏感,看到了、满足了他们的内在心理诉求,"刺儿头"也能变"课托儿",否则"课托儿"也可能会变成"刺儿头"。

 关注学生学习背后的心理诉求

学生不在学习状态,往往是因为老师没有提供给学生心理所需要的东西。如果说学生在课堂上出现走神、"溜号"的状态,那是他们向老师发出的一种他们的心理诉求没有得到满足的信号。具体的心理诉求包括什么呢?其实就是课前有意义感,课中有效能感,课后有获得感。

意义感:和学生的工作及生活实际关联紧密

在企业培训领域,经常会遇到工学矛盾的问题。我向来认为,工作和学习的矛盾是一个伪命题。这个命题之所以被提出,就是因为太多的培训内容与业务无关,老师讲的东西并不解决学生的实际问题。于是,学习反而成为学生的额外负担。假如培训敢于直面业务实际问题,能够做到对业务的直接促进,何来工学矛盾之说?老师讲的知识必须对学生有意义、有价值,和学生的工作及生活实际紧密关联,只有这样,学生才会愿意参与到课堂中来。

那么老师该如何将意义感、价值感传递给学生呢?一般而言,课程一开始,老师就要说明本堂课所讲的知识可能给学生带来的意义与价值。老师一定要把握好课程一开始的时机，倘若在课程一开始学生就找不到学习的意义、找不到知识的价值，甚至认为这个意义或价值只是考试要考，那么老师就错失了抓住学生注意力的绝佳时机。其实从某种程度上来讲，每一个人或多或少都有点功利主义，做所有的事情之前首先回答的就是"与我有什么利害关系"的问题，如果学生能感受到学这个内容能让他的工作更轻松、能让他的生活更幸福、能让他有这样或那样的一些收获，他们就愿意把稀缺的注意力资源分配给课堂。

历史学家钱穆，7岁入私塾，10岁进入新式小学堂。他的老师钱伯圭有一天问所有的小朋友："大家读过《三国演义》吗？"小朋友们很多都说读过。钱伯圭老师继续问道："这本书一开始就讲'话说天下大势，分久必合，合久必分'，中国几千年来的历史都是这样的。可是，为什么是这样的呢？难道就一定要是这样的吗？"钱穆在他的回忆录里写道说，钱伯圭老师在课堂上的这个发问让他感觉"如雷轰顶"，从此自己的一生都在为破解这个问题用心用力，"余之毕生从事学问，实皆伯圭师此番话有以启之"。钱伯圭的一个问题启发钱穆找到了学习的意义。

除此之外，在课程学习的过程中，学生仍然会不断地、反复地问这个东西与我何干。作为老师，就要想方设法把讲授的知识与学生的实际生活改变、与学生的工作能力成长、与学生的自我系统、元认知系统（学习系统）、认知系统的成长关联起来，这样一来，意义感、价值感就都具备了。马克斯·韦伯说："人类是悬挂在自己编织的意义之网上的动物。"维克多·E.弗兰克尔在《活出生命的意义》一书中也写道："人一旦找到了意义，痛苦将不再是痛苦。"总之，老师必须事先让学生获得一种意义感，让学生时时刻刻带着意义感。

效能感：回答能否学会的问题

除了意义感之外，学生还需要对学习有信心。很多学生心里会说：这个东西的确很有意义，但是我未必有信心学会。这种对"我能做到吗"的回答，就是学生的效能感。效能感的重点就是要让学生具备能够学会、能够做到的信心。

学生丧失效能感的原因可能有以下几种。

第一，可能是因为老师教的东西太多，学生的认知负荷超载。学生一开始还能跟上教学节奏，但随着老师教的东西越来越多，学生一步跟不上就步步跟不上，慢慢就丧失信心了。所以作为老师，一定要营造一个认知负荷适度的教学环境。学生信心丧失的状态，是可以透过学生的表情和动作看得出来的，他们或者皱眉头，或者神游课堂之外，这个时候老师就要放慢脚步。老师绝不能自说自话丝毫不顾学生的感受。老师要把节奏慢下来，重新捋一捋之前讲到的重难点，多问问学生："到现在为止，你们感觉怎么样？""是否还有困惑需要解答？"给学生时间，让他们重拾信心、重回状态。

第二，可能是因为缺少反馈。学生的点滴进步都需要及时地进行反馈，让他们觉得这个知识已经学会了、学习已经有进展了，这种现象在心理学上叫作"进展原理"。反馈和反思是自我塑造的两把刻刀，反馈引发反思，反思造就学习。因此，反馈在一个人的成长过程中非常重要。当学生还不会主动寻找反馈时，老师要帮助学生找到反馈、给予支持。

第三，可能是因为缺少良好的氛围。在课堂上，不排除个别学生确实没有收获或者没有找到感觉，但如果课堂整体的氛围是大家都觉得收获满满，整个课堂热情洋溢，每个人都在"晒"自己的收获，那么没收获的人也会受到这种感染，因为信心是会是传染的。

获得感：解决实际问题后的愉悦回路

当意义感和效能感都有了，对于学生还有一个关键的问题就是学生能不能验证自己是否学到了，这个知识能不能解决他的实际问题，或者能不能解释他过去的经历和经验，这就是获得感。而且这种获得感，老师最好能给学生机会去表现出来。

在我的教学引导培训中，有一块重要的内容是讲故事，其中一个关键的知识点叫钝化、锐化、合理化，意思是在打磨故事时要通过钝化把那些无关的细节去掉，通过锐化渲染那些必要的细节，然后让这个故事更加连贯、更加合理。在一次课上，我刚讲完这个知识点，就有一位学生举手发言，他说："田老师，你讲的这个钝化、锐化、合理化，不就是减法、加法和改法吗？钝化就是减法，减掉那些无关的；锐化就是加法，增加更多必要的描述；合理化就是改法，把故事改得更加合理。"他的这番发言，全班同学都给他点赞，我也给他竖大拇指。他用更通俗的语言描述了自己关于这个知识点的个人版本的建构，于是他就在表现的过程中得到了极大的获得感，同时也滋养了全班同学学会这个知识的信心。

还有一次我在课上讲五星教学，在让学生分享的时候，有一个女学生就说："田老师，在我看来，你的五星教学其实就是'胡同赶羊'教学法。"我们所有人一听都懵了，啥叫'胡同赶羊'教学法啊？她说："大家看，聚焦问题后的激活旧知，就像是拿着问题这个'鞭子'把学生大脑里那些旧知的'羊'都给赶出来，但是不管'羊'有多少，最后要赶进去的'胡同'是固定的，所谓的'胡同'就是新知的答案。然后旧知的'羊'从四面八方被赶到不同的'胡同'里，最后呈现出来的就是一个结构化的'胡同'。"经她这一解释，大家豁然开朗，掌声雷鸣。"胡同赶羊"教学法就是她对五星教学的个人版本的重新建构。老师必须要知道，学生的每一次创造，都渴望被看见。所以这个时候，一定要抓住机会，千万不要吝惜你的溢美之词，去增加学生的获得感。

学习的过程伴随着两次创造。第一次创造是形成个人版本的建构，是把新知和脑内已有的旧知关联。这就像编席子，把新知的篾条交叉编织到旧知的席面中去。如果新知没有和旧知关联，那它在脑海里就是"太空垃圾"。新知和旧知关联得越紧密,关联的维度越多,未来能被提取的可能性才越大。第二次创造是结合自己实际工作场景的创造性发挥,形成个人版本的应用方案。懂了和真懂的区别就在这第二次创造上,懂了只是认知上的,而真懂是能落实到行动上来的。在知识运用的过程中一定会有和实践结合的创造性发挥和适应性改造,这个发挥和改造的过程就让知识真正附着了体验。只有有体验的知识才会用,只有有实践的知识才是真知。

老师一定要知道这两次学习的创造过程。所以老师讲一讲就得让学生消化消化,让他们用自己的语言讲讲自己个人版本的理解,这代表他们的第一次创造的完成;老师讲一讲还要让学生练一练,只有让他们拿着自己建构出来的个人版本的理解去解决问题,才能验证这个知识是不是真的好用。老师不能取代学生的这两次创造,一定要给学生创造的机会,当他们表现出来后就及时赞赏他们,强化他们的获得感,同时营造一个鼓励课堂上积极做个人创造的良好氛围。

通过验证和表现,学生要么看到成就,要么看到希望。看到成就,就说明这个知识已经被学生自己验证了;看到希望,就说明学生知道这个知识自己再努力一下就能够得到。学习有三乐——共鸣之乐、关联之乐、重构之乐,这三乐都跟获得感相关。学生有了这三乐,我们就能确认学生的学习形成了愉悦回路,强化了大脑里的相关神经元关联。

教学的每一步都要有心理动力设计

老师所讲授的知识无一不是前人在经验基础之上升华而来的。因此,最好的教学过程应该是老师带领学生把前人从经验升华成知识的过程再走一遍,这样学生才能知其然并知其所以然。老师要时时刻刻抓住学生在学习过程中的心理动力。首先是以现实问题为抓手,抓住学生的好奇心;其次是充分激活学生的旧知和经验,让学生尝试着用它们来解决问题;再次是把学生贡献的旧知和经验碎片进行整合，升华成结构化的知识；然后，鼓励学生尝试用总结升华的知识解决其他现实问题；最后带领学生对知识进行进一步的升华和拓展。这样就真的把学习改造为，始于群策群力探索真实问题，始于把个体的思考与观点整合升华为结构化的知识，终于结构化知识的创造性应用和适应性改造。

我极为推崇五星教学，其中一个原因是五星教学最能够调动学生心理动力的教学框架。五星教学的五个步骤可用20个字来概括：聚焦问题、激活旧知、论证新知、应用新知、融会贯通。

（1）聚焦问题。就是要用问题调动学生的好奇心，聚焦一个跟学生的生活及工作相关的问题和场景。学生只有进入解决实际问题的状态，找到了学习的意义感，才能更加积极地参与学习。

（2）激活旧知。当人遇到新问题之后，就会马上想用自己的旧知和经验去试着解决一下，这几乎是一种思维本能。这就是把问题当"饵"，有效地激活学生使其跟这个问题产生关联，并以问题为线索激活学生的知识和经验，让学生的旧知和经验变成消化和吸收新知的"酶"。这一步也是在为新知的推出"铺红地毯"，让学生具备自信能够解决问题的效能感。

（3）论证新知。当学生脑海里跟问题紧密相关的知识和经验都被激活了以后，就要在这些不同的知识和经验的堆砌里面找出某种内在的规律，透过碎片化的信息找到底层不变的结构，这个内在的规律和不变的结构就是知识。这其实也是大脑的一种认知需求，就是在纷繁复杂的一堆资料里试图找到结构化的东西，因为只有结构化的东西才便于大脑的存储和个体间的传播。如果学生在努力之后探索出了这个结构化的知识，就会产生获得感。

（4）应用新知。当这个知识已经结构化了，成为可指导工作的一套成熟的知识时，学生本能地就想"试一试"，这时就要给学生创造应用知识的机会，指导和辅助学生应用新知并产生实际效果，学生的获得感会更进一层。

（5）融会贯通。当这个知识用熟之后，学生就本能地想如何简化、如何创新，这就是融会贯通。当新知识完全融入学生的工作及生活中时，学习才得以最终完成。

五星教学的每个步骤都与学生参与学习的心理需求符合。首先是激发了学生的好奇心；继而激活了他们的旧知，让他们参与进来解决问题；然后引导他们在旧知的碎片中总结规律，把经验知识化；然后再利用该规律解决问题；熟练解决问题后，进而融会贯通，变得更熟练。五个步骤之间的过渡都是学生心理诉求的自然连接。五星教学之所以经典，就是因为它与人类的认知规律高度契合。

所以请注意，在应用五星教学时千万不要罔顾学生的心理动力去生搬硬套。只要兼顾了学生的心理动力，不用五星教学也会有好的效果；没有兼顾学生的心理动力，再像模像样的五星教学也不会有好的效果。

三 帮助学生建立学习的愉悦回路

大脑看起来非常复杂，有着上亿个神经元以及它们之间复杂的关联，但大脑的工作原理其实很简单，就是建立并维持某种愉悦回路。在课堂上激活学生，就是老师要保证学生能够建立愉悦回路。

用高版本的愉悦回路替代低效能的愉悦回路

科学家坎德尔曾经用海兔来做实验。海兔是海洋中的一种软体动物，它只有两万多个神经元。坎德尔轻触海兔，海兔出现缩鳃反射。反复轻触之后，海兔的缩鳃反射越来越弱，最后消失了，坎德尔称之为"习惯化"。反之，如果给海兔一个伤害性电击，海兔的缩鳃反射就会越来越强烈，坎德尔称之"敏感化"。习惯化和敏感化是低等动物都具有的简单学习。最重要的是，坎

激活课堂

德尔发现了海兔的习惯化和敏感化的改变和它们内在神经元之间的关联结构的改变直接相关。坎德尔的这一发现获得了 2000 年的诺贝尔生理学和医学奖。所有的学习都伴随着大脑的神经元关联结构的改变。也就是说，一个人在学习之后，他的身高体重不会改变，但是他大脑的神经元连接"电路图"改变了。

现代脑科学的深入研究表明，大脑神经元的关联结构的改变是神经元之间神经递质等化学物质互相传递的结果。神经元和神经元之间传递的神经递质有很多种，比如多巴胺、乙酰胆碱、去甲肾上腺素等，不同的神经递质帮助神经元传递不同的神经信号、神经兴奋。所以对于大脑来讲，我们做任何事情其本质都是释放神经递质，而神经递质的释放又强化了神经元之间的关联，这就是我经常说的形成了"愉悦回路"○。

"愉悦回路"的解释能力很强。有家长问："怎么样才能让孩子戒掉电子游戏？"首先我们得先知道孩子为什么会迷上游戏。其本质就是打游戏促进了大脑释放多巴胺等神经递质。我们的身体每天都需要食物和水来维持健康，我们的精神每天也需要释放多巴胺等神经递质、血清素等激素来维持愉悦。那些常见的抑郁症、老年痴呆症都是神经递质分泌严重失衡造成的。所以我们每天都需要释放多巴胺、血清素等，关键是我们选择用什么样的方式释放它们。很多孩子在现实生活和学习中长期找不到释放多巴胺、血清素的途径。比如在没有互动课堂上，学生们长期得不到有效的反馈刺激，这怎么能让他们释放多巴胺、血清素而形成"愉悦回路"？比如在没有激励刺激的语言环境下，只有家长、老师的批评和打击，又让他们如何释放多巴胺、血清素而形成"愉悦回路"？于是他们就只能到游戏世界里去寻找了。所以，解决如

○ 大卫·林登的《愉悦回路》一书中对"愉悦回路"做了专业的解释：当腹侧被盖区的神经元被激活，短暂的电位脉冲就会从腹侧被盖区的细胞体一直传到负责神经信号传导的纤维轴突上面，轴突的末端具有特殊的结构，即轴突终末，而一些腹侧被盖区的轴突终末位于较远的伏隔核区。当动作电位达到轴突终末时，就引起了神经递质多巴胺的释放，这些多巴胺存储于轴突终末被包裹的囊泡里，称为突触小泡。多巴胺分子释放后，慢慢地扩散，再和目标神经元上特定的多巴胺受体结合，启动一系列化学信号的传递，这整个过程就是愉悦回路。

何让孩子们远离电子游戏的问题，根本方法就是让他们用更新的、更积极、更健康的方式释放多巴胺、血清素，替代旧的、不健康的方式。

我上小学五年级的时候，数学老师每次来上课都会带一个小黑板，上面会布置一道类似于鸡兔同笼的智力题，然后他让大家用10分钟试着解题。有同学能做出来，有同学就做不出来。数学老师会让做出来的同学上来讲讲自己是怎么想的、怎么做的。同学讲完了，他就会点评，在点评中还会拔高到做同一类题的方法，最后会把这个方法引到当天的课程上，讲得很通透。他的课对我自信心的培养贡献很大，因为我常常能率先做出来那些题，就会早早举手，然后屡屡能得到机会很自豪地给全班同学讲我的解题思路。那些时刻，我的大脑内的多巴胺就充分释放了。那时候，我最盼望的就是数学课，这也使我的数学成绩一直不错。

总之，老师得知道，教学的目的就是要用高版本、高效能的愉悦回路替代低版本、低效能的愉悦回路。

在课堂上促成有效改变的闭环

宋儒程颐说："今人不会读书。如读论语，未读时是此等人，读了后又只是此等人，便是不曾读。"读书也罢、上课也罢，所有的学习行为，其最根本的目的都是寻求改变，最直接的效果也要通过改变来体现。学习的本质是为了改变，没有改变，就没有学习。

什么样的活动才能引发有效的改变呢？这需要进一步探索大脑的反应模式。麦克·莱恩提出了"三脑学说"⊖：人类大脑中同时包含着爬行动物时代、哺乳动物时代和人类时代三个不同进化阶段的大脑，这三部分脑各自都能独立工作、各司其职，又能相互协同、完美配合。丘脑、基底神经、脑干、小

⊖ 麦克·莱恩的"三脑学说"只是关于大脑的比喻。大脑的爬行脑部分如小脑、丘脑等也参与高阶思维，三脑分的并不那么清晰，大脑任何一个功能的实现都是协同的结果。虽然如此，却不影响借用三脑解释大脑的运作，大脑也确实存在着认知、情感和行为的三种反应。

脑等的组合为爬虫动物脑，负责行为反应；颞叶、杏仁核、海马体的组合为哺乳动物脑，负责情绪反应；大脑皮层发展出注意、逻辑思维、想象力、意志力、反思反省等人类独有的高级机能。查尔斯·杜希格在《习惯的力量》中举了一个案例，一位大脑皮层被完全损坏的人，居然可以完全不受意识支配地走到小时候玩过的公园，并且再顺利回来。可见，大脑是分层分区工作的，"行为脑"代表着我们最原始的、最基本行动能力，"情感脑"掌管着与小猫小狗一样的情感反应能力，只有"认知脑"才代表人类独有的思维等高级机能。<u>任何有效改变，都离不开三部分脑的积极参与和协同配合</u>，我将其称为"促人改变的三驾马车"。

维果茨基认为，认知脑是人区别于动物的特有的高级机能，而行为脑和情感脑则是人和动物都具备的低级机能。他指出，<u>高级机能是社会化的产物，而低级机能是进化的产物</u>。高级机能可以通过语言文字、意识思维隔空学习，而低级机能必须进入真实状态才能发生改变，即情感反应必须在情感状态下改变，行为反应必须在行动实践中改变。维果茨基的这些观点对深入认识大脑和学习行为都极具价值，而<u>教学实践中最大的误区是把态度、技能都知识化，太多的老师把讲道理当成促成学生改变的全部</u>。

认知、情感和行为三脑之间始终维系着一种既相互促进，又相互制约的微妙关系。人的改变可以从任何一个脑开始，只要完成三脑互相促进的良性循环，一种自动强化的机制就开始了，人们从外界摄入的能量就会源源不断地供给这个循环。

从认知脑开始的例子极其普遍。比如，人们初学打麻将的时候都先要了解游戏规则，对麻将建立了基本的认知，然后就会试着打两把。试打的情感体验也很关键，如果碰巧和了，初学者就会感受到一种积极的情感体验，这个体验让他兴奋，更加强化了他对规则的理解和对自己能力的自信，继而更有积极性再打下去。如果再赢了，就会感受到更强烈的情感体验，于是一个"认知—行为—积极情感体验—更深刻认知—更积极行为—更积极情感体验"

的良性循环就建立并强化了，多次强化后，打麻将就上瘾了。相反，如果前几把恰好手气不好，连输好几把，初学者得到是一种挫败的消极情感体验，这种体验就会促使他反思自己的认知是不是正确、可靠，继而上推到自己是不是适合玩这种游戏。反复几次都输，也许初学者会自动放弃尝试，得出自己不适合玩麻将的结论，这就是"认知－行为－情感"没有形成有效的闭环。从情绪脑开始的情况也很多。比如好奇心驱使人们去探索，好奇引发了一种情绪，驱使人们对某一事物进行更深入的了解，继而引发行动。也有受社会环境影响而行动的。俗话说，榜样的力量是无穷的，榜样给人以心向往之的感觉，引发认知脑的探索和行为脑的参与。从行为脑开始的情况往往是事前没有谋划，偶一为之，却得到意想不到的结果，感受到意外而强烈的情绪体验，继而激励人们去进行更大胆的探索和行动。

不管从哪个脑开始，只要认知脑找到意义和价值，行为脑找到方法，情感脑得到积极的情感体验，激励三种脑能量不断参与的循环就能形成。相反，三个环节中的某个环节或多个环节没有得到激励，循环就无法建立。首先，认知脑中没有建立愿景，捕捉不到意义和价值，根本不可能付诸行动，知识不付诸实践就成了传说；其次，认知脑积极行动，行为脑不得法或不具备能力，行动受阻，也就会止步于这个环节；第三，行动成功了，还要看带来的结果是不是预期的，如果结果是预期的，情感脑会受到激励，进一步激发认知脑精益求精的探索兴趣，循环得以建立，如果结果不是预期的，意志力不坚强、好奇心不突出的人可能会放弃，而意志力坚强的人们则可能驱动认知脑去反思、改进、再实践、再验证。不管从哪个脑切入，最后娴熟掌握的状态一定是三部分脑三位一体达成一致的状态。积极而持久的改变背后都有"认知－行为－情感"的无限正循环。

在课堂上，不管是五星教学还是其他教学框架，都是在帮助学生建立愉悦回路的闭环。老师讲一讲，就要让学生动一动，再和学生互动解决问题，学生在这个过程中就完成了从认知到行为再到情感的认同，这就是闭环。

让学生在概念中获得生动的体验

有这样一句名言：教学就是让人们在概念中获得生动的体验。

著名物理学家费曼曾经讲过他小时候的一个故事。有一天，费曼和父亲在树林里看到了一只漂亮的鸟。父亲对费曼说："看到了那只鸟了吗？它叫×××。它在意大利语里叫×××，在葡萄牙语里叫×××，在中文里叫×××，在日文里叫×××……"然后父亲顿了顿继续说道："即便你知道这种鸟在全世界各地的不同叫法，你对这种鸟本身还是一无所知。你只不过知道世界上有很多不同的地方，这些不同的地方的人用这样或那样的名字叫它而已。所以，我们还是来仔细观察一下这只鸟吧，看看它在做什么……这才有意义！"费曼的父亲要说的是，了解一种鸟的关键不是知道它叫什么而是知道它是什么，只有有体验的知识才值得学。

怎样让学生对抽象的概念有感觉、有体验是教学设计始终要思考的问题。给知识配上恰当的体验是一项相当有挑战性的工作。给内容配上恰到好处的形式才是教学设计的重点和难点。很多老师会为了做游戏而做游戏，为了练习而练习。当问他们为什么要做某个游戏时，他们通常的回答是："这个游戏太好了，学生们每回都玩得特别嗨。"如果进一步问："玩得很嗨与你所授知识之间的关联是什么呢？"如果二者关联不紧密，再好的游戏都是浪费时间。一切形式都要服务于内容。形式和内容应该形成相得益彰、相互促进的关系，和内容没有关联的所有形式，哪怕再好玩都要果断舍弃。

有一位老师在课上要讲细胞的有丝分裂这个知识点，他的课堂组织得很花哨，首先让学生从细胞有丝分裂的各个步骤中提取线索，然后自己编舞，用肢体语言来表达这些枯燥的生物知识。从外人的角度看，这堂课确实很生动，学生们也很卖力，参与感也很强，看起来确实是一次很好的课堂教学实践创新。但是，这个课堂活动形式并没有解决一个根本问题：学生学习细胞有丝分裂

第三问 如何在课堂上真正地激活学生

这个知识和学生的生活和未来到底有什么关系？这个课堂只解决了细胞有丝分裂这个知识点的"记忆"和"理解"的层次，却没能往高层次的"应用""评价""综合""创造"多走一步，那么无论多好的形式都要重新设计。

对老师而言，教学中的弹性空间、创新空间就是形式的设计。<u>形式设计的要点在于：如何让学生在学习过程中得到生动的体验</u>。形式设计的主要目的是让教学中多一些感性的体验元素，少一些理性的论证元素，从而适当降低学生的认知负荷，增加其对知识的吸收转化率。

我参加过一次别开生面的时间管理课，课程开头的游戏就吸引了我。老师拿着一张A4纸说："这张A4纸代表着我们一生的时间，其中大学毕业前的时间属于为人生做准备的时间，就算四分之一吧。"老师撕掉A4纸的四分之一，接着说："60岁退休后的时间，留着颐养天年，也不是干事业的时间，大概也四分之一吧。"又撕掉四分之一，剩下的时间中每年有三分之一时间是周末和假期，再撕掉剩下的三分之一。接着撕掉晚上休息的时间、生病状态不好的时间、生孩子带孩子的时间……几下子撕得一张A4纸只剩下半个手心一点。老师说："这些时间是你可以岁月静好地工作和学习的时间。人生听起来很长，但实际上岁月静好地用于工作和学习的时间并不多。"全班同学默然无语，陷入了沉思之中。老师用非常形象又合情合理的方式把时间的重要意义展示给了大家。

读者可以回顾自己曾经经历过的那些令人印象深刻的课程，复盘后你会发现它们无一不让学生在概念中获得了生动的体验，因此才能让人记忆犹新。

像游戏一样教学，重在设计学生的参与

其实，任何一堂课都是师生合作的结果，而教学设计更像盖房子，四梁八柱是房子本身的结构，但房子的价值却不是四梁八柱，而是建筑结构搭建出来的那个空间。房子的价值在于其空间。同样的道理，老师教给学生知识，

态度、技能，对学生而言，有价值的不是内容本身，而是能运用所学内容解决现实问题，做出更好的反应。我们把形式和内容比较一下就会发现，如果说内容是讲老师是如何教的，那么形式其实是讲老师要设计学生如何参与、如何体验。初阶的老师会把自己如何教当成教学设计的全部，只有高阶老师才会更加用心地设计学生如何学。

<u>建构主义教学主张老师与学生应该轮流主导课堂，教学应该在师生的互动中进行。所有需要形式设计的环节，就是把课堂的主导权交给学生的环节。</u>越是主导权不在老师的环节，越需要精心设计学生的参与和思考过程。从某种意义上来讲，课程形式的设计要借鉴游戏设计的原理。游戏设计有四大要素：目标、规则、反馈和自愿参与。首先要有明确的目标，要明确定义参与者要完成的任务，即做到何种程度才算赢。而且目标对学生来讲不仅要有意义、有价值，还要有兴趣、有能力完成，还要和教学内容紧密关联。其次是规则，什么是允许的，什么是不允许的，边界清晰，规则明确，才可以放手让学生参与。凡是要把课堂主导权转移给学生的环节，一定要目标明确，规则清晰，用规则维持秩序。第三，及时反馈，学生的每一次决策、每一步动作都要有及时的反馈。正反馈能促使学生形成"认知—行为—情感"的愉悦回路，负反馈能够促使学生反思。学习的生理本质是脑内建立有意义的神经元关联，而反馈促进反思，反思促进内在神经元的关联。及时有效的反馈是学习过程最稀缺的资源，也是学生持续学习的动力来源。最后，自愿参与，如何让学生一开始就愿意参与？如何让学生持续参与，像玩游戏一样有欲罢不能的感觉？如何让学生有回味无穷的感觉？这些都是教学的动力设计要思考的问题。不要用外力强制学生学习，而要思考如何让学习像游戏一样有魅力吸引学生参与。

我在用友大学曾经组织过一次生动的训练高管公共关系能力的课堂。这个课程要训练高管的公众发言能力，授课老师做了这样的课程设计：上午简单讲了一些做新闻发言人的基本注意事项，下午马上就让学生进行实战，每

人半小时的准备时间,然后接受一次五分钟的模拟采访。教室里架着摄像头,打着高亮度的摄影灯,老师模拟记者的姿态问学生一些棘手的问题,让他们结合企业实际情况,运用上午所讲的原则进行回答。尽管采访只有五分钟,也把一些高管学生搞得手心冒汗、声音发抖。虽然这个过程非常痛苦,但是这种极为真实的训练让他们预见未来可能会遇到的艰难场景。模拟采访结束后,让大家一起看每个人的采访录像,学生们互相点评,老师再给每人一些针对性的反馈和指导。这一轮折磨后还不算结束,接着再给每人30分钟的准备时间,再接受一次3分钟的采访,仍然全程录像,再看录像相互点评。连续三天下来,有的学生说瘦了好几斤。尽管被折磨得很惨,但都觉得收获巨大,痛并快乐着。反观这个课程的形式设计,就借鉴了很多游戏设计的要素。

如果老师的心中只有内容,教学就缺少充分发挥自己才能的弹性空间。教学形式设计恰好给老师提供了充分的发挥空间。老师可以尽情地发挥自己的创造性,让课堂变得生动有趣,使教学更具艺术气息。

给学生足够丰富的刺激和足够多元的反馈

我们的大脑有三大精神饥渴。第一大饥渴是"刺激饥渴",就是我们的大脑整天都在渴望一些新鲜的刺激。比如为什么很多人一刷小视频就停不下来,就是因为小视频能够快速满足大脑的刺激饥渴,一分钟、两分钟甚至几十秒就能给你不同类型的新刺激源。第二大饥渴是"反馈饥渴",也就是我们的大脑特别想要知道自己干得怎么样。如果有人在聊天时突然对你说"我今天听到你的领导说你了",相信你的耳朵会马上竖起来想要听听领导到底说你什么了,如果对方迟迟不告诉你,你这颗悬着的心就总也放不下。第三大饥渴是"结构饥渴",就是我们的大脑有一种要把五花八门的信息给梳理有序、形成框架结构的诉求。比如经过五星教学第二步激活旧知之后,学生就拥有了一堆激发出来的无序的经验碎片、知识碎片或情感碎片,于是第三步论证新知就是在利用学生想要用有序整合无序的这种心理诉求去论证新知，师生共同整理归纳出结构化的知识。

懂得这三大精神饥渴，老师也可以利用它们来设计课堂教学。你的课堂能够给学生足够的刺激吗？你的课堂能够给学生有效的反馈吗？你的课堂能够让讲授的知识有清晰的结构吗？

以我的线上训练营为例，即使是线上形式，它们的教学仍然能够满足这三大精神饥渴。首先，我在训练营讲的知识都是新鲜的。绝大部分的知识都是经过我创新的，别处找不到。而且我有意在时间有限的音频课程里加大了知识密度，带给学生较多的刺激点。这是在满足"刺激饥渴"。其次，训练营设计了每日打卡，还有小组领教和同学来进行打卡点评和点赞，这种及时的反馈非常有效地让学生感受到"被看见"，大家在小组群里随时随地发起的互动研讨以及定期的视频会议研讨，这都会让领教与学生之间、学生和学生之间的互动反馈变得更加深入。这是在满足"反馈饥渴"。然后，每个训练营都有着极其清晰的结构。比如"打造活力课堂训练营"的活力课堂四要素框架（老师、学生、内容、场域），"魅力引导训练营"的五个小孩（逻辑小孩、想象力小孩、意义小孩、情绪小孩、动感小孩）贯穿如何听、如何说、如何问、如何答、如何评五大模块的莲藕结构，"金课开发训练营"的课程开发就是病构问题解决的底层结构。而且训练营里还提出了独具特色的各种模型，比如"学习力跃迁训练营"里的"ACCP学习力循环模型""领导者效能跃迁训练营"里的"五步三赢DACES模型"等。这些都会让学生的"结构饥渴"得到极大满足。

学习的目的是促成一个人的内在发生改变，而改变的本质是大脑内部建立并巩固积极的、有意义、有价值的神经元关联。老师没办法钻到学生的大脑里帮他们把神经元关联起来，所以只能从外在的刺激和反馈上下功夫，给予丰富的、多元的刺激，以及及时的、精当的反馈。刺激和反馈是促进脑内发生反应有效手段。这就要求课堂要形成生生之间、师生之间充分的交流，保证提供丰富的刺激和反馈。

　　再怎么强调反馈在课堂上的作用也不为过！学生事实上的学习过程是："问题－认识升级－完成任务－得到反馈－反思改进－再完成任务－再得到反馈……"缺乏及时和有效的反馈是造成无效学习的主要原因，反馈在学习中的作用远远比我们想象的要大。学生有意识地、充满期待地应用刚刚学来的新知完成既定任务时受挫的概率非常高。应用新知没有得到预期的效果时，学生很少主动反思自己的不足，更可能会认为知识没用，老师不会教。在五星教学的应用新知环节，老师的任务就是为学生提供必要的支持、指导、反馈和纠正，帮助学生对知识形成"认知－行为－情感"的闭环。倘若教学中没有这些反馈动作，学生的学习不能形成"认知－行为－情感"的闭环，课堂的教学效果也不能保障。在实战课堂上，老师不仅要在学生应用新知解决问题的过程中巡视检查，及时指导支持、反馈纠正，而且要在练习结束后，在全班范围内展开公开而广泛的讨论，让学生分享他们的感受。倘若学生练习效果很好，老师要及时鼓励，加深这种很有成就的感觉；倘若遇到问题，老师要当堂指导支持，督促其再次练习，直到有效果。学生会踊跃提问和分享，老师对学生所提问题的回答和作业的点评，本质上都是对其精准反馈。

第四问

如何有效促进课堂上的社会化学习

激活课堂

如果把人的大脑比喻成一台精密的计算机，那么人的学习就是这台计算机的算法升级和数据重构。仅仅靠一个大脑通过知识学习和经验积累去获取算法和数据终究是有局限性的，甚至有时候还会产生很大的偏差。人本质上是一个社会化动物，通过社会化的学习交换，将能极大地提高算法和数据的获取效率，同时也借用群体的大脑对个体的算法和数据进行加工和校准。建构主义就是秉承着这一原则，更提倡老师把学生分配到较小的、不同的群体中，并教他们如何通过合作来达成目标，每个学生都有责任为小组目标做贡献，强调同伴协作和合作学习。课堂本身就是一个社会化学习的场所，社会化学习是这个学习场所里不可或缺的元素。传统教学范式中，课堂教学仅仅等同于理论学习，我们想要改变传统范式就得在教学上增加社会化学习的关键维度。

一 学习的社会化本质

维果茨基（Lev Vygotsky，1896—1934）是卓越的心理学家、教育学家，被誉为"心理学领域的莫扎特"。他和巴甫洛夫是同一时代的，虽然英年早逝，但他提出的理论却遥遥领先于那个时代，当时行为主义还是主流的时候，他就提出了建构主义。而建构主义真正开始正式被学界研究，已经到了 20 世纪 80 年代了。大家共同追溯维果茨基是建构主义的鼻祖时，他已经去世 50 多年了。

维果茨基那时候并没有现在这么发达的高科技工具，他的主要研究方法就是观察小孩子。在简陋的条件下，他提出了很多惊人的结论。其中有一个特别关键的理论，就是：语言既是沟通的工具，更是思维的工具。也就是说，我们不仅和其他人有外在对话（沟通），还有自己和自己的内在对话（思维）。《礼记·大学》里有和维果茨基的结论类似的话："如切如磋者道学也，如琢如磨者自修也。"切磋就是个体间的沟通，彼此间说道、问学；琢磨就是个体

第四问
如何有效促进课堂上的社会化学习

内的思维，个人的思考、省察。这都在说明学习本身就有切磋（个体间对话）和琢磨（个体内对话）两大动作。

由此维果茨基得出了另一个结论，即人的高级机能是社会化的产物，低级机能是进化的产物。所谓社会化，就是通过个体间的切磋引发个体内的琢磨。人的所有区别于动物的那些高级机能都是社会化的产物，都是人通过社会化的沟通过程引发个体内的对话过程发展出来的。维果茨基列举说明了很多高级机能，其中最重要的有三个：随意注意、读心能力、反思能力，我称之为高级机能的"三原色"。其他高级机能，比如语言、逻辑思维、想象力、道德、审美等，都不过是随意注意、读心能力、反思能力的复合和叠加。

第一个高级机能叫随意注意，就是人能够支配自己注意力的能力。维果茨基认为这是人类高级机能中最重要的一个。动物都是外界来一个刺激然后被动地给出一个反应，而人可以主动地应对外界的刺激，甚至可以为长远的未来布局。有人说松鼠不也未雨绸缪为冬天存储粮食吗？但那是动物的冬眠本能，并非主动的注意力分配。第二个高级机能叫读心能力，就是一个人可以通过另一个人的反应读出另一个人的意图。当原始人集体狩猎时，读心能力就极其重要，因为我必须知道你在想什么，然后才知道该怎么配合你，当我们能够互相知道对方在想什么的时候，团队合作的效率就提高了，就能够协同作战。只要涉及合作，就一定需要读心能力。第三个高级机能就是反思能力，也就是自我对话的能力。也就是说，我不仅能读懂你的意图，也能反思我的做法。简单地说，高级机能三原色的本质，就是读人、读自己、主动运用注意力。

反观课堂上传授的内容，无论是知识、技能还是态度，无不意在发展人类的高级机能。那么老师就要思考，如何通过课堂教学激活学生的这些高级机能。而且特别要理解的是，这些高级机能的发展都需要通过个体间的沟通促发个体内的对话来完成。

那么，是切磋重要，还是琢磨重要？其实，所有的神经元关联都是琢磨的结果，即你的点滴收获都必须经过你的琢磨。一个人没有内在对话的过程，就不会相信别人给的结论，他只有琢磨了才会信。我们不会不加选择地把切磋的结果作为学习的成果，所有切磋的目的都是促进琢磨。也就是说，不以促进学生琢磨为目的的课堂切磋都是浪费时间。切磋是手段，琢磨是目的。最终学生的学习成果一定是琢磨出来的，但是在学生琢磨之前，老师要为学生提供良好的社会化切磋环境。所以老师在课堂教学中一定要让学生的学习经过个体间的切磋和个体内的琢磨过程。

举例来说。我们经常说甲说服了乙，其实这只是一个高度概括化的结论，细分的话甲说服了乙有两个过程：第一，是甲和乙之间有一个个体间的交流，甲给了乙很多信息；第二，乙的内在有一个个体内的交流，他把这些信息结合他自己的旧知经验加以整合，形成了一套逻辑，然后他自己采信了。虽然是甲给了乙很多信息，但事实上是乙用自己的理由做了决策。乙认为是甲说服了自己，其实是个错觉。用更细的颗粒度来看，不会有一个人完全说服另一个人这回事，外在的切磋是促发他琢磨的资源。只切磋不琢磨，学而不思则罔；只琢磨不切磋，思而不学则殆。

琢磨才是学习的最后一公里，但是琢磨这件事对于老师来说无能为力，因为琢磨只发生在学生的内在对话里，这就是教学之所以难的原因。所以我经常说"课讲有缘人"，讲的是学生的主动性，学生不主动琢磨，老师讲的知识就不属于他。主动性也是建构主义和认知主义的一大区别。认知主义假设学生的大脑是仓库，老师的任务是往仓库里装箱子，所以学生是被动的；建构主义则认为老师给学生的大脑里塞知识，学生不是被动地装，而是在主动地消化吸收成自己的。老师只能创造一个环境激发学生的琢磨，但是老师永远替代不了学生自己的琢磨，这就是教育。

用维果茨基关于高级机能的结论做一个总结：人类区别于灵长类动物的这部分高级机能是长期在社会活动中发展出来的，人在学习过程中必然伴随着不同个体间的社会协商。所有高级心理机能都会两次登台：第一次作为集体活动、社会活动，即作为心理间的机能；第二次作为个体活动，作为人的内部思维方式，即内部心理机能。

 ## 场域是老师最重要的助教

在理解了学习的社会化本质之后，就容易理解一句话：<u>永远不要忽视场域的力量</u>。打造活力课堂的四大要素，除了老师、学生、内容之外，还有一个就是场域。雅思贝尔斯就特别强调学习的社会属性，他说："教育就是一棵树摇动另一棵树，一朵云推动另一朵云，一个灵魂唤醒另一个灵魂。"社会化的场域是社会化学习的土壤，孕育的正是学生们学习建构的结果。场域是老师最重要的助教。

场意识：永远不要忽视场域的力量

场域是什么？就是任何二者以上的关系，对于课堂来说就是"学生们"共同形成的一种彼此的关注。虽然场域看不见、摸不着，但它又确实是存在的，就像磁场、电场一样。很多初级的老师并不明白什么是场域，更不明白为什么营造场域会那么重要，而专家型老师则会掌控场域使其为教学效果加分。

举个例子。在线上直播课中，如果只是老师讲学生听，就是一对多的场景，这种课堂就像广播，是老师与学生单向关系的集合，学生和学生之间并没有产生关系，每个学生是一座孤岛，互相感受不到彼此。这就是线上课堂和线下课堂不能比的硬伤，而线下课堂让学生的物理位置在一起，坐在一个共同的空间里就能马上形成关系网。线上课堂想要达到线下课的这种效果，恐怕还要未来的VR技术能把我们的眼耳舌鼻身意等身体感知虚拟到一起才行。所以我建议老师讲线上直播课时一定要让学生尽量打开摄像头，因为一个人独处的时候是一种状态,但是和别人在一起的时候会是另一种状态。如果学生没有打开摄像头,关闭的摄像头后面是一个独处的他,爱干什么干什么。但是如果打开了摄像头,不管别人是否关注他,他也会感觉别的同学可能在看着他,这就是一种彼此有关系的感觉。即使这种关系比线下课堂要弱,但仍然能对一个人的摄像头前的行为起到约束作用。

课堂实际上是一个社交场所,人与人之间交换的是信息和能量。课堂上,每个学生都可能从其他同学那里获得新信息的刺激和反馈,进而促进自己反思,学习就发生了。某个学生有意无意说的话,可能成为另一个学生建构自己思想的素材。大脑就是这么奇妙,你永远都不知道别人从你这里学到了什么。课堂就是建构主义认为的意义协商环境,是学生完成个体建构的场所。作为老师,必须熟悉课堂场域的社会化设计,最终引发师生之间、生生之间的意义协商,促成每个参与者的个人建构,促进个体大脑内的神经元连接。

永远都不要忽视场域的力量。作为老师得有场域意识,就是时刻让个体感受到场域的存在。个体感受到场域的存在,这个场域就会对他施加无意识的影响。专家型老师在上课的时候,不时地会做一些调频动作,其中很多动作的目的都是为了营造场域。

在线上直播课里,我会在讲透一个知识点的时候邀请所有正在听课的学生在聊天区打666、888,因为他们打666、888的时候意识到自己是在一个大家共同学习的场域里面。在线下课里,我也会在讲课过程中、学生分享后、点评反馈之后邀请大家来一些掌声,同样是存了让大家共建场域氛围的意思在里面,让大家意识到我们在一起,我们是一个爱学习的集体。

建设场域,人人都有义务;破坏场域,人人都有责任。每个人都在享受场域带来的价值的同时,也要记得为场域建设贡献自己的那一分力量。如果能进入人人建场、养场、捧场、护场的良性循环,人人都具有"场意识",老师不用加任何干预,整个场域就会进入一个自动巡航状态。最厉害的场域是什么样的呢?大家都感觉不到老师的存在,只要有这个场域,学生们就可以在其间学得很忘我。反之，如果每个人都挖场域的墙角，你偷一块砖，他拆一片瓦，整个场域就进入了一种恶性循环，直到这个场域的大厦轰然倒塌，每个人都变成场域的受害者。从这个意义上来讲，场域就是老师最重要的助教。

关于"场意识"，有以下两点需要老师们注意。

第一，老师必须对场域的趋势敏感。也就是说，老师必须能够感知课堂场域的能量状态是越走越低，还是越走越高。即使刚开始这个场域稀稀拉拉的，但是如果能够感知到场域能量是越走越高的，就可以继续保持。老师一定要让场域渐入佳境，宁可在高能场域里讲一刻钟，也不在低能场域里耗一小时。

第二，老师一定要时刻不忘经营场域。场域就像火炉，要不断地加柴才能维持。营造场域就是要让所有人更多地意识到"We（我们）"，更少地意识到"I（我）"。老师有必要让学生时刻意识到场域的存在，意识到课堂上不仅仅有老师和学生之间的关系存在，还有着同学之间的关系存在。老师要常常强调课堂里每个人的"We（我们）"身份。更进一步，还要有意识地培养学生建场、养场、捧场、护场的意识，让他们知道场域的形成人人有责、人人受益，而场域的坍塌则人人有责、人人受害。

有了场意识，我们就可以懂得，一个课堂的效果好不全是老师的功劳，老师教得再好，功劳最多占51%，剩下49%的贡献都是场域的。一堂好课，吸引学生的是内容，留住学生的是场域，场域让课堂更有黏性。

学习公约：学、不、多、重、守

只有学生处在良好的状态，学习效果才会好。不顾学生的状态和感受，兀自讲自己的内容是低情商的表现。状态不对，一切白费。如何调整课堂场域中学生的状态？我常用"学习公约：学、不、多、重、守"来做每次课程的开场，并且提前向学生说明：学习是个技术活，遵从这个学习公约就能在课堂上学习到更多。

"学",指的是学习态。我们的大脑内有一对互斥的开关,正面是学习态,反面是批判态。很多人学习没效果,一个最主要的原因是进入不了学习态。批判态使用的是分别能量,总是想要凸显自己,很容易用自己的旧知和经验去审视外界,别人如果有和自己不一样的地方就横加批判。学习的目的是改写自己做人做事的反应"软件",一旦处在批判态,就是假设自己的软件是对的,拒绝外在的输入,就不可能有学习的改变。而学习态使用的是连接能量,只有和知识、和老师、和同学建立连接的管道才能让信息和能量流通。一般人是看见了才会相信,好的学习者是相信了就会看见,你相信你能学到多少,你就能学到多少。状态和收获是对应的,带着什么状态就会得到什么样的收获。

"不",指的是不焦虑。每一个人学到多少,不仅仅取决于老师讲了什么,还取决于自己以往的旧知和经验的积累,这和小学生听不懂高等函数是一个道理。学习讲求"啐啄同时",就像小鸡快出壳时,小鸡在蛋壳里面啐,母鸡在蛋壳外面啄,得两头用力才行。学习也是如此,学生的机缘到了,老师一点就透;机缘没到,老师讲得再多,学生也接不住。学习最大的障碍是太贪,什么都想学会,于是就很焦虑。情绪是影响学习效果的最大变量。学习的制约不是大脑的接收能力,而是大脑的加工能力。在焦虑的负面情绪下,大脑的内存被情绪占据,加工能力就会大打折扣。不贪多,坦然接受学习的机缘才是正确的态度。

"多",指的是多交流。正如维果茨基所说,人区别于动物的高级机能都是社会化的产物,学习本身就具有社会化的属性。相同的知识进入到不同的脑海里会发生不同的反应,结合每个人不同的旧知和经验,会形成每个人不同的个人版本的理解。每个人将个人版本的理解进行社会化的交换,就能够相互启发,这就是一种聚合效应。"水本无华,相荡乃成涟漪;石本无火,相击而发灵光",在社会化的场域里,与书对话、与事对话、与人对话、与众对话、与己对话都能引发学习。多交流,就是让社会化学习发生,在社会化的课堂里向同学学到的知识应该和向老师学到的一样多。

"重",指的是重转化。知识改变命运是一个伪命题,知识只有转化成能力才能改变命运。学习的目标是改变,改变的关键是转化,转化的抓手是折腾。只有用起来的知识才真正属于你,重转化就是要求学生在课堂学习过程中努力折腾自己的创造。学习的收获不取决于学生课堂听讲的认真程度,而取决于课上课下做练习的认真程度,因为所有的练习都是把老师讲授的知识转化成自己能力的必要路径。所有的学习收获都是学生自我折腾的结果。

"守",指的是守纪律。课堂是一个社会化的场域,每一个人在这个场域中都有两个身份,一个身份是"I(我)",一个身份是"We(我们)"。守纪律就是要意识到自己在课堂中的"We"身份,意识到每个人都应该为这个场域的"We"做贡献,每个人都要参与建场、养场、捧场、护场。人人为我,我为人人,在为场域奉献的同时,场域也回馈以良好的学习环境和激昂的学习状态,好的场域会让每个沉浸其中的人都更有收获。场域以索取的方式赠予,个人以奉献的方式获得。

学习态、不焦虑、多交流、重转化、守纪律,把每一个字的首字连起来就是——学、不、多、重、守。这五个字连起来也有意义:学习不要贪多,重要的是把跟你有缘的那些知识学会守得住,促成实实在在的变化。

课堂破冰:尽快让学生活跃起来

为了营造良好的场域,老师在课堂上一定要尽快让学生们自己活跃起来。其实这也是课堂教学的一个秘诀:课堂氛围不好,就让场域出来说话,让学生自己先活跃起来。三小时的课,宁愿用两个半小时建设场域,最后只讲半小时,也不要在学生不在状态的情况下瞎凑合三小时。

2009年,在给全集团做绩效管理的全员轮训活动时,我发现某一个事业部的情绪特别低落,整体课堂的氛围很不好。我激情澎湃地讲了半小时,但学生们一个个都像霜打的茄子似的蔫巴巴的，即使勉强让他们在课上分享几句，他们的语言里也会掺杂着戾气。后来我才知道这个事业部在当年工作特别努力，他们自己觉得已经做得特别完美了，但客观的市场情况不好，导致他们整个事业部的奖金打了七折，所以从事业部总裁到部门的人员都一个个怨气冲天。我及时停下我的讲课，特别耐心地和这些人兜了两个半小时的圈子去建设场域，期间我就是鼓励他们倒苦水，我则同理倾听。当他们把苦水倒完了，我就惊奇地发现这些人的话匣子打开了，真正地开始参与课堂学习了，后面一天半的课堂场域就特别好，最后教学达到了较好的效果。所以我有了这次经验就总结了一句金句：苦水倒不尽，知识就进不去。当然课堂里的牢骚太多也会影响场域能量，老师一定要做恰到好处的引导，比如适时地问出一句："假如现在所有客观环境都无法改变，那么我们还能做什么才能得到更好的结果？"让负能量逐步往正能量方向翻转。

即使老师想要尽快把场域建设好，但有时候破冰是很难的，其原因就在于场域里的学生都是带着原来的场域信息来到课堂的。有的企业的文化本就相对内敛，他们不可能刚到你的课堂上就一改他们的形象变得热情奔放。所以老师要放低自己的期望，因为你再怎么努力，你都不可能把一个极度内向的企业文化用一次课就改变成外向的。所有的尴尬都是自找的，老师在课堂上的尴尬常常来自对学生不合理的预期。对于相对内敛的学生群体，只要通过努力让他们的打开程度是平时的1.2倍、1.3倍就可以了。

有一次给一家企业授课，刚开始没人说话，我就点名请某高管同学讲两句，结果这高管拿到话筒就开始讲大而空的套话，什么田老师讲的内容是一针见血、高屋建瓴，让人茅塞顿开、受益匪浅，然后就没了。这样的发言，一点点评的空间都没给我留。遇到这种情况，老师就得接纳他们，因为他们的企业文化真是冰冻三尺非一日之寒，并不会因为哪位老师来了，这个冰就能变成水甚至沸腾起来。

场域破冰的方法非常多，很多书里都有介绍。对于破冰，我来分享几个

"救命"的小妙招。

（1）找准破冰的重点对象。在课堂上有20%左右的学生是"易燃型"的，这部分学生不需要老师也会自我激活。还有20%"不燃型"的学生难以激活，他们在生活中可能就是这种人，不会因为老师怎么样而改变本性，用很大精力去调动这一部分学生显然投入产出比不高，建议在破冰阶段先放一放，他们可能会在场域热起来之后慢慢调整状态。那么还有60%的"可燃型"学生才应该是老师要重点激活的对象。

我的公开课上曾经来过一个高校的老师，那一次课堂的场域氛围很好，但是他总是一言不发。我重点观察了一下，发现他一直在思考，但似乎并没有形成课堂发言的习惯，我暗自把他划分在"可燃型"学生阵营。于是，在第一天的小组研讨候选代表发言阶段，我建议那些发言比较少的学生来汇报，他被推选出来。实际结果是，他的发言特别精彩，他的思考是很有深度的。我首先对他的发言内容做了点评，随后又对他的表现做了点评。我说："我感觉你这个人蛮自私的。为什么呢？因为在这个课堂上，每一个学生的旧知、经验和理解都是帮助大家学习新知的资源，作为学生你有义务把个人的旧知经验和理解奉献出来，作为老师我有义务把它们激发出来。你有这么深刻的思考和理解，居然憋了一天都没说出来，这对我们的课堂来说是一个极大的损失。所以我说你是自私的。我非常期待你在未来的几天课里，从自私到无私，把你最深刻的思考贡献出来。"这个点评里，正向激励和反向刺激都有。第二天这位老师就完全被激活了，发言非常踊跃，对课堂氛围有很正向的推动作用。后来过了半年后，这位学生又遇到了我，他对我说这堂课上我的点评改变了他的生命状态，他再也不躲在事情的后面了，更积极地参与到各种生命事件中去。

（2）把问答题转换成选择题。很多老师问过我这样的问题："我在课堂上提了一个开放式的问题，但是学生不理我，让我很尴尬，怎么办？"在没有把场域铺垫好的时候，提开放性的问题需谨慎。但如果真的碰到了这种情况，还有一个方法：把问答题转换成选择题。也就是把那个开放式的问题换一种方式问出来，老师可以给学生两个选择——A 和 B，这个转化就降低了学生回答的难度，随后老师再问选 A 的学生为什么选 A、选 B 的学生为什么选 B，就好往下进行了。

（3）感受学生的状态。在课堂上用心感受学生的状态，老师可以清晰地知道哪些学生是准备好的、哪些学生是没准备好的。那些准备好的学生常常愿意和老师四目相对，而那些没准备好的学生常常低着头、目光闪烁不定。为了让场域尽快活跃起来，老师就不要点名让那些没准备好的学生发言了，否则遇到的仍然还是尴尬。

（4）帮学生"织毛衣"。还有一招给学生赋能很有效，叫作"学生抛一个线头，老师给织个毛衣"，意思是说，当老师在课堂上遇到某个学生发言或分享没有什么精彩之处，甚至于这个发言还拉低了场域的能量时，老师就可以把学生发言中某一个小点（学生的"线头"）做延展性的发挥（老师的"毛衣"），让全班学生都在老师的延展性发挥中有所收获，最后老师还要把这个发挥归功于这位学生，拼命给这位学生赋能。这个行为的附带效应是，别的学生看到这么平常的发言老师都能说好，他们也就更有信心、更加放心地参与后面的发言与分享，场域于是就慢慢热起来了。

（5）觉察老师自己的情绪状态。老师一定要理解：课堂上学生的每一个表现都可以解读为对场域的奉献（哪怕是捣乱），而每一份对场域的奉献都渴望被看见，每一次被看见的奉献都会激发更多的奉献。只有具有这样的状态，老师才能从容地应对课堂上的任何突发状况。对学生而言，上一堂课和看一场电影一样，追求的是一个体验，因此处理情绪是老师必修的功课。情绪处理好了，上课就能变得顺风顺水。情绪是最重要的资源，要善于处理情绪，充分利用情绪帮助学生建构思想，促成学生转变。老师的状态和场域是相互促进的，老师的状态好，场域才有向好的可能；场域越好，老师的状态也会越好；老师的状态越好，场域也会更好。一旦进入这样的良性循环，课堂就会进入自动巡航状态。

◀ 第四问
如何有效促进课堂上的社会化学习

营造场域：激活、交换、控场

营造课堂场域最重要的三个动作，分别是激活、交换和控场。

首先，要用有效手段激活学生的大脑。学习的有效性和学生投入的时间并没有强相关性，而与学生注意力的持续投入和保持关系很大。上课心不在焉，花再多的时间都没用，注意力的持续投入才是有效的投入。课堂要能够始终抓住 70% 以上的学生 70% 以上的注意力，老师要拥有学生注意力的控制权，这是激活学生的前提。如何抓住学生的注意力？第一，老师要能够调动学生的全脑参与。大脑的不同脑区需要不同方式的刺激，哪一个脑区给的刺激不够，它都有可能自己主动找事干而"开小差"。老师要用有效的教学引导功夫，平衡地给学生各个脑区不同的刺激，才能驱动它们有效地工作。第二，老师要学会"调频"。部分学生的注意力失焦行为会影响周围同学的注意力，从而形成学习干扰。每当老师在课堂上发现学生的注意力失焦时，就需要使用"调频"动作。比如当老师发现有人打盹儿、有人看手机等状况出现时，就应该不失时机地互动一下，重新聚焦学生的注意力。第三，一定要在学生注意力聚焦的时候讲重要的知识。聚焦学生的注意力也要符合生理规律，顺势而为，比如早上学生精力最旺盛的时间，老师适合高效讲解促进输入，而在 10 点左右学生开始疲倦，老师就应该让学生动一动、练一练。授课过程中重要的知识也要重重地强调，关键的结论一定要一字一顿地送进学生的心里。第四，一定要掌握全班注意力的控制权，不要被个别学生、个别事件牵着鼻子走。如果个别学生的提问和课程无关或者不是全班学生都关心的问题，就不要在这些问题上浪费课堂的时间，以免其他学生注意力失焦。

其次，要有效安排学生间对话促进知识的交换和再生产。以老师为中心的传统课堂讲授，老师难以知道学生的注意力到底有多少和自己讲授的内容相关，也难以知道学生收到的信息是否能与其旧知和经验产生相互作用。只

激活课堂

有把课堂的主导权有序地转让给学生，让学生之间产生互动，推动学生互相分享各自的内在反应，把再生产与再交换联系起来，以促成学生用更深层次的思维加工知识。建构主义的学习观认为知识具有再生产属性，再生产和再交换过程就是建构主义所主张的意义协商。经过多次这样的互动后，每个学生脑海里都会逐渐形成对知识的个人版本的建构。这些不同的个人版本的建构再充分交换，大家逐渐达成共识，最后的真相是全班有一个相对共识的理解，每个人脑海里还保留着部分个人版本的理解。这种社会化交换得来的东西再次进入脑海再次酝酿才更有价值，我将其戏称为"二锅头"。交换的轮次越多，学生的认知层次越高，最初大脑的反应只是机械记忆和简单理解，逐渐发展到应用、分析、创造、综合的深度学习状态。内在思考和外在交换的交互作用共同促成了高质量的学习。

最后，要运用恰当的控场手段保证课堂"放而不乱、收而不死"。老师要有极强的场意识，保持时刻有意识地对场域进行觉察。只有有意识地觉察，才能有策略地干预。课堂场域应该维持在一个合理的区间。太安静了，会产生紧张防御，学生的思维就不能被有效激活，不利于学习的发生。太活跃了，会让大脑过于亢奋，也不能保证学生能够理性地思考。控场的原则，就是《道德经》里说的："孰能浊以静之徐清？孰能安以动之徐生？"意思是说，安静久了就要动一动使其有生气，太活跃了就会出现混浊，混浊了又要使其静下来回归清静。这也是五星教学背后的原理，师生交替主导课堂，不仅可以让师生都充分参与而不过度劳累，更是有效地平衡了"个体之间""个体内在"，以及吸收与转化两大重要学习环节。老师一旦把课堂的主导权交给了学习小组，就要密切关注小组研讨的有效性。把课堂所有权放给学生很好，但是学生不能扯闲篇儿，不能讲跟这个主题无关的内容，一旦扯闲篇儿就得收回来。所以，小组研讨的最佳时间一般是 25 分钟左右，正好一个番茄的时间○。太短展不开，太长容易失焦。

○ 来源于番茄工作法的规则一，即一个番茄时间共 30 分钟，包括 25 分钟的工作时间和 5 分钟的休息时间。

社会化学习才是学习效果的关键

课堂场域的营造，还要设计学生折腾的脚本。因为知识只有在学生的大脑里"折腾"一番才能成为学生自己的。教学的中心不是教给学生知识，而是让学生全过程能够处在创造性脑力劳动状态下。如果学生没有经过自我消化，即便是很有价值的东西也会变得没什么用。教学不能只为知识负责，而要为学生的大脑激活程度负责，要为学生把知识转化成能力负责。只要学生全过程处在创造性脑力活动状态下，一直运用创造性思维参与全过程，即便学生最后并不认同老师的正确答案，这也是一堂颇有成效的教学。如果学生全过程没有处在创造性脑力的状态下，只是机械地记忆和理解，哪怕到达能倒背如流的效果，我也不认为这是一次有意义、有价值的学习。

社会化学习推动学习形成闭环

在大量教学实践的基础上，我提出有效学习应该分五步，社会化学习在其中占了非常大的比重。第一步是学生从外界获取知识和信息，就是理论学习。仅靠这种方式不能促使学生把知识转化成能力。第二步是学生消化吸收这些知识，把理论建构成个人版本的认知。没有人会罔顾自己的知识和经验而轻信别人的理论体系，学生会把老师所授理论和自己已有知识体系及经验进行关联，从而形成自己的理解。第三步是学生通过实践把认知改变转化为可外显的改变，在实践的过程中把认知转化成经验，或者在实践中发现问题。第四步是学生带着实践过程中的经验和问题，开展社会化学习，通过社会化学习解决个人问题，通过社会化学习把个人经验升华成集体共识。学习全程在社会化环境中进行，每个学生还可以把自己的理解分享出来，与老师及同学们交换意见。在社会化交流中，每个参与者都会受到一些触动，因而引发其升级自己原先的理解，形成了新的认知，这就是社会化建构过程，学习过程中必然伴随着不同个体间的意义协商。第五步是把有经验的个体组织起来，针对某一问题开展社会化的研讨，比如用行动学习这样的社会化经验学习方式，广泛地收集不同个体屡次验证有效的最佳实践碎片，当碎片足够多的时候，再利用交叉类比这样的思维工具探索掩藏在表面特征背后的深层结构，借助众人的智慧把经验升华成普遍认同的理论知识。

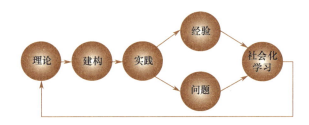

所有的学习设计都要形成这五步从意识到潜意识、从个体内到个体间的学习闭环。获取信息仅仅是第一步，只有经过行动实践才能实现知行合一，只有社会化才能推动高级机能成长。除第一步外，有效学习的其他重要几步却被长期忽视。社会化的场域是重要的个体间学习的保障，缺少社会化，有效学习就无法形成真正的闭环。

仍以我的线上训练营为例。在训练营里，每天音频课的学习是理论学习部分，学生在听音频课的同时做个人版本的建构，也就是我通过音频课和学生"切磋"，学生进行内在的"琢磨"，通过这样的"切磋""琢磨"，学生形成对内容的个人版本的理解。紧接着，我会在音频课最后布置练习作业，这就是实践的部分，同时训练营还要求学生在做完练习后完成线上的打卡，打卡的内容一般为当日理论学习和实践练习的复盘反思。学生在实践过程中必然有两个产物，一个产物是用起来不灵，那就产生了疑问；另一个产物用起来有效，那就产生了经验。有经验，学习就开始闭环了，而有问题，认知缺口就又打开了。这个时候，学生就带着"三乐一惑"（共鸣之乐、关联之乐、重构之乐与学习困惑）去参与社会化学习。训练营里会安排多种方式的社会化学习，包括：在打卡区的领教点评与学生互评；在小组群里的随时发问与共同探讨；领教组织的在线视频会议研讨；我亲自参与的在线问答与点评。只要学生参加社会化学习，就可能会发现自己的理解别人也有共鸣，就可能会发现别人不同角度的理解，就可能会发现别人也困惑着自己的困惑，就可能会发现别人还有更深度的困惑，就可能别人一句话就能解决自己的问题，就可能自己也能解答别人的困惑……这就是老师的一个信息源引发了不同的学生大脑里的不同的反应，这些不同的反应放到一起就能引发社会化的聚合效应。每个人都在社会化学习的过程中边互相切磋边自我琢磨，有时候会强化自己的理解，有时候会修正自己的感受，有时候会解决自己的问题，有时候会重构自己的经验……这就是社会化学习的意义。互相沟通交流之后，每个人都有一个新的升华，形成了自我建构的新版本，开始了新一轮的学习循环。

再以培训教育业界著名的"721理论"看学习闭环。理论和建构这两个部分合起来就是所谓的"理论学习"。实践以及实践产生的经验或问题部分，合起来就是所谓的"实践学习"或"经验学习"。社会化学习以及再进入下一学习循环之前的部分，合起来就是所谓的"社会学习"。"721理论"认为，理论学习在整个学习闭环中的比例大概是10%，"社会学习"的比例在20%左右，"实践学习"或"经验学习"的比例在70%左右。所以说，在学习闭环中强调实践学习和社会化学习是何等必要！

四种社会化学习的组织方式

结合学习的目标，至少可以从两个维度去思考社会化学习。第一个维度是社会化学习的目的，也就是为建构而学还是为转化而学。为建构而学指的是认知脑的学习，目的是形成个人版本的认知；为转化而学指的是行为脑的学习，目的是把认知付诸实践，形成自动化的反应。为建构而学的社会化学习,输入的是问题,输出的是学生不同版本的认知,或者是大家通过意义协商形成的共识;为转化而学的社会化学习,输入的是形成共识的一套认知,输出的则是行为或行动策略。第二个维度是社会化学习的组织方式,包括协作型和互助型。所谓协作型,就是大家共同协同完成一个大任务,但每个人的分工不同、任务不同。所谓互助型,就是大家分工相同,或者说要学的内容都一样,但个人的旧知和经验不同,所以理解或做法不同,然后通过社会化学习促成不同版本认知的交换或交叉类比,形成团队共识,或在彼此协助下掌握同样的技能。把社会化学习的目的和组织方式这两个维度十字交叉形成一个坐标系,就有了四个象限,形成了四种社会化学习的基本类型:协作建构型、互助建构型、协作转化型、互助转化型。这四种类型中,每种类型的输入与输出不同,具体组织方式和注意事项也都各不相同。

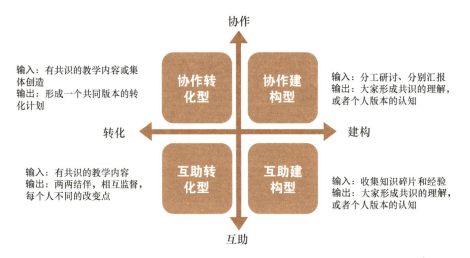

互助建构型社会化学习,建构的目的是改变认知,形成个人版本的认知或者大家协商产生共同版本的认知,属于认知脑的学习,从教的角度看可称之为理解而教;互助就是说大家学的内容是一模一样的,任务分工相同,相互帮助实现学习的目的。老师教的内容纯属知识,学生学的内容也没有差别,这时候的社会化学习就属于互助建构型。

举例来说，我在专家型导师班上讲"促人改变的三驾马车"这个知识点，即有效学习要实现认知、行为、情感的闭环并持续强化。我大概需要用75分钟的时间把这一知识点讲清楚。把知识点讲清楚之后，马上启动分组研讨，研讨的主题是让学生用三驾马车的相关知识解读自己经历中的有效改变。这个研讨就是典型的互助建构型。

协作建构型社会化学习，和互助建构型社会化学习的区别就在于研讨中学生的分工和任务不一样，需要多组协作完成一个更大的任务。

同样举例说明。我在课堂上用五星教学教五星教学，通过前三星引导出了五星教学的五个星的概念。接下来，我会安排每个小组认领一个星为主题，研讨该星在教学中的重点和难点。即第一小组研讨聚焦问题，第二小组研讨激活旧知，第三小组研讨论证新知，第四小组研讨应用新知，第五小组研讨融会贯通，每个小组各有分工。研讨完毕，各小组分别汇报。小组汇报之后，我会通过点评的方式把每一个星的要点再给大家指出来。此次社会化学习还是为了让学生更好地理解五星教学的每个步骤，目的是深化认知，而非指导应用。虽然还是为建构而教，但组织方式却是分工协作的，每个小组只研讨五星教学中的一个星，而非每个小组做五星教学的完整的研讨。最终通过小组汇报、老师点评的方式把所有星的知识呈现给大家。协作建构使用的条件往往是内容多而教学时间相对不足，分小组各自学习，最后像拼图一样覆盖所有的知识点。

协作转化型社会化学习，目的是要让学生以团队协作的方式运用所学知识完成一个大的作业，是集团队智慧运用所学知识解决一个具体的问题或者协作完成一个共同的有难度的任务。

举例来说，专家型导师班第二个模块我会讲教师的基本功——听、说、问、答、评——各有各的教学策略和教学工具。这些策略和工具用两天的时间都教完以后，第二天下午结束之前我会安排一个特别的转化任务，题目是：以小组为单位编一个情景剧，用演绎的方式把这两天所学的知识点尽可能多地用出来。这个任务的设置，不是让大家汇报知识点，而是要让大家把这些知识点以表演的形式表现出来。这就要求每个小组集体创作，群策群力地运用所学的知识完成一个全新的创作并在舞台上表演，这显然属于分工协作的集体转化任务。输入是大家两天来已经学过的那些教学内容，输出的是综合运用所学知识。创造性地表演情景剧是学生的具体行为表现，是为了知识的转化。

<u>互助转化型社会化学习</u>，互助就表明学习的内容是相同的，而转化则是为用而学。研讨的目的是，每个学生在同学的帮助下将知识转化成能力，能够行动或者制订个人独特的行动计划。

我经常在教学的收尾环节做一个这样的活动：请每人总结出这两天课后你想要做的三大改变。每人把三大改变做出来以后，教大家运用平衡轮工具[一]对自己当前的水平做一个测量，再制订一个要改变的目标水平，最后制订一个具体的从当前水平到目标水平的策略和计划。当学生制订好自己的策略和计划后，我就安排学生两两结对，请他们互相分享各自的策略和计划，并对对方的策略和计划提出建议。然后在未来的几个月内互相督促对方付诸行动。这个过程就是一个典型的互助转化型社会化学习，因为大家学的知识是一样的，但是个人要改变的点却是不一样，转化的方式和计划各不相同。结对的两人是在同样知识的输入下，制订各自不同的转化计划，两个人又相互支持、相互监督、相互庆祝，是典型的互助转化型社会化学习。

总之，社会化学习的组织方式会因教学目标、知识类型以及授课时间而不同。有时受制于时间，只能用协作型。如果知识点很重要，就必须用互助型。凡是建构型的，分组一般可以大一点，有助于集思广益。凡是转化型的，分组就要小一点，一般都是三三两两。

[一] 平衡轮是教练工具的一种，我将其创造性地用于行动学习过程中。在纸上画一个圆形，首先根据要评估的维度将圆形平分成多个扇形，每个扇形代表一个维度；然后评估每一个维度，圆心是0分，圆的外圈是10分，给这个维度的现状打分，并画出对应的弧线；然后再对每一个维度自己想要达到的目标设置分数，并画出对应的弧线；现状弧线和目标弧线之间的空间就是要做的努力空间，可以在这个空间里填写实现目标的具体方法和策略。

◀ 第四问
如何有效促进课堂上的社会化学习

社会化学习的组织技巧

有一句最能说明社会化学习作用的金句：跟谁做同学比跟谁学还重要。因为知识掌握的标志是形成个人版本的理解，同学的思维方式、思想高度以及课堂上社会化学习的活跃程度对学习效果影响很大。学习的过程是，学生先把老师讲的特别生涩的概念经过思维加工，结合自己的旧知经验转化成自己的语言，再用这种理解和语言参与交换，同学们在相互交换中逐渐达到深度理解的目的。学生实际上能从同学身上学到的东西更多。对老师而言，最重要的工作之一是促进学生们之间在课堂上充分的交流。

最后，根据长期的课堂实践，我还总结了一些在课堂上开展社会化学习的心得和秘诀。

1. 差异化分组

开展社会化学习常常要分组，特别不建议老师做随机分组，分组是要有讲究、有设计的。首先要对学生分类，可以用老汤、新汤、老鸟、菜鸟来给学生贴标签。老汤是指那些对教的内容理解得比较深的，比如我线下课里的复训学生、曾经参加过我的其他课程的学生等；与之对应的那些第一次来到课堂的，就是新汤。老鸟是指那些虽然没有上过这门课，但是他的人生阅历很丰富，他客观上能为课堂贡献很多宝贵的经历和经验资源；与之对应的那些人生阅历较浅的，就是菜鸟。这样就把学生分为四类：老汤老鸟、老汤菜鸟、新汤老鸟、新汤菜鸟。尽量让每个小组都有这四类人，目的就是方便他们之间互相学习、互补学习。

小组人数为6～8人会比较理想。这背后也有心理学原理，要回到大脑的"内存"结构上来说。心理学家米勒研究发现，每个人的短期记忆上限为7，即我们的大脑同时与7个人建立连接不会过载，再多就会顾此失彼了。如果每小组

8人，那就意味着每个小组成员正好能够保持和7个人同时连接。如果每小组6人，大脑还会留有富余。我在实践中观察到，如果小组规模超过8人，研讨中总会有人"偷懒"，也会使研讨过程冗长，大家的感受都不太好。另外，对于人数较多的大班教学来说，比如百人以上班级，限于一个老师的控场能力，可以采用三三两两的小型小组研讨，学生就近组合，快捷、省时、好控制。

2. 结构化研讨

社会化学习时，课堂的主导权会转移给学生，比如五星教学的激活旧知和应用新知环节。把主导权转给学生并不意味着老师就可以不作为，相反，越是主导权转移，越要用结构化设计的策略来保障研讨过程和结果的质量。经常看到一些老师这样布置课堂研讨："这个地方你们研讨一下，每个小组写个板书准备汇报，时间20分钟。"然后学生们就叽叽喳喳地开始研讨了，研讨后每个小组也都派代表汇报一下结果，看上去似乎也没什么太大问题。但如果近距离观察，就会发现存在各种各样的问题，比如大嗓门效应，谁声音大、气势强谁就有话语权；个别人霸占了整个小组的研讨时间；有的学生想法很好却抢不到发言的机会；还有学生索性就做自己的事，不参与研讨等。小组研讨组织不好不仅起不到积极作用，反而会激发出很多不必要的矛盾，甚至对有的学生而言，小组研讨就是浪费时间。

将小组讨论结构化能够很好地缓解失衡和稀缺的问题，所有课堂的研讨都要结构化地规定其过程和结果，否则研讨会演变成吵架。我在课堂上最常用研讨方式叫"3153"。以20分钟的小组研讨为例，"3153"工具把研讨过程分为四个环节：3分钟独立思考、1分钟每人分享、5分钟自由讨论和3分钟形成结论。我在教学里倡导"微行动学习"，老师可以创造性地把很多行动学习工具应用在结构化研讨中，很多行动学习工具也是极佳的结构化研讨工具。结构化的小组研讨能避免上述一系列问题的发生，同时能让研讨的时间相对可控，使学生学习过程中的"个体之间"及"个体内在"两大过程相对均衡。

3. 规则在不得不用的时候才用

千万不要把研讨弄得像"赶狼"。大脑神经元的激活就像蜗牛头上伸出来的两只触角一样敏感。如果老师总在强调时间和规则，学生大脑的神经元"触角"刚准备伸展，就被吓得缩回去了。《道德经》说"圣人执左契而不责于人"，就是说虽然有规则，但不轻易使用，规则在不得不用的时候才用。老师要和学生共同做一个约定，把"3153"的规则讲清楚后让学生进行自我管控，不需要特别强硬，要给潜意识和情绪感受都留足弹性空间。除非有人做得很离谱，这时候再用规则。有老师喜欢在小组研讨的时候设置一个计时官来严格控制时间，我并不建议这么做，一是因为计时官会因计时任务而分心，二是发言者的情绪状态会被严格的计时影响。最好留点弹性，如每人发言1分钟，可能有人超了，但也会有人用不完，两厢抵消其实也相差不了太多。老师在规定课堂上的小组研讨时间时，也要留点余量，以应对小组研讨可能出现的延时。

4. 增强学生的场意识

凡是把课堂主导权让渡给学生的场景，都会让老师产生一定的不安全感。学生们要是不能好好研讨，怎么办？所以在把课堂主导权交出去之前，老师一定要先培养好学生的场意识，让学生意识到场域的存在。也就是在用场之前，做好养场的工作，不断在教学过程中强化学生们的"We"身份，增强所有人的连接能量。于是在把课堂主导权转移给学生之后，仍然有场域这个第三要素在帮助老师控场。学生都能意识到还有一个共同的场域，这个场域里有老师和同学们共建的场文化、场力量。

另外，即使社会化学习是学生主导，老师也不能完全放手，要在社会化学习的过程中通过巡视去觉察大场域的能量趋势以及各个小组小场域的能量状态。每个小组就是一个小场，小场域的营造同样重要。大场是由小场组成的，小场域不行，大场域也会受到影响。老师要在必要的时候做一定的干预。如果老师感受到了某个小组的异样场域，就要去给予组长一定的帮助，给予学生一定的指导，抓住小场域里的一些亮点给予反馈和赋能，直到他们找回秩序感，找到场域的感觉。对应于易燃型、可燃型学生的放手，老师还要分出一部分注意力给班里的那些不燃型学生，在社会化学习过程中甚至可以点对点地用对话赋能去激发他们。

5. 一手梳子，一手钩子

在社会化学习的过程中，情绪同样也是一个重要的变量。虽然我们很想通过社会化学习激活个体学生的算法和数据，以便他们能够在社会化环境中分享和交换。但是想要达到这个目的，必须通过调动学生积极的学习态、良好的情绪，才能保证学生信息流和能量流的顺畅流通。所以对于掌控社会化学习场域的老师来说，有两个必要的工具，我称之为"一手梳子，一手钩子"。所谓"梳子"，就是用于对学生的情绪"梳毛"。猩猩之间的情感交流，就是靠互相梳毛来完成的。人与人之间的情感交流，虽然不能真的梳毛，但是可以运用语言来"梳毛"。当感受到学生的情绪不高时，老师就要用语言来给学生"梳毛"。毛没梳好，会让学生觉得老师用什么招都是套路。所谓"钩子"，就是用套路把学生的旧知和经验激活并使其参与社会化分享，比如前面提到的结构化研讨工具3153，以及我在培训领域一直倡导的微行动学习工具等。"梳子"和"钩子"这两个工具要交叉使用，"梳子"走能量流，"钩子"走信息流，在思维上工作一会儿，就要在情感上调动一会儿。只用"钩子"或者只用"梳子"，都会让社会化学习的效果大打折扣。

打造集体心流："言激情荡，悟来创往"

集体心流状态是场域能量的最高表现。达到集体心流的课堂状态，一开始我只是偶得之，后来遇到的多了，经过反复的复盘总结后，我发现这种集体心流状态背后也有规律可循。掌握了规律之后,就可以主动营造这样的氛围,使其变得可复制。

这个规律我总结了八个字——"言激情荡,悟来创往"。其本质就是用情感共振带动脑洞大开的思想共鸣,再用思想共鸣促进情感进一步共振。所谓"言激情荡",就是彼此意识脑用语言交流,你的观点激发了我的思维,你的想法启发了我的观点。继而感情形成高度的共鸣,非语言的、潜意识的能量流形成同频共振的感觉。观点口口相传,感觉心心相印。所谓"悟来创往",就是我受你的启发得到一个好的感悟,我再把这个感悟加工成我的创意后抛出去,然后我的创意又激发了你的感悟,于是老师和学生之间形成了"领悟而来的"和"创造而来的"互相启发,思想也形成高度的共鸣。一旦形成情感共振和思想共鸣后,各人内在的意识和潜意识同频共振了,整个课堂沉浸在特别默契的氛围中。这种神奇氛围会激励每一个人脑海里喷涌多巴胺、脑洞大开,在这个过程中所有人的收获都特别大。

但是仅用分析性的语言并不能完全描述清楚集体心流是如何产生的,下面用一个真实的案例描述让读者对集体心流的产生有所直观的体验。

我应南方的一个著名高校的邀请,给他们学校即将参加全国高校教师教学创新大赛决赛的参赛队伍做一个关于打造活力课堂的分享。邀请我的老师之前参加过我的线上训练营,对我讲到的集体心流部分特别向往,特别想让我在这次课上能让老师们体验到。我当时也和她强调:课堂就像打牌,老师握着一半牌,学生们握着另一半牌。牌打得漂亮不漂亮,要师生共同配合,光老师一头热没戏,学生一头热也没戏,所以是不是真的能有集体心流的体验,得看机缘。

这次分享我采用了我独创的三浪教学的方式。先做了一个小时的知识分享,从促人改变的三驾马车,到师生的状态位,到五星教学,到场域营造,也就是我常说的打造活力课堂的四大要素。讲完之后,我安排所有学生分组做了一个25分钟的研讨。在小组研讨之后,留下了一个多小时的时间做全班的集体交流，可以随便举手提问或者分享。

全班大讨论一开始，马上就有一位老师举手了，他站起来说："田老师，你讲的这一套我一点都不陌生，因为我也是学教育学的。你说的这些也曾是我的教学理想。我当年也是带着满腔的热情来到课堂，但是现实教育了我，这一套在现在的课堂上是行不通的。你只要在我们的课堂上溜一圈，你就知道了。"他的发言里带着一些挑战。我平静地回答他说："听得出来，你其实是在现实的课堂上受过伤害。所有的行不通，根本在于决心不够、勇气不够、坚持不够。表面上是没能力，实际上是没有心力。知深才能行远，只有非常笃定地相信，才有可能把这一套理念用下去。"

话音未落，马上有另一位老师站起来辩护道："田老师，不是我们不想，实在是要讲的课程内容太多了，这些内容我在课堂上读都读不完，你让我们怎么去用你的五星教学啊？"我顺着他的话回答："一个真正有想法的人，他在任何环境里都能找到一个弹性空间，在这个弹性空间里做创造性地发挥和适应性地改造。抓住五星教学的精髓，哪怕50分钟的课，我也能把内容压缩到35分钟，留下15分钟和学生做互动，促进学生的知识转化。凡是强调环境及其他外部原因的，是不能融会贯通地灵活运用知识的表现。"

又有人继续站起来挑战说："田老师，你没有来过我们的课堂，我给你讲，我们的课堂一上课，前三排都没人。面对这样的学生，你让我怎么去做互动？"我给他讲："教育就是爱和榜样。咱们老师现在面对的情况，无非说明这些学生在高中时代、初中时代甚至小学时代都在课堂上受过伤。我们要相信，他们绝不是生下来就是这样的，他们是对我们的课堂失望了才这样。但是，如果老师自己也对课堂失望了，那么教学中的这些问题就没解了。相反，如果带着爱和耐心，我会把第四排当作第一排，我会从讲台上走下去，站到第三排给他们讲课。"

接二连三的挑战之后，有一个老师一脸坏笑地举手了，他问我："田老师，我想采访你一下，你在用你的方法教我们，却碰到现在这种情况，请问

第四问 如何有效促进课堂上的社会化学习

你现在的内心舒服吗?"我几乎没有犹豫地回答他说:"你们刚才所有的反馈都是你们在课堂上遇到的真实情况,你们跟我才认识不到半天,我不认为刚才每一个人的提问都是挑战,而是在反映事实和现状。所以,我们更应该共同去面对这些问题。我内心完全没有不舒服的感觉。"

这番话似乎引发了班里老师们的一些思考,有一位老师缓缓举手表示要发言。他说:"我也想回应刚才某老师的'采访',田老师说他的内心没有什么不舒服的,而且我们也能看出来他的淡定从容,那是因为他知道他是谁,他知道他要成为谁,他有坚定的目标,他有那份大爱和情怀,所以他能做到知行合一,所以他能一直保持着他的状态。"他接着有点动情地说道:"我也算是在教育战线工作很长时间的人了,见识过各种各样的老师,遇到过各色各种的专家大咖,但是田老师真的是我见过的为数不多的内心非常坚定的人。用《庄子》的话形容他,就是'举世誉之而不加劝,举世非之而不加沮'。"这位老师的发言成为这个场域能量变化的一个节点,我能够感受得到现场很多人开始从挑战态走向反思态。

这时候,又有一个学生站起来接着发言:"既然说到这儿了,我还真有一个问题想请教田老师。我是教材料科学的,每年教一茬学生,我教了20年了,教材也是我编写的。只有在去年,我才真正遇到了一位学生,他把我教材里的所有练习题、例题都自己做了一遍推导,还发现了我教材里的好几处问题,来找我探讨。让我自己也觉得受益匪浅。我就想问,为什么我教了这么多学生却只遇到一个这样的学生呢?"他的这个问题绝对是"课托儿",虽然表面上看有点像"刺儿头"。我不假思索地回答说:"我告诉你,你的其他学生都是为了学分和奖学金来学习的,只有这个学生是为了心中热爱来学习的。所以我一直说,在课堂上给学生心灵的滋养比给他知识更重要。这位学生的内心被某位老师在早年播下了一粒志向远大的种子,所以他有第二动力源,他不为别的来学这堂课,他是为了他的热爱。所以教学不是给知识,不是给技能,更重要的是给学生心灵滋养。给多少知识技能都不如给学生内心播下一粒志向远大的种子,都不如滋养一个人的心灵,会让他的志向、人格、价值观发生改变。"这个老师马上接着问:"那么,田老师,怎么样能够让一个学生变成这样的呢?"

话音未落,一个老师就唰地站起来了,说:"我有一个启发,想要给大家分享,也同时能回答你的这个问题。"我一看,马上把话语权转给这位老师。她说:"咱们学校的×××老教授,大家都知道的,我想分享一个他的故事。90多岁的他还是要坚持上课,当时我是学院的负责人,我和他的老伴、孩子、医生都轮番劝他先保重自己身体为好,就不要再辛苦上讲台了。教授说:'教学是我的事业,学生是我的生命,你们不让我上课,就是在剥夺我的生命。你们就让我上课去吧,我在课堂上还能够舒缓一下病痛。'最后,教授也是倒在了课堂上后去世的。像教授这样的老师,真的是用生命在上课,这样的课堂就是能够滋养学生的课堂!"这个老师讲着讲着,眼泪都流出来了,现场好多老师也都跟着啜泣起来,因为这位老教授大家可能都认识,也都很尊敬和怀念。

我赶紧接过话筒,顺着这波能量深情地说道:"所以教学绝对不是简单地诠释专业知识,教学应该是一个灵魂对另一个灵魂的滋养。我想,通过这位老教授的故事,大家能够理解什么才是教书,什么才是育人。"我顿了顿,我决定在这个节点上把能量往上再推一把,绝不能错过这难能可贵的走心的能量流。

"教育绝不是简单地传授知识,更是育人,作为老师至少要有滋养学生心灵的意识。思政教育从来不是某个老师的事,而是所有老师的事!这才叫情怀,这才叫大爱!"

讲到这里,课堂里几近全部的老师都泪目了。稍作沉默,响起了满堂热烈的掌声。那一刻,你能清晰地感觉到课堂里流动的是爱,流动的是情怀,流动的是责任。

在这个课堂上,我就做了一个神奇的反转,把这些老师从批判态成功地引导到集体心流状态。

做到"言激情荡,悟来创往"还要注意以下几个细节。

第一,整合课堂的每个资源。在师生研讨过程中,所有学生的提问、分享,甚至质疑、挑战,其实都可以视为对场域的贡献,老师要把它们当成提升集体能量状态的抓手。无论学生提什么样的问题,发表什么样的观点,老师首先要对学生的发言和提问进行积极的肯定,要通过给学生反馈并点评激励更多同学与场域连接、和老师连接。更进一步,老师不仅对学生的认知系统和情感系统回应,还可以对学生的自我系统、元认知系统(学习系统)进行赋能。几个互动下来,场域就会慢慢"热起来"了。

第二,要忘我地与学生连接。老师的连接能量一定要远远大于分别能量,也就是与学生同行、并肩作战的"We(我们)"身份的能量远远大于要表现自我、与众不同的"I(个人)"身份的能量,才有可能打破师生之间的身份边界,实现师生双方意识和潜意识的能量顺畅地流通。老师如果能够做到全然忘我地与学生连接,意识会处于一种不设防的流动状态,潜意识能得到最大限度的激活和淋漓尽致的发挥。状态是相互感染的,一个人进入心流状态后能带动另一个人进入心流状态,老师率先进入心流状态后会带动学生进入心流状态。

第三,要向内与潜意识连接。老师只会用意识工作,课堂上就只能给学生信息流,缺少能量流的课堂是不可能进入心流状态的。老师一定要学会用潜意识工作,敢于走近学生用较低的姿态邀请他们参与讨论,同时邀请自己的潜意识参与讨论。要相信自己的潜意识有足够的知识储备和能力能很好地回答学生的问题,当把自己放空,没有任何防御时,潜意识很容易会冒出问题的答案。

第四,更深度地进行集体潜意识[一]连接。老师还要伺机和学生不断在人类

[一] 集体潜意识是心理学家荣格提出来的概念,指人类祖先进化过程中,集体经验心灵底层的精神沉积物,为人类所普遍拥有。

共通的真善美上达成高度共识和共情,而这一点往往最能调动学生与生俱来的"向善"能量,也最能在一个场域里形成同频共振。从人的认知系统向内走到自我系统,就会对学生集体进行深度赋能,被赋能学生的集体反馈又会反过来对老师赋能,这种双向赋能就会让整个场域的能量越来越高。

第五,带动场域能量流动。老师打开自己的潜意识之门,充分激活自己的知识库和经验库,对学生的发言和提问做恰到好处的升华和特别到位的拓展,常常让全场同学有豁然开朗、醍醐灌顶的感觉。高质量地问答和点评越多,老师的潜意识越活跃,状态越轻松,那种完全忘我的心流状态就快来了。在心流状态,思想上的豁然开朗与情感上的醍醐灌顶并存,似乎是思想和情感产生的共振。思想的共鸣带动情感的共振,情感的共振进一步促动了思想的共鸣。师生都会沉浸在这种高度和谐共振的场域里,几乎课堂上所有人都进入了有觉察的心流状态,模糊了彼此的边界,忘记了时间,忘记了身份,真的是非常令人享受。

第五问

如何从无到有地开发和迭代课程

我在很多老师身上看到了一个共性，就是那些越是饱读诗书、饱经沧桑的想要把一肚子经验传授给别人的专家，就越难讲好一堂课。他们的知识、经验越丰富，就越容易以自己的知识、经验为中心，越容易沉浸到自己假想的世界里，天真地认为自己的知识、经验会给学生带来非常大的价值。但是，他们往往会被现实无情地"打脸"，无论他们多么激情四射地讲解自己的知识、经验，台下的学生都是一脸的茫然，毫无感觉。事后，他们还会觉得很冤：我给学生讲的这些都是我用生命换来的，我付出了那么多代价得来的，为什么学生听了却一点感觉都没有？而实际上，课程是要让学生在抽象的概念中获得具体的体验，老师越是沉浸到自己的内容中去，学生越是难有感觉，因为学生会觉得你讲的和他没有什么关系。如何把经验和知识开发成课程继而有效地传授给别人，这需要非常专业的教学设计能力。课程是有生命的，老师和学生也都是动态成长的。如何从无到有地开发课程，而且能够让课程持续地迭代升级，是每一个老师都需要掌握的基本技能。

一 懂得课程开发的基本原理

很多老师把开发课程和堆砌 PPT 画等号，总害怕自己的课程内容不丰满，然后拼命地往 PPT 里塞各种内容。这种现象的背后，是老师并没有理解课程应该以学生为中心还是以内容为中心。以内容为中心，课程就变成了堆砌 PPT。以学生为中心，课程一定更着眼于学生的改变。实际上，比内容更重要的是设计学生的学习参与过程以及吸收转化过程。好的课程设计者，要掌握最基本的课程开发原理，而不只是在课程内容上打转。

◀ 第五问
如何从无到有地开发和迭代课程

课程开发的五大要素

课程开发本质上就是病构问题的解决。所谓病构问题，就是问题的现有状态（起点）、理想状态（终点）都比较模糊，过程也存在多种选择，没有唯一正确答案和路径选择。与之对应的是良构问题，就是有标准答案和确定路径。之所以说课程开发是特殊的病构问题，是因为课程要解决的是如何让学生发生改变的问题。首先要厘清通过课程的学习要让学生从什么样的起点状态变成什么样的终点状态，然后再确定教授什么样的内容、用什么样的形式、经过什么样的过程，逐步实现改变。

解决病构问题首先要做到四个"定"：定义起点、定义终点、定义边界、定义过程。课程开发的四个"定"该怎么做呢？

第一，定义起点。课程开发者首先得了解教学对象，我称之为"无学生、不教学"，课程要根据学生的知识、经验、能力匹配合适的内容和讲法。

第二，定义终点。课程开发者必须清楚课程要让学生发生哪些实实在在的改变，是知识有增量，是态度有转变，还是技能有提升？课程也一定是要紧密围绕着期望学生能发生的改变展开，而不是老师由着性子讲知识、讲经验。

第三，定义边界。最明显的课程边界就是时间限制，课程要在多长时间内完成。此外，如环境、预算、意识形态等也都是限制。换个积极的角度看，那些没有限制的地方则是可以自由发挥的空间，所以定义边界还可以理解为定义可以选择和发挥的空间。

第四，定义过程。过程是起点状态逼近终点状态需要经过什么样的步骤。传统教学只有一个步骤，那就是老师讲，讲完下课，其假设是"传授知识是课堂的唯一功能""教学就是要把知识像搬砖一样搬到学生的脑袋里"。而建构主义认为，学习是学生主动参与的过程，老师的作用是引发和陪伴学生思考。课程开发的主要工作是设计如何使得学生在老师与同学的支持下，消化吸收课程的内容，最终结合自己的体验和已有的知识形成个人版本的理解。

好课程必须以学生为中心，紧密围绕学生要发生的改变进行。要让学生发生改变，就不能以老师为中心、以内容为中心，丝毫不顾学生的感受与参与、不顾学生内在思维过程，而只顾滔滔不绝地讲内容。把课程开发当成特殊的病构问题，课程设计就是问题方案的设计，过程中要整合好目标、内容、过程、形式、结构五大要素。

1. 目标

课程开发必须以终为始，目标要紧密围绕期待学生要发生的改变。目标不清晰的课程，很容易成为知识点的堆砌和灌输。上课是有目的的社会活动，课程的目标是让学生发生改变。学生改变的目标有两个：一个是表现性目标，作用于学生认知系统中对知识、技能、态度（学习内容）的转化表现；一个是成长性目标，作用于学生的自我系统和元认知系统（学习系统）的提升。当老师在课堂上讲得火热，但学生看上去却没什么感觉时，就得去反思课程目标是否清晰。如果课程目标清晰却又不知道该怎么教的时候，可以根据目标来筛选授课的内容和形式。我认为：<u>知道"要什么"和"为什么"的人一定能解决"怎么办"的问题</u>。反过来，当你不知道课该怎么上的时候，就要反复问"要什么"，根据想要达到的效果设计内容和教学活动；反复问"为什么"，厘清教学活动与教学目标的关系。

2. 内容

目标这个大前提确定了，内容的取舍就有了依据。什么该讲什么不该讲，什么详讲什么略讲，都以目标为准绳。但这么显而易见的道理也并不是所有老师都懂得、都做得到。1957年，布鲁姆划时代地把教学内容分为三种类型：态度、技能、知识，同时把学生的掌握程度分为若干台阶，从而使教学有了立体框架，使得教学目标可以定义，也使得教学设计有章可依。不同的教学内容有不同的教学策略，作为教育工作者，如果对于教学内容的分类和不同内容的教学策略没有自己的理解是很难做好教学的。从学生学习的角度理解，在学习过程中，态度、技能、知识三种素材进入学生大脑里引发的反应不一样，激活的区域不一样，是因为教学内容和大脑机能之间有对应关系。而教学实践中最大的误区是把态度、技能都知识化了。

3. 过程

课程毕竟是以时间为序展开的，所以老师一定要清楚通过什么样的教学过程促成学生逐步发生改变。因此，设计教学过程时就不能光设计老师讲什么，更重要的和更具挑战性的是设计学生在学习过程中大脑的思维和转化过程。概括来说，过程设计就是设计学生的思维活动。无论采用何种框架，老师都要认真地思考如何调动学生参与，如何激活学生思维，如何使学生们能够相互启发，如何让学生把所学知识和以往所体验的生活紧密关联……总之，要让学生全过程处于创造性脑力劳动状态下。老师须知，学生的点滴收获都是他自己折腾的结果，学生的大脑被充分的激活学习才可能发生。学生的最终改变不是突变，而是渐变，要让整个课程有效果，每一分钟都不能虚度。

4. 形式

内容和形式是一个硬币的两面，如果说内容是课程的正面的话，形式就是课程的反面。课堂上，学生不仅在用脑听老师说什么，还在用心感受老师怎么说。若干年后，学生可能会忘掉课堂上老师所讲的内容，却很难忘怀课堂带给他的感受。内容是"走脑的"，感受是"走心的"。对真正的教育工作者来讲，除了给学生内容外，更要让学生获得很好的体验。教学就是让学生在概念中获得生动体验的过程。好内容配上好形式，才能保证学生的大脑得到最大限度的激活。内容与形式同频、信息与能量共振才有利于学生的大脑建立有意义、有价值的神经元关联。对老师而言，教学的创新空间恰恰体现在形式的创新上，甚至可以说形式也是课程内容的一部分。

5. 结构

好课程必须用好的结构把不同的内容组织起来。课程如果缺乏令人信服的内在逻辑结构，给学生的印象就是一堆知识点堆砌起来的拼盘。如果把内容比作美食的话，结构就是盛食物的盘子；如果把内容比作珠子，结构则把这些珠子串成了项链。我们的大脑天生喜欢秩序和条理，而厌恶无序和混乱。一个好的结构既方便老师传授，也方便学生理解。

这就是我定义的好课程的五个要素[一]。这是一个老师做课程开发必须要懂得的。

课程设计的十六字方略

课程设计的底层逻辑其实很简单，那就是首先要定义学生现在长什么样，再定义通过你的教学想让他们变成什么样，然后思考用什么样的教学活动、什么样的工艺流程让改变发生。一旦理解了教学是为了激发学生改变的宗旨，课程就不能是知识的堆砌和形式的拼凑。我总结了教学设计者需要把握的"十六字方略"，只要掌握了它们，无论是什么课程，都不会偏离目标太远。

1. 多赢设计

要兼顾学生、业务、管理层等多个干系人的诉求，吸引他们参与。很多时候，教学的目标表面上挺清楚，但经不起推敲。比如把目标描述为：培养训练有素的后备干部，培养招之即来、来之能战、战之必胜的业务骨干……这样对目标的定义等同于没有，因为太笼统，颗粒度太大。如果不能结构化地定义你想要的效果的话，怎么做都没错。因为目标不明确，遇到挑战自然就会绕着走。当你觉得这样做也可以，那样做似乎也不错的话，可能就是你不知道到底要什么。所以，教学设计首先要跟业务部门、跟相关领导清楚地

[一] 关于课程开发的五大要素的具体设计，读者可以参考《金课开发15讲》。

定义究竟要什么。要把希望学生发生的改变描述成表现性目标：也就是说学生学完后能有什么外在的、可显现的行为。当你不知道怎么办的时候，八成是你不知道要什么。反过来，不断以终为始地定义自己要什么，怎么办的策略就会冒出来。

2. 将心注入

设计的初心要真的是为学生有效改变，发自内心地想用专业帮学生快速成长。如果不能坚定地知道自己的课程设计"要什么"，你就会迷惑于具体教学中的"干什么""怎么干"。具体教学中的"干什么"会有各种花里胡哨的选择，各种热热闹闹的形式，比如线上加线下，学院派与实战派结合，面授与辅导搭配等。但一切"干什么"都要服务于"要什么"，丢掉"学生有效改变"这一宗旨的话，就容易沉溺于各种花哨，忘了为什么出发。倘若真以"学生有效改变"为目标，就要拷问每一个"干什么"对最终效果的形成，即它们对"要什么"有何贡献。一切改变都不会凭空发生，知道了"干什么"还要明白"怎么干"。学生凭什么满怀热情地参与你的课程？你凭什么让他们相信你的课程能够让他们产生改变？教学设计跟产品设计的原理是一样的，要设计课程的亮点，吸引学生参与；还要设计过程中的持续动力，让学生像玩游戏一样有欲罢不能的感觉，过完一关还想再来那一关。把握教学动力设计，不要问学生为什么不来参加培训，而要问自己为什么没有做好激发别人兴趣的课程设计。课堂上应该追求学生对知识的吸收和转化率，而吸收和转化的源头首先在于课堂上老师能抓住学生绝大部分的注意力。

3. 专业主义

崇尚专业，向专业要效果，用专业拷问自己的设计。为什么这么干？不这么干行不行？为什么非得线上授课？为什么非得面授？为什么非得领导参与？为什么非得用某教授？要有效回答任何一个"为什么"，都离不开教育学、心理学、认知心理学、教育心理学这些专业的支撑。唯有专业才能够帮你评估为什么这么干更有效。"干什么"不是凭感觉的,也不是由着性子的。当你遇到两种干法冲突的时候,决策依据是什么?是专业!教学设计不能仅凭朴素经验和一腔热情,必须有专业支撑。唯有专业才能让情怀落地,没有专业的情怀只能是吹牛皮。教学是一个门槛极低,台阶极高的领域,然而只有深入到脑科学、心理学、认知心理学、教育心理学,深谙学习背后的机理,才能在课堂上恰到好处地降低学生的认知负荷,提高体验比例,让学生深度参与,认知、情感、行为三种能量合一地改变。只有爱心和专业形成合力,才能实现"课堂不再枯燥,让学习更加高效"的梦想。实战就是要敢于直面现实问题,只有用起来的知识才会产生价值,否则再好的知识都只是茶余饭后的谈资;也只有经过实践检验过的知识才值得给人教授,才有机会在实践的基础上得到升华。

4. 双环赋能

让学生实现从知到行的改变闭环,同时老师也要通过学习项目来学习,完成从具体工作到理论升华的闭环。学生从知到行自上而下地改变,老师从实践到理论升华自下而上地提炼,师生都要从中学习。一个成功的教学设计项目,一定是融合组织战略、实际业务问题、教育培训专业、教学设计能力、项目管理能力、项目运营能力、团队动能等诸多元素于一体的有机整合。教学设计团队一定要反思:哪些经验是验证有效且值得后续复制的?哪些钱花得有点冤枉以后是要避免的?我从中学到了什么?还有什么遗憾?下回再做类似的项目能不能够做得更好,什么地方还需要提高?实际上,每一个项目中都倾注了设计人员的心血,假如你真投入了自己的智慧与激情,给别人讲起来一定是热血沸腾的。

形式创新没有极限

课程设计中很重要的一点是,设计的不是课程本身,设计的是怎么样让学生在知识学习中获得体验,课程设计对形式的创新是无极限的。

> 第五问
> 如何从无到有地开发和迭代课程

催眠大师艾瑞克森是公认的伟大的教练，他的弟子和儿女都写了很多文章讲述他的教练方式。而艾瑞克森自己说过："我教的不是教科书的内容，我教的是点化、顿悟、激励。"他很少讲述教条理论，而是顺势而为地使用催眠、讲故事、说隐喻、给任务、玩游戏、开玩笑、朗诵诗词等方式，来激发人们深刻的体验。为了让人们体验某种知识，他甚至会花很长的时间，费很大的精力去铺垫，最终让人们感受到知识的价值。

他的弟子萨德就记录了艾瑞克森是如何让自己戒烟的。萨德第一次见艾瑞克森时，不时地会叼起烟斗抽烟。后来萨德每一次见到艾瑞克森，都可能会遇到艾瑞克森无意中讲了一个故事，故事里的坏人是抽烟斗的；或者无意中说了一个传闻，传闻里抽烟斗的主人公得了重病；或者无意中透露了一个信息，他们都认识的一位可爱的姑娘非常反感抽烟斗的男人……不久之后，萨德就自己戒了抽烟斗，因为他觉得抽烟斗真的是一件"坏事"。

老师再怎么眉飞色舞地讲，如果学生没有体验、没有感觉，他是不会用的。所谓有体验、有感觉，从脑科学的角度来讲，是大脑释放了足够多的神经递质。知识为什么不能付诸应用？原因之一就是在知识学习的时候释放的神经递质不够，就是"没有感觉的知识不会付诸应用"。因此老师在做课程设计时，一定要不断地琢磨应该给知识配上什么样的体验、配上什么样的游戏、配上什么样的练习、配上什么样的互动，学生才会对这个知识有一个特别深刻的体验，学生才会在学的过程中释放足够多的神经递质。课程形式设计，让内容和体验互相搭配，是一件极有意义的事情。对于教育工作者来说，不要把时间精力投入到独创内容上去，那些所谓"独创内容"实际上都只是前人研究的重新包装而已，老师的创新空间、弹性空间在于传递这些内容的形式。<u>永远都有更好的形式可以替代一般的形式，永远都有更精彩的演绎方式替代普通的演绎方式。</u>

从另一个角度来讲，课程的形式设计，即如何给内容配上恰当有效的形式，也在考察老师的融会贯通能力和创新能力。我在看了很多书之后，就会不断地想该怎么样做才能给这些知识配上一个生动的活动，让大家能够从活动中体验那些道理；如果我体验过了一个非常好的游戏，我也会不断地琢磨这个游戏适合和哪些内容相配，让学生到游戏里领悟道理。所以，给道理找体验，给体验找道理，久而久之老师就会积累很多内容和形式打包在一起的设计，教学就会越来越丰富、越来越创新。

金句配上工具、道理配上体验才是真正的教学单元。我学习国学的过程很能说明这个道理。我发现，国学有道理而没体验，这不正是现代人解读国学的弹性空间吗？于是我找到一个乐趣，就是给国学里的道理找能够体验它的落地的工具。比如"己所不欲，勿施于人"这句经典，怎么让大家体验到呢？史蒂芬·柯维在《高效能人士的7个习惯》里讲了一个"双赢思维"的理念，和"己所不欲，勿施于人"的思想内核是一样的，他的另一本书《第三选择》里也给了一个工具让"己所不欲，勿施于人"这样一个道理变得可操作：第一步，我看到自己；第二步，我看到你；第三步，我找到你；第四步，我和你协同。就这几步，就让"己所不欲，勿施于人"的道理落地了、工具化了，而不仅仅是口号化。于是，金句和工具、道理和体验就打成了包。在我的课程里，有金句就得有工具，有道理就得有体验。

老师不能满足于把一个道理教"懂"，很多"懂"其实都是假象。教学中最大的误区是老师以为学生懂了，学习中最大的误区是学生自以为懂了。懂了和真懂之间的距离非常远。比如老子《道德经》里的"有之以为利，无之以为用"，如果你对它没有5种以上不同角度的理解，那就不算真懂。比如"促人改变的三驾马车：认知－行为－情感"我至少有10种不同的讲法，每换一个角度讲，学生就多一重深刻的理解，就能支持学生在更多层面的广泛应用。"真懂"是知行合一的一种状态。

以"感恩"为例。我们都说要有感恩的心，但每个人对感恩的理解程度都不一样。只是口头的感谢、感激吗？或者是心存感激吗？我发

第五问 如何从无到有地开发和迭代课程

现,每当我多一个对感恩的理解维度,我自己能做到感恩的程度就高一点点。我最近对感恩的一个领悟是,要通过感恩的动作把自己的内在能量调频到和宇宙大系统一致。宇宙大系统的能量是无私的,我们需要通过感恩的动作回馈宇宙的无私能量。哪怕在有太多委屈的时候,如果你能说出一句感恩的话:"谢谢你!我爱你!"你的意识和潜意识都会听到你的感恩之声,就会自动罗列感谢的理由、爱的理由,你会发现一切的遇见都是缘分,一切缘分都在帮你提升自己的反应模式,都在帮助你修行。一旦你的内心充满了感恩,就能够把自己置于一个低姿态的接纳状态,能量就对了。当你遇到了外界的批判、批评时,你可以回答:"谢谢你!""谢谢你给我这么一个反馈!"当你意识到这种批判、批评可以是一个促进你反思的反馈时,潜意识就会自动进入反思状态,也能快速进入低姿态的接纳状态,你就学到了、成长了。以上,我把"感恩"的理解和"感恩"的动作体验放到了一起,就特别有助于我自己对向"感恩"的"真懂"多往前走两步。

生命中,我们遇到的每一个人都是对的人。老师不要抱怨自己的学生不聪明,要感谢你的学生领悟能力不够高,正是因为如此,老师才有不断提升自己影响力的动机,才有持续做教学创新的动力,逼着老师思考如何用更浅显易懂的方式讲授自己的内容,这不就教学相长了吗?能把领悟能力不高的学生教会,才能体现老师的真水平。

关于课程开发,我还有一个建议,就是在开发课程的时候在办公桌上放一个玩偶,一边开发,一边和玩偶对话,这样做出来的PPT就会更有活性一些。这就是开发游戏的原理,那些游戏设计者的脑子里,全都是玩家怎么玩才开心、玩家怎么玩才能过关、玩家怎么玩才能有黏性等。把玩家角色换成学生角色,课程设计的每一步都要换位思考:学生应该怎么参与到课程中。在课程开发时处于对话态,就能让课程对话的成分多很多,课程的弹性也会大很多。

二 在课堂上开发课程

我一直认为：课程开发是一个伪命题，课程开发不应该是闭门造车，而应该是一个在课堂上持续进化的过程。套用鲁迅先生的话"世上本没有路，走的人多了，也便成了路"，其实世界上本没有课，讲多了就成了课。环境是动态改变的，战略是动态改变的，业务是动态改变的，老师和学生都是动态改变的，所以，课程开发必须敏捷，要跟战略同频，与业务共舞，同样做到快速迭代。

有问题即可开展培训，大不了就行动学习

传统的教学中，我们一直都有一些假设：没有内容就没有课程，没有内容就没办法给学生讲课；老师要给学生讲课，就应该比学生见多识广，就应该比学生知识丰厚。我觉得这些假设是不成立的，因为它的前提是课堂只是传授知识技能的场所，而现在我们知道，课堂其实是师生互动研讨的社会化场所。所以老师是站着的学生，学生是坐着的老师，学生和老师在课堂上都是学习者。因此我在实践中大胆地提出：有问题即可开展培训，在课堂上开发课程。

有问题即可开展培训，底气来自我写过的一个公式——

建构主义＋精品课程开发＋五星教学＋行动学习＝所向披靡

培训和教学无非要解决两种问题，一种是良构问题，就是那种有标准答案的问题；一种是病构问题，就是那种有问题但没答案的问题。如果我们的教学面对的是良构问题，比如固定的知识、技能，就可以用精品课程开发加上五星教学来解决。但如果面对的是病构问题，连老师都未必知道答案，比

> 第五问
> 如何从无到有地开发和迭代课程

如企业中很多业务问题的解决，就可以采用行动学习寻找答案、达成共识。这些方法共同的价值理念就是所谓的建构主义。而行动学习和精品课程开发是一阴一阳的两条基本的线，阴阳交泰而万物化生，行动学习可以当作课程开发的手段，课程开发可以看作行动学习的成果整理。有问题即可开展培训，就是在课堂上通过行动学习师生共创解决问题。

我对行动学习的定义是，行动学习就是利用一种有效的研讨方式，把散落在不同参与者脑海中关于某一主题的见解与智慧加以析取和整合，而这个析取和整合的过程和结果又能够让组织和所有参与者受益。用大数据的两个重要概念来类比行动学习，每个个体都有自己独特的算法（思维方式），也都带着自己独特的数据（知识经验），行动学习就是要形成一个有秩序的场域，让参与者能够相互交换数据、分享算法，从而借助团队的算力和数据解决问题。我把行动学习的精髓总结为四句话：团队思考节拍器，个人智慧碰撞机。搜集碎片找规律，利用规律解难题。

行动学习的本质是社会化的经验学习，是数据的跨脑联机，是算法的优化升级。这一下就打通了行动学习和经验萃取的壁垒，行动学习就可以成为经验萃取的工具、载体、过程框架。无非是每个人都带着自己的旧知、经验来参与，然后通过社会化经验学习的方法和手段达成共识。当我们理解了行动学习和经验萃取的共通性，那么经验萃取的原理就是行动学习的原理，行动学习的方法也就可以应用在经验萃取中。很多人学习各种教学工具，却只停留在工具的层面，一方面很容易被工具的流程和规则束缚，死板地运用工具，另一方面，对工具底层原理的理解不透彻也会限制工具发挥更大的作用。学习中最怕的就是表面上觉得自己懂了，但其实欠了一层比较深入的思考，没有深入的思考，就没有灵活的应用。

我在给一些企业讲课的过程中，发展出一种新的讲法，那就是很多授课都可以改成经验萃取式的。首先我知道，我的知识是去解决实际问题的，而客户日常也会遇到这些实际问题，那么这个问题一定是很有价值的，客户自

激活课堂

己在解决这些实际问题的过程中一定也有自己的一些经验，那我们就干脆一起就这个问题来做经验萃取。课程的过程框架就可以采用行动学习的方式。先把这个实际问题抛出来，让客户分享自己解决问题的经验，并试着找到这些经验背后的规律性，然后我再和他们一起汇总、归类、梳理，并在他们的结论上做一些拔高和延伸。

能够灵活运用行动学习的最直接的好处，就是让你收获一种"胆量"，即使目前你没有课程内容你也敢上课。我就经常对我的学生说，上完我的课，你会获得一个撒手锏，就是在碰到任何问题的时候，你都有一个底牌——"大不了就行动学习"。在课堂上遇到不能给出确定答案的情况时，激发学生和你一起通过行动学习找答案；课程没有内容，只要有主题、有问题，那就找来有相关经验的人来行动学习，从经验中萃取知识，获得内容。

很多老师在课堂上害怕遇到自己解答不了的提问，其实我认为这正好是开发课程的好机会，我的策略是用"除法"：我会问全班同学这个问题值不值得讨论一下，如果他们中的大多数人觉得值得讨论，我就立刻组织所有人就近或三人组合或两人组合先讨论一下这个问题，这就是用"除法"把问题分给学生去分小组研讨，这时我自己也在围绕这个问题思考，同时也让学生们围绕这个问题进行了个人版本的算法升级和数据交换，然后我会采访一些有想法的学生，再加上我自己的思考，最后就能整合成一个较高水平的结论，圆满解决问题。那么下一次在课堂上再遇到这个问题的话，我就可以信手拈来，这不就是在课堂上开发课程吗？

如果你饱读诗书、历经沧桑，那为什么不敢把课堂变成行动学习的场所呢？上来就抛问题，让学生先行动学习，研讨完了老师再点评，我把这一招叫作"让学生画龙，老师点睛"。传统方式的教学，学生觉得知识都是老师教的，自己既没有成就感，也对知识没有感情，还不能与自己的旧知和实践进行结合。而这种教学方式，学生会觉得知识都是自己探讨出来的，过程中有自己的脑力贡献。聪明的老师，总能做到在研讨中转移知识的所有权！实际上，对于老师来讲，是"画龙"需要的技术高，还是"点睛"需要的技术高？显然是后者。如果老师能给学生做一些恰到好处的点评，学生不仅会觉得老师知识经验丰富，而且也能诚服于老师的融会贯通。所以在教学中，老师不要事无巨细地都自己干，一定要留出空间让学生们研讨。

有问题即可开展培训，就解决了课程内容的来源问题：假如老师有答案，就可以使用五星教学法，抛出问题让学生先自己试试解决，解决不了再引入新知，然后再辅助他们应用新知解决新问题；假如老师也没有答案，就可以抛出问题让学生行动学习，通过研讨汇报萃取新知解决问题，大家同样有收获。在用行动学习解决问题的过程中常常会有意想不到的收获，因为师生个人版本的算法升级和数据交换会产生聚合效应，同样的问题进入不同的脑袋，其理解不一样，其反应也不一样，那么当这些理解、反应再交换的时候，就有可能碰撞出一些火花。

五星教学是有答案的萃取，案例教学是有底牌的复盘

行动学习其实就是经验萃取，用同样的视角再深一层地去看五星教学，其实五星教学的前三星（聚焦问题、激活旧知、论证新知）也是经验萃取过程，只不过它是老师"表演性"的经验萃取。经验萃取的过程也是先聚焦问题，然后激活参与者的旧知和经验，最后大家把各自的经验汇总到一起萃取出其中共性的部分，结构化后形成知识。经验萃取是没有答案的五星教学，而五星教学是有答案的经验萃取。

同样的，案例教学其实是"表演性"的复盘。也就是说，案例教学背后其实是有底牌的，比如要学习一个方法论或者一个决策模型，老师在教学中并不直接把知识底牌给学生，而是通过给学生一个或多个案例，让学生试着从案例中自己探索着找到那个方法论或者决策模型，老师则起引导和补充的

辅助作用，学习的主体是学生自己。让学生试着从案例中总结知识的过程，就是典型的复盘过程，完全可以用联想的复盘四步法：回顾目标、评估结果、分析原因、总结经验，也可以用我的"三找法"：找差距、找原因、找方法。可以说，复盘是没有结论的案例教学，案例教学是有底牌的复盘。

我曾经与一个知名餐饮龙头企业合作，采用经验萃取工作坊的方式帮他们萃取独特的中高层管理"三板斧"，并最终形成其专属内部课程。

这个工作坊集聚了二十几位在岗的中高层管理者。在第一个半天，我首先引导大家共同定义了管理者的三个角色：问题终结者、团队赋能者、风格缔造者。这三个角色又分别对应解决问题的能力、团队建设的能力以及创新权变的能力。然后我向同学们详细地介绍了经验萃取的理论和方法，并鼓励大家根据主题激活自己脑海里的相关经验。接下来的一天半，每个半天分别聚焦一个管理者身份，围绕这个身份的心法和方法进行研讨，这就像五星教学中的聚焦问题。收集每个学生的经验碎片，即真实的管理实践案例，这就像五星教学中的激活旧知。当堂就会涌现 6～8 个好案例，大家一一分享这些最佳的实践，我作为引导师引导同学们共同萃取这些最佳实践背后的规律。我的引导特别强调心法，因为简单地搬弄套路在实践中并不能解决问题，即所谓的"状态不对，套路白费"。只有在恰当的状态下运用恰当的方法才能解决问题，心法和方法必须配套使用才有效，而心法恰恰是和企业自己的文化价值观相匹配的。在每个最佳实践的预萃取之后，我再引导全班进行团队共创，共同归纳总结出了该企业某一把"板斧"——独到的心法和方法，这就像五星教学中的论证新知。这样的教学方式引导出来的"三板斧"，与该企业文化价值观完全相匹配，与该企业具体管理情境相适应，背后还有该企业大量的最佳实践案例做背书。

说实话，以我多年的总结和实践，这三个角色对应的心法和方法都有现成的课程可以讲，但是如果真的选择讲课就会变成知识的兜售，大家的参与度和领悟度都会打折。而倒着来，把我已有的知识、方法先收起来，然后跟同学们一起以他们自己的最佳实践为素材，经过集体脑力活动萃取出独特的心法和方法。只有在大家遇到困难时，我才会补充一些必要的知识、经验、方法。于是所有的同学都觉得结果是他们自己费尽心力搞出来的，即萃取出来的"三板斧"是他们自己的，珍贵无比。也正是如此，他们才会乐于把萃取出来的知识真正地运用在未来的工作中。随后的一天，我们共同进入"三板斧"的应用阶段，就是把前两天萃取的成果进一步整合，开发成能够在公司内部大范围推广的课程，这也像是五星教学中的应用新知和融会贯通。五星教学和经验萃取的区别不过是一个有答案一个没答案而已。为期三天的工作坊结束后，所有学生都有种累到虚脱的感觉，却又兴奋无比。我自己也觉得成就感非凡。这是一个典型的"五星教学是有答案的萃取，萃取是没有答案的五星教学"的案例。

我总结了把传统的以讲授为主的课程改为研讨式课堂的三大法宝：把课程大纲变为问题；把讲的过程变为与学生互动；把原来要讲的内容变为点评。说教模式和五星教学花费的时间差不多，可效果却有天壤之别。直接把问题抛给学生，学生们研讨后汇报，老师会发现自己原本要讲的内容学生大部分都能在汇报中体现，老师只需要把自己讲的内容做一个概括总结及重点强调、补充就可以了。这样，学生的理解程度加深了，参与度提高了，老师也轻松了。倘若能在点评后再做一个练习，就做到四星了。练习结束，再来一段师生互动，帮助学生拔高一下，就做到五星了即达到融会贯通了。

将研讨成果加工成课程，在课堂上持续完善

有了复盘与经验萃取、行动学习的工具打底，在没有课程内容的情况下，也仍然可以开展培训，举办经验萃取研讨班。只要有了意图方向，罗列出实际的问题，就可以召集一线的业务骨干开研讨班。只要在研讨班上抛出紧贴业务的针对性问题，就可以组织业务骨干们进行深入的探讨，可以是经验分

享,可以是质疑批判,可以有正面案例,也可以有反面教材,可以彼此借鉴,也可以协商改进……总之,只要所谈话题是真实的,是来自业务实践的,就都是很可贵的素材。还有来自一线的鲜活故事,课程开发小组都可以记录下来。光引导业务骨干分享还不够,还可以进一步引导大家针对所提出的问题找到一个相对优秀的答案。这个答案是诸多一线业务精英实践经验的择优和综合,因为来自业务实践,所以具有比较普遍的适用性,因为来自业务精英,所以相对来说比较优质。这些答案也许不够系统和完善,但最大的好处是实用、有效。解决企业经营的实际问题,永远没有最好,只有更好。

研讨班结束后,就可以开发课程的 1.0 版本。首先,研讨班给课程开发小组留下了很丰富的素材,接下来的任务就是把这些研讨的成果组织成课件,问题是现成的,答案也是集思广益的。其次,把这些研讨成果加工成课程,还需要读一些书,找到一些理论依据。理论指导加上最佳实践才相得益彰。我们都知道理论源自实践,又指导实践的道理,给最佳实践找到理论依据才更有说服力,才不会被人认为是局部适用的土办法;反过来,我们也可以根据理论按图索骥地寻找最佳实践,甚至可以按照理论创新性地开展工作,发展最佳实践。第三,有条件有能力梳理逻辑的话就理出一个好的逻辑,能够注重表达形式的话也可以采取更好的表达形式,授课过程中能兼顾五星教学或案例教学的话应尽量兼顾,总之要根据自己的实际情况按照目标、内容、过程、形式、结构五大要素把课程做精致一些最好。当然,万一情势所迫,条件不允许,简单堆积成 1.0 版也未尝不可。<u>既然是解决企业实际问题的敏捷课程开发,那一定是效率第一,兼顾质量;实用第一,兼顾系统</u>。收拾整理一番就可以自信登场了。只要持续把先头部队的最佳实践用行动学习开发成课程,再面向全员复制,整个组织能力就会得到显著提升。

接下来就可以开正式的培训班,把 1.0 的课程搬上讲台。建议第一个版本一定要找课程开发小组中最有经验的老师来讲,他的能力足以应对各种突发的情况。上课时一定要用五星教学法,充分组织学生研讨,听学生的反馈。

每堂课下来老师都能搜集到很多很好的案例和其他素材。本书中列举的好多小案例都是在上课过程中学生分享的，甚至有些学生分享的案例比我准备的例子还要精彩，所以我就把最经典的记录了下来，以备后续上课时使用。后来发现其实每堂课都有精彩的故事，只有当学生们实在分享不出更好的故事时，我才会把以前课堂上收集的故事拿出来分享。用五星教学法，一堂课下来，老师往往是收获最大的一方。只要采用了五星教学法，老师就有机会发现学生真正关心的问题、真正的困惑和经常走入的误区，这就为进一步的课程优化提供了依据。课后，设计组也可以根据老师与学生在课堂上的交互情况对课程进行进一步的优化。所以我经常强调：老师在帮助学生建构知识的同时，学生也在帮助老师建构课程。

课程有生命，迭代无止境

经过三四轮迭代后的课程版本就可以在课堂上使用了，但并不意味着课程开发已经完成了。文章不厌百回改，课程何尝不是。现实中的课程开发遵循这样的流程：形成课件——上课——收集意见——更新课件——再上课……这样持续反复才能磨出精品课程。

在我们开发精品课程的过程中，每周都需要拆课。我们把讲授同一门课的所有老师集中起来，用行动学习的方式，让大家分享自己在授课中遇到的挑战、应对的方法、从学生那里得到的启发和搜集到的好案例，把其中优秀的内容和值得借鉴的经验再吸纳到课程中，对课程进行一次升级，然后大家拿着升级的版本再去讲，坚持几次，课程就会完善得非常好。

如果用五星教学等互动式教学方法授课的话，学生一定会对课堂有贡献。比如应用新知时，学生遇到的问题在课程里没有涉及，那么课程就要打补丁；假如学生汇报发言的素材比课程原来的案例更新鲜、更生动，那么，课程的案例就值得更新；如果师生互动的方式有创新，就会拉动课程的表现形式创新。永远可以用更有效率的方式、更有利于学生吸收转化的方式替代原来的方式。作为老师，永远不要满足现状，觉得课程已经足够好了，而要把学生的吸收转化率作为始终追求的目标，持续用更好的素材、更好的形式、更好的结构、更好的内容来升级原来的课程。学生、老师、课程都是不断成长的有机体，课堂正是这三者之间互动的场域。一个良性的互动，三者都有成长，学生收获了知识和技能，老师提高了授课技能并不断把所传授的内容和学生现状进行匹配，课程也在持续汲取新的素材并演化新的版本。这三者的良性循环才是老师成为大师的依托，才是课程进化为金课的必要工序，才是学生吸收转化率更高的必然途径。很多老师讲一遍两遍课程就厌倦了，再讲下去就产生了应付的心理，这样的态度是很难开发出精品课程的。课程的迭代，是永无止境的。

课程本身应该是有生命力的，这种生命力就体现在课程的弹性上。当我们的课程具有弹性时，就自然而然地能够在课堂上开发课程。比如五星教学，很多老师学完之后就对自己的课程进行了改造，但是不管你之前设计得再好，没见光之前都是闭门造车。一旦真正用到课堂上，就会发现学生的反应很可能和自己做的预设不一样。这个时候，就是老师该反思的时候了，那么这一反思，课程开发就同时进行了。这就是在课堂上开发课程的基本思路。

我一向认为，每一堂课其实都是艺术品。所以我自己的课即使上了很多遍，我也不厌倦。为什么？因为我的每一堂课，虽然课程大纲一样、内容一样，但是每次的我不一样了，每次的学生也不一样了，每次的场域也不一样了，所有的变量都变了，课堂的弹性空间很大、随机性很强。我根本预测不到这一次学生会有什么样的反应、会有什么样的提问、会有什么样的分享，那么我就必须把自己置身于创造性的潜意识状态之下，把自己激活到学习态。于是，我的潜意识就会很期待自己在这次课堂上走出舒适区，期待在这次课堂上我自己能有什么样的新发挥、新创造和新收获。等到课后，我会花较多的时间复盘，下一次课我就有机会把复盘出来的新内容、新理解、新方法运用起来。我经常说,我的每个课程都会有四种以上的讲法,我的讲法会根据学生的状态和水平做随机的调整。这样每个课堂都是唯一的,它们怎么能不是艺术品呢?

在实践中发展多种讲法

很多老师都苦恼于工学矛盾的问题,但我认为工学矛盾的造成并不全是学生的问题,更多的是因为老师不够专业。很多老师不懂得复盘和经验萃取,不懂得在课堂上开发课程,不懂得教学引导技巧,不懂得五星教学、行动学习,教学方式毫无弹性,教学内容脱离了学生学习、工作、生活的真实场景,忘记了用教学帮助学生解决他们真正关心的问题,只是高高在上地讲一些或然有用的知识!这其实也反映了我们现在的教学最大的问题:它既没有动力去响应未来的变化,也不愿意去适应人的发展,而是反过来让每个人去适应它。工学矛盾直接挑战的是做老师的专业性,但专业的老师从来不是一蹴而就的,都是通过教学中长期的成长和积累造就的。老师要学会在实践中发展自己的讲法。

不断丰富老师自己的数据库

老师要在教学实践中持续去丰富自己大脑中的数据库,包括知识数据库、经验数据库、情结数据库等,这些数据库的积累会促进讲法的迭代升级。

1. 知识数据库

这涉及两类知识,一类是专业知识,一类是教学理论知识。专业知识不用说,是作为一个优秀老师的基础,想在课堂上给学生讲明白,老师自己需要先弄明白,所谓"给学生一碗水,老师要有一桶水",说的就是老师的专业知识部分。另一类教学理论知识则是很多老师忽略的部分，这也常常是新手老师和专家老师的重要区别之一，即对不同的教学对象应用不同的教学方法，对不同的教学内容应用不同的教学策略。这些知识的来源不能仅停留在读书和培训上，更应该来源于课堂教学实践中。很多老师往往会忽略在课堂上用经验萃取做知识积累这一路径。为什么我提倡五星教学、研讨式教学？就是因为在这样的课堂上能真正实现师生的教学相长。学生完成从知到行的闭环，老师在学生的收获中获得教学相长的闭环。在这样的课堂中，老师改变了知识权威的角色，而是平等地和学生共同探讨。对于新场景、新问题，师生可以借助行动学习、社会化研讨等工具实现从集体的旧知经验中萃取出新的知识、新的框架。这些知识往往是从书本上得不到的，因为这些知识才是真正鲜活的、发展的，而不是那些死板的、不变的知识。我在课堂上也同样会遇到挑战，但是那些能难住我的挑战已经很少了，现在的学生提出的问题、困惑在前面的课堂里几乎都遇到过，那时候我已经通过复盘和经验萃取的方式把答案优化好了。当我在课堂上遇到真正有挑战的问题时，我会很兴奋，因为我知道这又是一次我重新组织大脑里零散的知识经验的过程，又是一次我和学生们共同探讨提高的过程，又是一次我个人学习积累的过程。

2. 经验数据库

我上过的课很多，而且绝大多数都是互动式、研讨式的课堂，于是每一堂课都会有我临场发挥的金句、学生新鲜的故事和案例，以及精彩纷呈的问答。对那种有特别强烈情感冲突的、特别适合教学内容的金句、故事、问答，我都会在课后复盘时充实到我的经验数据库中。在一次课上只要能收获到一个新内容，我就觉得这堂课我自己赚到了。这种积累就使得我脑子里积攒的故事多、金句多、问答多，在授课过程中不管讲到哪个知识点，我的脑子里就能弹出很多相关内容。而且，这些故事数据、金句数据、问答数据往往都是捆绑在一起存储和提取的，因为它们不仅有信息流还附着了课堂现场浓厚的情感。所以老师一定要做个有心人，在每次上完课后都要认真地复盘课堂上学生的分享、发生的故事、精彩的问答，这些新鲜的刺激一定是围绕课堂主题的，如果有特别好的、特别契合你的理论模型的内容出现，就要深入挖掘它所蕴藏的巨大能量，对它进行改编和升华，然后就可以用这个新内容替代课程中原来的内容，用新案例替代课程中原来的案例。未来再上这门课时，这些经你打磨过的故事、金句、问答就可以在恰当的时候抛出去。这些十足宝贵的经验也是新手老师和专家老师的重要区别之一，当遇到新的问题、新的情境时，专家老师能够组合运用他的经验解决问题，而且还能留有足够的大脑内存去进行创造性的发挥和适应性的改造，而新手老师却只能手忙脚乱地从头开始解决问题。

3. 情结数据库

我在教学中经常强调的几句话：<u>没有感觉的知识就不会用；态度是附着了浓厚情感的认知；情绪是影响教学的最大变量；状态是一切的基础</u>。这些话其实都在揭示情绪的重要性。教学就是创造一个场域，引导学生把情绪往这个场域灌注。当学生灌注了足够多的情绪之后，对知识和知识的应用就会有感觉。情结数据库就是积累这些情绪灌输的过程。我的教学团队每次在课后集体复盘，会专门做"能量复盘"，就是要回看课堂上场域能量起起伏伏的规律。这些场域能量的起伏常常和学生的个体需求相关，比如意义感、效能感、获得感等。如果老师真的用心地上了一堂课，一定会在课堂上有深刻的情感体验。那些让师生都感觉很舒畅的互动、那些有点尴尬却最终化险为夷的过程，甚至是那些让人不愉快的事件，只要当初激起过浓烈的情感，都值得深刻复盘。经历的时候投入了真情，复盘时再挖掘其背后的道理，就很容易促进行为、情感和认知的融合，形成改变的闭环。拿自己的真实经历复盘实际上是从自身行动开始，回味直接情感体验，再总结规律，升华为方法论。

老师如果能够对教学事件、学生挑战进行深入的复盘，将会学到更多。老子说："慎终如始，则无败事。"对一个注重成长的人来讲，世界上不存在彻底的完败，即使表面上看起来失败了，如果当事人能"吃一堑，长一智"，收获内在的经验教训，那也是收获。从这个意义上讲，无论事情成败，只要我们认真复盘，都会从中学到知识和智慧。

整合无止境：在实践中实现知行合一

懂和真懂有本质的区别。我认为，要做到真正的理解，至少要有五个维度：正解、反解、实解、虚解、旁解。正解，就是像教科书一样的正向阐释，比如五星教学就是聚焦问题、激活旧知、论证新知、应用新知和融会贯通。反解，就是反向来看某个概念，找反解的过程要用到批判性思维，没有批判就没有真正的理解。实解，就是用真实的案例去验证它，在真实的场景去应用它，也就是为一个知识点配上生动的体验，比如在一次真实的课堂教学中使用五星教学。虚解，就是把这个概念、知识、领域背后的底层框架找到，所谓"有效必合道（框架），合道必有套（套路），有套必可萃（萃取），可萃就可复（复制）"，找到底层框架将有助于知识的远迁移，比如理解了五星教学的过程就是撬动学生自主思维的过程，那么五星教学就可以迁移应用到各种影响人的场景，如五星沟通、五星演讲、五星销售等。旁解，就是野蛮关联地去用别的领域知识来类比这个概念，比如我的一个学生在课上分享说，他认为五星教学法就是"胡同赶羊"教学法，激活的旧知就是"羊"，老师的底牌就是"胡同"，老师要做的就是和学生们一起把激活的"羊"分类赶到不同的"胡同"中去。

对某一个知识点必须要有以上五个维度的理解才叫真正的理解，缺一点都不叫真正的理解。这些真正的理解是怎么得来的？就是要在实践中发展。要在实践中探索一个知识的边界，它能干什么和不能干什么；要在实践中积累它成功应用的案例；在不断的应用中深刻领悟它背后的模型、框架、算法，即所谓的"借术悟道，以道御术"；对它进行创造性的发挥、适应性的改造，野蛮关联到其他领域去运用。

正解、反解、实解、虚解、旁解，所有这五个维度的理解，都需要老师在实际的教学过程中实现，将认知的信息流和情感的能量流进行整合，不只是用脑子做脑内彩排，脑内彩排只能是信息流，只有真正实地去干才可能实现与能量流的整合。认知无止境，能量无止境，因此整合无止境。

电影《百鸟朝凤》中唢呐师父在教年轻徒弟的时候说："只有把唢呐吹到骨头缝的人，才能把这活儿保住传下去。""吹到骨头缝里"是一种什么力量？它不是形体的力量，而是一种精神的力量。那个唢呐师父还说了一句话："吹唢呐不是吹给别人的，而是吹给自己的。"这句话的意思实际就是说你在教别人的同时，也在实现自己信息流和能量流的整合，也在实现自己的知行合一。

维果茨基说过，把理论整合成自己的唯一途径就是实践。坐在办公室里苦思冥想是整合不了的，我们必须在实践中整合。学生是活的，老师是活的，课程是活的，所以讲法也应该是活的。如何发展灵活多样的讲法，只能实践。

根据学生状态和场域调整讲法

我的每一堂课都会有三套以上的讲法，这些讲法都是我从实践中发展出来的。尤其是首次到陌生的环境授课，我都会做提前的讲法准备：第一种讲法，是抛出问题师生共同探讨的版本，就是五星教学；第二种讲法，是先讲重点内容后讨论的版本，就是三浪教学；第三种讲法，是收集学生的问题我来回答的版本。

那不同版本的讲法该怎么匹配现场学生的状态呢？我一般先用十几分钟

到半个小时采取我常规的讲法，我会抛几个问题与学生互动，这些互动的目的当然有破冰的意思在，但更多的是我要通过这些互动了解学生的情况，只有大概确认了这些学生的调性，后面才知道到底是该给这帮学生多讲故事，还是多做活动，是多说金句，还是多给信息。

比如，我讲领导力的课，发现学生们是带着批判状态来上课的，我就马上会换一种讲法，从先讲后研讨变成先研讨后回答。我马上会问这些学生，在你们的领导生涯里，有没有哪些伤痛事件？你对于领导力最大的困惑是什么？等等。为什么要换讲法？因为这个时候我已经意识到四面楚歌了，我不会不顾现状地去坚持我备课时的讲法，如果发现自己已经掉坑里了，那就不要再继续"挖坑"了。我再讲下去，他们继续玩他们的，到最后课程结束还会得出一个结论——名师讲课也不过如此。

时间长了，我往课堂上一站就能非常敏锐地感受到这个场域是怎么样的，然后就自然弹出对应的讲法。第一种讲法、第二种讲法偏重于以老师为中心，但是学生不听，我就得马上改成以学生为中心的讲法，先收集他们最关心的问题，通过这种方式把他们的注意力拉回到课堂上。先收集问题和先讲道理，最终的效果是一样的，都是为了解决学生自己真实的问题。只不过，先讲道理显得内容比较完整，而先收集问题则把内容隐藏到了解决问题的背后，最后都会得到同一张内容的拼图。只要学生敢讲敢问，我就能把他讲的和当前的知识点关联起来。学生问的一定都是具体的场景问题，我通过现象分析背后的底层规律，再用这个底层规律引导他们自己解决场景问题。这种讲法一直都能吸引学生的注意力。总之，如果学生状态不对，老师讲得越少越好，用很短的时间讲完，然后让学生干活，把他们置于解决问题的状态下或完成任务的状态下，让他们先折腾折腾。

课程其实也是一个社交货币，老师拿着课程到不同系统中去授课，比如我讲赋能领导力的课程，就到访过很多企业，在不同的企业中讲授，反应是非常不同的，这种不同的反应就激励我处在学习态，在课堂上换不同的框架、不同的思维和不同的学生进行切磋，每次切磋完后都会大大充实课程的内容、讲法，也正是这些不同才让这个课程越来越精致。

不管学生是什么悟性、什么状态，老师都能够灵活地调整讲法去匹配，就说明老师的课堂足够有弹性，本质上就是老师对自己的知识做到融会贯通了。能做到阳明先生讲的"知到真切笃实处即是行，行至明觉精察处即是知"，必须是老师长期在实践中做整合的结果。

第六问

如何在教学中滋养学生的心灵

当下教学最大的误区是把知识传授当成了教学的全部，在维度上有大的缺失。人们常常把能衡量、好衡量的指标放大，而另一些不好衡量的维度实际更重要，却长期被忽视，久而久之，积累出系统性偏差。不以爱为底色的教育全是伤害。在课堂上，教书和育人同时进行，给学生知识技能的同时，也要滋养学生的心灵，塑造学生的人格，才是集教书与育人为一体的完整的教育。每一位老师不仅要深度认知在课堂上滋养学生心灵的重要性，还要掌握滋养学生心灵的方法。

一　在课堂上滋养真善美的种子

虽然大家都在高喊着教书育人，但实际上很多老师是只教书不育人，甚至很多老师还会把教书和育人区别开来，认为我是教物理的、我是教数学的，育人不是我的本职工作。但作为人类灵魂的工程师，育人不是老师的本职工作，那应该是谁的本职工作呢？

"成为谁"比"学什么"更重要

研究如何在教学中滋养学生的心灵这个话题，缘起于我的线下"专家型导师特训营"课程。我2017年从用友辞职后创业，就开始开办"专家型导师特训营"，主要教授如何做好课堂教学、如何练好教师的基本功、如何设计与开发课程等教师教学的专业性内容。2018年夏天，刚好办完两期，一共有50余位学生。因为我信奉我自己提出的"不以学生改变为目的的教学都是耍流氓"的原则，所以当时我就做了一个决定，回访一下这些学生，看看他们在这个班上到底收获了什么，到底有什么样的改变。我给这些学生逐一打电话采访并做了详细的记录，采访结果让我大吃一惊。这些学生说他们最大的改变和收获不是我在课程里教给他们的那些知识和技能,而是说"我比以前更有自信心了""我比以前更会与人沟通了""我更敢于表达自己了""我有更好的家庭、职场关系了"等看似和课程内容无关的东西。他们说的这些改变,如果归类的话,全都属于人的素质技能。而我在之前读的教育学、心理学的书里,都在告诉我岗位技能能够快速培养,而素质技能需要慢慢养成。我的这个调查结果却和这个观点截然相反,我明明培养大家做专家型老师,讲的是岗位技能,但为什么学生反映的都是素质技能的提升呢?我当时提出了一个问题:素质技能有没有短期提高的可能呢?从那时起,这个问题就植入了我的脑海,在后面几年的教学实践过程中不断酝酿。在2019年的一次公开课上,我就旗帜鲜明地提出一个观点,在教学中设置表现性目标还不足够,必须有一个与之对应的滋养一个人的心灵和塑造一个人的人格的成长性目标。

表现性目标指的是学生学到知识后认知系统和反应系统的改变,即学习后学生能够完成什么样的任务,表现出什么不同的能力等。课堂教学设置表现性目标虽然比传统的掌握什么、理解什么、应用什么的概括式目标已经前进了一大步了,但同时表现性目标也会让师生把精力过分倾注在看得见的外在表现上,而忽视了更重要、更本质的冰山下的对学生心灵的滋养。老师只想着给学生知识、技能,却忽视了学生把自己的整个心灵也带进课堂。显然表现性目标不能囊括教学的全部内涵,因为其在教学目标的维度上有缺失。

成长性目标就是育人目标,就是素质技能的培养目标。课堂上,学生的自我系统、情感系统、元认知系统、认知系统、行为系统全都在线,作为老师,有什么理由把情感系统、自我系统、元认知系统都置之不理,而只给学生的认知系统和行为系统提供一些信息?老师不仅要让学生"知道什么"(to know)、学会"做什么"(to do)、"被什么感动"(to touch),还要滋养学生的心灵,让他们能够"成为什么样的人"(to be),然后还要有一个技能叫"怎么学习"(to learn)。而"成为什么样的人"和"怎么学习"其实是学生走出校门之后赖以谋生的最关键的能力。表现性目标其实是针对比较低的这种行为系统、认知系统改变的目标，而成长性目标是针对一个人的精神结构、一个自我形象、一种情志得到滋养的结果，是人格塑造目标。

表现性目标所要传递给学生的知识、技能、工具、方法等，都只是教育的充分条件，而成长性目标所要滋养的学生的情怀、愿景、价值观、意志等，则是教育的必要条件。当我们只重视学生的知识、技能、方法的获得时，会培养出一批所谓的"精致的利己主义者"，他们在面对某些场景时，往往会做出自私利己的错误选择。而自我系统中的价值观等都是做选择时判断什么是对、什么是错的关键。价值观是人们最在乎的、认为重要的、愿意用毕生精力去追求的某种精神，一到关键时刻，人们面临选择的困境时，价值观就显露出来，发挥它的影响力。当人们选择的方向错误的时候，他们学的那些工具、方法、知识、技能越厉害，给这个社会造成的危害越大。所谓必要条件，就是他们做出选择的能力。当他们选择做对的事时，即使没有老师，学生自己也有充足的动力自学那些充分条件。这个必要条件是要让学生成长为一个大写的人、完整的人。所以我经常说，"成为谁"要比"学什么"更重要。

成长性目标和表现性目标的关系也可以理解为德和才的关系。司马光说："德为才之帅，才为德之资。""德"是冰山下的主体，占主导地位，"才"是冰山上的显现，是"德"的辅助，为"德"服务。只有解决了"成为谁""为了谁"的问题，才能把才干用对地方。反过来，有了情怀和抱负，也需以才能为资本，才能够有实力让你的情怀落地。朱熹说："天下之害，无不由末之胜也。"意思是说：本末颠倒是造成诸多不幸的本源。真正的教育工作者在课堂上绝不会只教书而不育人。只有把育人始终当成第一要务的老师才是真正的教育工作者。

永远为学生的真善美赋能

歌德有一句话说得特别好："我的知识和观点你很容易得到，我的心灵只属于我。"那么老师怎样才能触碰学生的心灵？孟子说："吾善养吾浩然之气。"

◀ 第六问
如何在教学中滋养学生的心灵

那么，老师应该如何帮助学生养好这团"浩然之气"？爱因斯坦说："忘掉了在学校学到的所有东西，剩下来的就是教育。"那么，剩下来的到底是什么？

一个人小时候怎么被对待，他长大后就会用同样的方式对待别人。作为老师，你没有让你的学生感动过，那么你的学生也不会感动别人；你在课堂上伤害过学生的心灵，他长大后也可能会伤害别人。

近几年有一个特别流行的说法叫基因版本和基因表达。什么叫基因版本？就是这个人的 DNA 基因序列。什么是基因表达？就是一个人的 DNA 里有些基因序列遇不到合适的环境是不会展现出来的，而遇到合适的环境就会展现出来。这就像某些植物，在极端缺水的环境下，它会长成一个样子，而在水很丰沛的环境中，又会长成另外一个样子，不同的环境激活这种植物不同的基因序列。人也一样。当一个人被很好地对待，他善良的那一面就会被激活，当一个人被用恶的方式对待，那么恶的一面就会被激活。老师也一样，有时候也是前任的老师做了恶，我们后任的老师得买单。

我有一位学生，在企业里也是高管了，学到我的"心力拓展训练营"里的"耐受力"模块，在做找寻自己身上的一些低版本、低效能模式的作业的时候，有了一个惊人的发现。他突然发现自己在职场里一直都有一个模式，就是和那种强势女性很难相处。他在好几个公司里，前前后后碰到过四五个这样的强势女性同事，最后都弄得鸡飞狗跳。他觉得，这是他身上的一个模式。但这种模式是怎么来的呢？他仔细搜寻了一下他的家庭环境，发现他家族系统里并没有这种强势女性，不可能是原生家庭造成的。他又回顾了他的学校教育经历，才从内心的最底层挖出来一些经历碎片，终于找到了原因。原来，他五六年级的班主任老师就是一位年轻的强势女性，这位班主任老师对班里的孩子们非常粗暴，让他有很深的心理创伤，以至于他对于这类女性有极强的防御心态。他在职场中遇到这类女性，马上就会无意识地激起他自己的防御反应。当然，对方自然也会采用同样的防御反应。后来这个学生用了很长的时间进行自我疗愈。

> 激活课堂

一个好老师，一定要不断滋养学生的善念，灌溉学生心中真善美的种子，让真善美发芽长大。

我的另一位学生则分享了一个相反的故事。他是一位高等职业院校的班主任老师，有一年他带的班里有一个腿部残疾的孩子，走路一瘸一拐的。他重点关注了一下这个孩子，发现这个孩子比较内向，入校后和周围同学的沟通交流比较少，也不特别愿意参加集体活动。他对这件事很揪心，感觉如果这样下去，这个孩子美好的校园时光会在一种不良的心理状态下度过。他决定想办法改善。恰逢学校举办秋季运动会，每个班级都要集体走方队接受检阅，按道理应该是全班学生参加的。这个残疾的孩子主动向他申请不参与，他问这孩子为什么，这孩子回答说他打小参加学校运动会都是在旁边帮大家看东西，老师们都"照顾"他不让他参加。他很心疼这个在集体活动中总是被冷落的孩子，孩子产生比较封闭的心态也并不奇怪了。他决定这次大胆地让这个孩子参与，他首先赞赏这个孩子怕给班级拖后腿的善良之心，但同时他极力劝说这孩子参与方队训练，具体的参与办法他决定采用全班同学共同研讨的方式。运动会当天，轮到他的班级走方队了，首先出发的是担任旗手的这个孩子，其他同学则在起点踏步走等着这个孩子慢慢一步一步走向主席台。全校师生都屏住呼吸观看这感人的一幕，全场只有这个孩子在行动。当这孩子快走到主席台的时候，班级队伍才正式出发，原来他们用这种方式打了个时间差，以便于在主席台前全班一个不落地整齐地接受检阅。全校师生都被他们班的行为感动，当全班整齐地通过主席台时，爆发出了山呼海啸般的掌声和欢呼声。只此一件事，给这个孩子造成的影响是极其巨大的，从此这孩子就像换了一个人，热情了、开朗了，和同学的相处融洽了，求学这三年还不断取得了突破性的成绩，这个班集体也一直以凝聚力被人称道。这就是一个非常典型的老师赋能的案例，一个孩子的一生会因此改变！

<u>育人的本质其实是感动教育</u>。我们教学的问题不是出在身体的"运动不足"，不是出在头脑的"思虑不足"，而是心灵的"感动不足"。育人面对的是

学生们的自我系统,而自我系统包含的是学生的情感、学生的价值观、学生的人格,都是一个人灵魂最深处的东西,想要滋养这些,得注入高能的情感能量。孟子说的浩然之气怎么养?浩然之气需要长时间的正能量浸泡。每一次化邪念、起正念都在强化正能量的神经元回路。遇到外界刺激,大脑的工作方式就是根据刺激线索来匹配并激活相应的神经元回路,做出相应的反应。<u>平时滋养善念就是为了在关键时刻好匹配和激活善的神经元回路</u>。塑造人格的关键是要让学生对真善美有体验,能够感受到真善美就在身边、就在生活中,在关键时刻,心中的真善美会冒出来起作用。还有基本的道德约束,比如对生命的敬畏、对人的尊重等,也要持续强化。

要有敬畏心,不要轻易否定孩子

有一句名言说,教育就是爱和榜样。老师时刻要记住,自己的一言一行都可能对某一个学生产生极其巨大的影响,因为学生常常把老师作为自己的榜样。所以做老师,一定要有敬畏心。<u>老师和家长否定孩子一句,胜过外人否定十句</u>。老师越权威,越要注意自己的语言,因为经常是老师不经意间的一句话,会对学生产生很大的影响,甚至是终身的影响。

有一个班级举行中学毕业30周年庆,全班同学聚在一起唱卡拉OK。但奇怪的是,班上那个最高最帅的男生一首歌都不点不唱。周围的同学就很好奇地问他,你为什么不点歌不唱歌啊?在大家的再三追问下,这个男同学就和大家讲了事情的原委。原来,在初二那年,他们班有一个集体合唱活动,因为他个子最高,所以把他排在了最后一排最中间的位置。但是,指导他们合唱的音乐老师在安排完位置后,大声对他说:"那个高个的,你唱歌老跑调,合唱的时候你在中间只做口型就别出声了。"就是这个老师这么不经意间的一句点评,让一个又高又帅的小伙子生活中没有了歌声,因为他从老师的点评中确信自己唱歌跑调,从此以后他离音乐就越来越远。当然,这个老师的安排其实也是为了全班合唱的整体效果,但是他不经意间的点评却对孩子造成了终身的伤害。

不以爱为底色的教育都是伤害。作为老师,千万不要以"为你好"的名义去伤害学生。

我有一个学生,他身上有一个模式是惧怕权威。最典型的表现是在照集体照的时候,他总是不敢和老师并排站在一起。在和同学对话时他语言幽默流畅,但一和老师对话就结结巴巴。后来在我的课堂上他挖出了这个模式背后的故事。原来,他在小学三四年级的时候,学习成绩非常好,全班同学都做不出来的题他能做出来,他自己也很为此自豪,每学期的三好学生都是他的。但是有一次在班主任老师的课上,有一道看似简单的题目难住了全班的学生,班主任一个接一个地叫学生们回答,可是没有一个答到点子上的,班主任越来越生气。最后,班主任老师押宝一样把他叫起来,觉得全班最好的学生肯定能答出来,让他给全班同学做个示范,结果他也没答出来。班主任气恼无比,把火全都撒在他的头上。这个事件给他造成了终身的心灵伤害。

一个人小时候曾经被怎么对待,长大了就会用同样的方式对待别人。如果说世界上存在回报最高的投资,那一定是爱的投资。人生说起来很漫长,但关键时候就是那一两步,对一个人影响最深的常常是老师不经意间的一句话。生命中的关键时刻是灵魂受到触动的时刻,灵魂触动才会有切实的改变。我经常感慨地说,作为老师,你永远不知道你的学生向你学到了什么。老师对学生心灵的滋养大都是悄然发生的。

有位学生分享了他初中数学老师对他的影响。一次晚自习,老师正在给他们讲题,突然全校停电了,满教室一片漆黑,学生们一片哗然,有人诧异、有人紧张、有人尖叫……只有数学老师非常淡定,纹丝不动地站在讲台上,略作停顿后继续讲他的题,就像什么都没有发生似的异常镇定。数学老师的这一举动居然对这位同学产生了终生的影响,他说:"老师用行动告诉我们,无论发生什么情况,心都不能乱;心不乱,世界就不会乱;心乱了,世界就乱了。"老师停电中的镇定触动了学生的灵魂，"每每遇到突如其来的、让人慌乱的状况，我的脑海里就会闪现出在漆黑教室里数学老师淡定讲题的画面，那幅画面能让我迅速平静下来，恢复理性。只有平静下来才有足够的精力和智慧去应对复杂状况。让我明白了什么叫'面临大事有静气'。"在混乱的环境下保持冷静是非常宝贵的品质，而这种品质确实不能用语言传授。数学老师用身教胜于言传的方式将这种宝贵的品质赋予学生。

老师可以把自己没实践过的知识传授给学生，却很难把自己不具备的品质赋予学生。

还有位学生分享了他小学语文老师的故事。他上小学的时候因为家里困难经常饿肚子。有一次语文课上，老师让同学们放声朗读课文，这位同学实在饿得不行没有精力朗诵，就趴在课桌上休息。在教室巡视的语文老师发现了他，悄无声息地走出教室。等他被老师摇起来的时候，发现课桌上多了一只搪瓷杯子。老师示意他打开，里面居然是半杯子温热的挂面。他含泪吃下的不仅仅是挂面，而是老师的关爱。

作为老师，在职业生涯里没有几个学生的人格因你的影响而发生重大改变，就说明你不是一位合格的教育工作者。有意思的是，对学生人格的素质培养似乎只能无意识地熏陶，不能有意识地施教。我们常说：学高为师，身正为范。"学高为师"的"学"是通过语言、意识、思维去传递的，是"言传"；而"身正为范"的"范"则必须通过非语言、潜意识、精神状态去感染，是"身教"。学生则通过感受、体验、模仿习得。正如雅斯贝尔斯所说："教育就是一棵树撼动另一棵树，一朵云推动另一朵云，一个灵魂唤醒另一个灵魂。"这里的"撼动""推动""唤醒"三个动作大多都是非语言形式的。

正因为如此，尽管我提出成长性目标，却并不主张把成长性目标用语言描述出来，不主张有意识、很功利地去实现塑造学生人格的成长性目标。重要的是老师必须时刻意识到自己在教书的同时也在育人，教授学生知识的同时也要滋养学生心灵。

二　忘掉学校教的，剩下的才是教育

成长性目标的作用点是学生人格成长。人格是一个人在社会交往中表现出来的相对稳定的内部倾向性和心理特征。著名领导力教授赖安·戈特弗雷森在他的《心态》一书中指出，一个人每天要做三万多次大大小小的决策，其中90%以上的决策是没有意识加工、没有思维活动的直接潜意识决策。而这些没有意识、不加思索的选择恰是由心态来过滤的。教学除了要给学生知识、技能外，更重要的是要不断地滋养学生心灵，帮助学生发展健康人格和积极心态，帮助学生建构有高尚情操和远大理想的精神世界，帮助学生养成良好的思维模式和自律习惯。而这一切都和课程的具体内容无关，而是和学习者的人格息息相关。爱因斯坦说过："忘掉了在学校学到的所有东西，剩下来的就是教育。"我们很有必要知道忘掉学校教的，到底剩下了什么。只有知道剩下了什么，作为老师才能有的放矢地在教学过程中加入这些成长性目标。

德：存天理，去人欲

尤瓦尔·赫拉利在《人类简史》里说，人除了有一个物质现实之外，还有一个想象现实，其实指的就是人的精神空间。怎么建构我们的精神空间，一直是人类亘古不变的讨论主题。北大教授饶毅曾经在一次学生毕业典礼上说："我祝愿：退休之日，你觉得职业中的自己值得尊重；迟暮之年，你感到生活中的自己值得尊重。"其实他说的就是一个人的成功与否与物质现实有关，而一个人的幸福与否则只与自己的精神空间有关。一个人能够活得值得自己尊重，那就是"德"。

我曾给一位即将毕业的大学生做职涯规划，让他将一将自己身上有哪些优点。他觉得自己口才好、表达能力强、逻辑思维能力也比较高。说了几个优点之后，他最后说："还有一个不知道算不算是优点，就是我觉得我这个人心地善良。"然后还额外补了一句："不过这个优点也不值钱，算不得什么。"我对他说："你这个优点太珍贵了！职场其实是场马拉松，一个人心地善良那真是一个极大的美德。与人为善、与己为善的人能建构极佳的人际关系环境，能经得起时间的考验。过个三五年，你的心地善良就会有积累效应。"善良，就是一个人的"德"。

坚守内心的善良和原则就是价值观，越是关键时刻，越是两难境地越挑战一个人的价值观。古人讲：禁忌之处显风骨。在这些紧要的关头，人们要做出尊重自己的选择，才叫显风骨。风骨可以理解为价值观的中国式表达。这句话也可以理解为关键时刻显现一个人的价值观。价值观，就是一个人的"德"。

志：志不立，天下无可成之事

王阳明先生所树立的"立志、勤学、改过、责善"四规矩中，首推"立志"，"志不立，天下无可成之事"。教育的一个重要责任就是引导学生树立远大的人生志向：重要的不是你现在是谁，而是将来要成为谁。陶行知曾说：人生为一大事来，干一大事去。教育要帮助学生思考其要干那个大事是什么事。

心理学家做过著名的延迟满足实验。实验者要给四岁的孩子们发棉花糖，并告诉他们："如果马上就吃，每人只能领一颗糖；如果等10分钟后再吃，就可以领两颗糖。"结果，一些孩子选择领一颗糖；另一些孩子则克制欲望等了10分钟，从而获得了两颗糖。研究人员长期跟踪发现，那些选择克制欲望、抵制诱惑而最终获得两颗糖的孩子，长大后有更好的人生表现，他们不仅表现出更强的适应性、自信心和独立自主精神，多数人事业上更容易获得成功；而那些经不住糖诱惑的孩子则比较平庸。人常说，三岁看老。三岁能不能看到老？棉花糖实验实际上筛出了小朋友们的价值观：更愿意把时间和精力投入未来还是当下？为了将来更好而选择克制当下欲望的孩子实际上是把时间和精力投向了远期利益，是一种投资行为；而选择先得到当下一颗糖不为将来设想的孩子是一种消费行为。大多数孩子是当下时间观，关注眼前的得与失；而另外少部分孩子是未来时间观，把目光放在日后的收益上。

阿尔伯特·格雷花了毕生之力探索成功者的决定性因素，最后发现成功者最显著的特征是：他们习惯去做失败者不爱做的事情。很多事情大家都不喜欢去做，但成功者总能够让自己的不喜欢服从于自己的远期目标。弗兰克尔在集中营中长期观察发现，那些能坚持活着的人，大多是找到了活着的重大意义、对未来有很大寄托的人。实际上，要让人们忍受当前的痛苦，最需要一个远期的希望，即忍受的意义。弗兰克尔说，一旦找到了意义，痛苦就不再是痛苦。反过来，如果过你觉得痛苦还是痛苦，那就给痛苦赋予意义。当我们面对选择时，找到对自己的意义是一种状态，没找到对自己的意义则是另一种状态！因此，发现和赋予意义是一种极其重要的能力！只有知道此生为何而来，找到人生终极意义的人，才不会被感性的烦恼所左右。感性的烦恼是一种源自外在的干扰。志向坚定、内心强大的人能够很好地应对感性的烦恼，因为他有强烈的使命感和责任感，知道自己要到哪儿去，知道什么对自己是重要的。志向和毅力是一个人的根，根深则枝繁叶茂，足以抵御风吹雨打，感性烦恼就是来自外在的风吹雨打。有远大志向的人的能量更聚焦：当你为自己想要的东西而忙碌的时候，就没有时间为其他东西而担忧了！也更有毅力，更能对抗感性的烦恼。韩信甘受胯下之辱，张良星夜受书，皆如苏轼所言，"其所挟者甚大，而其志甚远"，因为志向远大，所以能忍常人所不能忍，为常人所不能为。

智：解决问题的能力比答案更重要

"智"包括两种，第一种是格局，体现在一个人看问题的角度上。《菜根谭》中讲："立身不高一步立，如泥里濯足，尘里振衣，如何超达？"如何才叫立身高？我认为能够"远、大、全、透"地看问题可谓立身高、格局大。首先是"远"，目光朝未来，能把握未来趋势，懂得顺势而为，不急功近利，不争一时得失。其次是"大"，即突破小我、顾全大局的精神。阳明先生说："人人胸中各有个圣人。"心中的"圣人"就是具有家国情怀，愿意为国家、民族甚至人类做出奉献的精神。第三是"全"，看问题全面，有系统思维，能从各个角度权衡，兼顾各方利益和感受。庄子说："彼亦一是非，此亦一是非。是此则非彼，是彼则非此。"人很容易被自己的偏爱和情感影响而固执一端。《大学》有言："人莫知其子之恶，莫知其苗之硕。"顾全大局就是能够从更高的维度俯瞰全局，知己知彼，努力斡旋使各方都满意的智慧。第四是"透"，就是透过现象看本质，直击要害的能力。朱熹说："天下之害，无不由末之胜也。"意思是说，本末倒置是造成诸多不幸的本源。很多人迷失在繁忙的工作中，而忽视了真正重要的东西。

第二种"智"是解决问题的能力，就是有一套解决问题的思维方法，遇事有招儿。解决问题的能力才是生存能力。学富五车，不能解决实际问题也白搭。未来的世界是变化的，没有人能预知未来会变成什么样子，但手上有解决问题的方法论，则可以不变应万变。通用电气公司内部流传一句话："在通用，尽管我们不知道明天会遇到什么挑战，但是无论遇到什么挑战，我们都有应对它的方法。"遇到问题可以没有答案，但不能没有追寻答案的方法。解决问题的方法是重要的素养，学生不仅要学知识，更重要的是透过知识的学习培养解决问题的方法技能。所谓方法技能，就是解决某类问题的一套框架流程和工具的集合。方法技能的总结需要一个去背景化的抽离过程，萃取方法技能的目的是为了下次遇到类似情境能做到快速反应。只有具备丰富方法技能沉淀的人才能经得起时间的考验。行动学习、五星教学等都是典型的方法技能。我在《组织学习新范式》一书里专门有一章讲最底层的解决问题方法论——病构问题解决方法论，用36个字概括就是"定义问题、定义起点、定义终点、定义边界、探索可能、论证可行、形成方案、部署实施、复盘迭代"。总之，大脑积累了很多方法套路的人，应变能力就高。所以，把学生培养成遇事想招儿、遇事有招儿的人是非常重要的。

体：行为决定习惯，习惯决定命运

"体"，指的是一个人的行为习惯。格兰德威尔在他的著作《异类》中指出：成功就是"优势积累"的结果。斯科特·考夫曼在《绝非天赋》中说："伟大不是天生的，它需要时间来发展。关键是基因和环境初始的微弱优势如何导致个体自主选择与其自身最匹配的环境，以及环境又如何反过来强化或抑制这些优势。"考夫曼不认为天赋对成功有决定作用，相反，他认为人生下来的差异很小，所谓的天赋，不过是把微弱的优势发展成好的习惯，日积月累形成的巨大差异而已。美国心理学家威廉·詹姆士说："播下一个行动，收获一种习惯；播下一种习惯，收获一种性格；播下一种性格，收获一种命运。"人和人天生的差异本来并不大，造成重大差异的不过是习惯的积累效应罢了。我们每个人身上都藏了大量好习惯和坏习惯，如果不能时时觉察自己身上的一些习惯，搞不懂习惯的底层逻辑，就会被习惯控制。习惯之所以出现，是因为大脑一直尝试用更加省劲的方式活着，习惯让我们减少了思考的时间，简化了行动的步骤，让我们更有效率。美国杜克大学在 2006 年发布的研究报告表明，人每天的活动中有 40% 的行为并不是真正由决定促成的，而是出于习惯。大部分人就是在不知不觉中，让习惯决定了自己的命运，一辈子就这么稀里糊涂地过去了。因此，在早期的教育过程中，能否让学生养成更多的好习惯，这甚至决定了学生的整个人生。

罗马不是一天建成的，好习惯的建立往往需要长时间的持续迭代，而且要改变就必须有放弃。习惯的背后是大脑的愉悦回路，所以一个习惯只能被替换，不能被消除，只能用一种愉悦回路替代另一种愉悦回路。只有放弃了一些不合时宜的行为，我们才能腾出精力来尝试新的改变。要放弃那些已经有了深深的情感依赖和习惯依赖的事情，这个过程会很痛苦。但须知，沿用旧的行为模式就别指望收获完全不同的新结果。要想有不同的结果就必须采取新的行为模式，每一次变革和成长，都意味着和过去决裂。认知并不等同于能力，只有通过大量的刻意练习和认知折叠把认知转化为不假思索的自动化反应的习惯和直觉才可以真正成为能力。卖油翁让油穿过钱孔而不湿的功夫靠的是长时间训练的积累，习惯的养成和更改都是通过大量的刻意练习形成的。

学：学习力才是底层的竞争力

"学"，指的是一个人的学习力。我们这个时代的不确定性远远超过了以往任何时期，无论是变化的规模、速度还是迅猛程度，都与过去不在同一数量级上。这个时代属于主动出击、创造变革的人。如何在不确定的时代保持思想领先？唯有持续学习。在未来，只有学习力远大于社会平均水平，才是有用之人。

对比人与大猩猩、人与人工智能、普通人和专家，我们可以找到学习力的三个关键。第一，人与大猩猩最大的区别是什么？那就是人通过社会化发展出来很多高级机能，比如随意注意、语言文字、逻辑思维、想象力、意志力等。高级机能恰是那部分我们自由支配的精力、注意力在社会实践中逐渐发展出来的。人和大猩猩最大的区别就是，我们人有主动分配自己注意力的能力，而大猩猩那些动物只能被动地应付外界的刺激。第二，人工智能为什么会让人类产生危机感？那是因为人工智能有两个很重要的特点，一是它们能做到"工作即学习"，它们一边工作，一边积累数据，一边迭代升级算法；二是它们不知疲倦，只要不停电，它们就能不停地在工作中学习进化。当柯洁睡了一觉起来，阿尔法狗已经把白天的棋局演练了上万遍了。第三，普通人和专家的主要区别在哪里？我们常会发现，在任何公司、群体里，总有一些"能行人",他们未必学历很高,也未必读了很多书,但就是能走在时代前列,能把事情干成。这些"能行人"有一个共同的特征,就是天生学习力超强。他们也不会允许自己总待在舒适区,而是持续不断地发展自己,最终常会成长为某个领域的专家。所以,专家之所以成为专家,无非就是做到了把自己的注意力长期定投在所从事的领域上,产生了复利效应,一天天积累下来,和普通人的差距就不得了。同时,专家也有像人工智能一样的那种特质,经常会不知疲倦地工作,沉迷在研究中不断迭代自己的技法。

这就是学习力的底层密码,一是像人工智能一样做到"工作即学习";二是像专家一样做到高级机能在一个领域的长期定投;三是具有成长型学习态。每个人都有成为专家的可能,但学习力的状态和方法都需要在长期的教育中习得。

总之,把育人这件事具体化,就是让学生培植正确的三观、树立远大的志向、养成良好的习惯、具有较强的学习力和解决问题的能力。

如何成为能滋养学生心灵的老师

想要滋养学生的真善美,老师本人也要对真善美有体验感。老师自己没有的东西也给不了学生。老师不懂真善美,没有高尚情操,也给不了学生过硬的操守。

先疗愈自己:爱是溢出来的

有一句金句:你给不了别人你自己不曾拥有的东西。作为老师,想要照亮学生,首先你自己心中得有光。爱,是溢出来的。老师只有先让自己内在自洽,先把自己疗愈了,才有可能疗愈学生,帮学生觉醒。

◀ 第六问
如何在教学中滋养学生的心灵

你可以检测一下你有没有出现过下面的这些情况：
- 压力下总是脾气很大，一点就着，一刺激就无名火起，明知道这样伤人伤己，却控制不住一再重复……
- 孤独感太强，不是太过自负拒人于千里之外，就是怯于自卑羞于与人连接，内心深处常常感觉自己被困在一座"孤岛"上……
- 总是付出、奉献，但却没有掌控感，不停地放电而没有充电，快要油尽灯枯了……
- 常常越来越疲惫，还没有从上次的挫折中走出来，就不得不面对更大的挑战，越来越难以持续……
- 没有大的追求，得过且过，偶尔内心呐喊不能再这样了此残生，但行为上却难以改变……

如果你符合以上情况的一个或者多个，我建议你要重视你的心力提升。

不管你从事什么工作，决定成功和幸福的，不是能力，而是心力。工作中那些所谓的"失败者"，表面上看是没绩效，实际上是没能力；表面上看是没能力，实际上是没动力；表面上看是没动力，实际上是没心力。心力就是人的精神肌肉，是可以通过训练持续变得强大的。但是如果你不重视它，在工作生活中只有放电而没有充电，你的心力迟早会枯竭。

为了解决老师的心力问题，我开发了一个"心力拓展训练营"，它要解决的是人生的塔基问题。如果没有一个坚实的塔基，就是学了十八般武艺，也会发现自己没有心力去解决实际问题。心力提升有五个维度，包括耐受力、连接力、愿力、自控力、复原力。

耐受力：所有的不独立都是童年缺爱的后遗症

我有一位学生，有一次在课后和我交流说："田老师，我刚才在听课过程中突然意识到，我在对儿子的教育上用的不是真正的爱。"他向我描述了自己的原生家庭，原来他小时候父亲常年在外工作，一年只回家一两次，他几乎和自己的父亲没有深度的交流沟通，他的父亲只是做到了一个当父亲的责任而已，但他从来没有体会到什么叫父爱。他儿子出生后，他也非常好地完成了自己当父亲的责任，但是他总觉得自己和孩子之间少了点什么，以至于孩子也和他并不交心。在我的课堂上他意识到了，他把自己原生家庭遗留下来的无爱的父子关系又延续到了下一代。他痛心疾首地说："我只是完成了做父亲的责任，却没有给孩子真正的爱，我给孩子的'爱'是造出来的啊！"他对自己的孩子是这样，对他的学生也是如此。他的疗愈功课，是回到原生家庭和他的父亲和解，找回那缺失的父爱。

有心理学家说："一个幸福的童年，可以疗愈一生的痛苦；而一个不幸的童年，需要用一生去疗愈。"这个说法确实存在，然而我更欣赏第三句话："只要你想，拥有一个幸福的童年什么时候都不晚。"其实我们可以通过回忆和反思当年的场景，通过与人连接疗愈自己，日后再通过觉察修行让自己跳出圈子，淡化原生家庭对自己的影响。成年人的改变往往意味着与过去的自己决裂。回望的路上，父母老师都是用来感恩的，前进的路上，父母老师是要超越的。童年带给人的创伤如果没有疗愈，下雨的时候，伤口就会隐隐作痛。过去的过不去，未来就来不了，与过去和解，才能放下包袱迎接未来。

连接力：停止外在爱的索取，才能打开内在爱的源头

讲一个我自己的故事。2013年之前，我的自我优越性非常强，特别清高，毕竟在业界小有名气，自己的专业能力也很强。虽然个子不高，但走路也要往天上看，因为我觉得一般人没有条件或者没有资格跟我对话，想跟我对话，你还差着1000本书的距离呢。但2013年元旦的一件事让我发生了改变，可以说是我人生的一次转折。我在一个外部的课堂上碰到了一位同学，这位同学特别感性，总在课堂上问些情感、能量等的问题，和我的理性、逻辑完全不同，我感觉她在浪费大家的时间，就特别不喜欢她。但碰巧的是，在一次集体用餐后我和她恰好落单到最后，虽然我刻意回避她，但她却主动找我说话。我们聊了一些课堂学习的收获和感受，我突然警觉地发现：我们俩学的是同一门课吗，为什么感受会如此不同？随后，她对我说了一句引发了我反思的话，她说："田老师，你的逻辑思维能力极强却基本上不跟人连接，我的感受能力和与人连接的能力很强却逻辑较弱，咱们俩的能力是互补的。"我那一刻我突然意识到，我即使读了那么多书，不能与人很好地连接，又有什么用啊？这些书籍并没有让我高尚，反而让我高傲！而且作为一个教育工作者，我的舞台就在学生的内心，如果清高到不能和人连接，那么学生连心门都不愿意向我打开，纵使我有十八般武艺都没有用武之地。从那时起，我就对我身上的这个严重的短板（连接力）做刻意的练习提升。现在在我的课堂上，我跟学生的连接能力已经很强了。这种有意识地开发连接力，我大概用了6年的时间。

连接力的核心是处理人和人之间的关系。关系是能量的管道，我们跟世间的任何事情（人、事、物、梦）都有关系，这个关系要么给我们赋能，要么消耗我们的能量。所有的关系和我们都是陪伴成长的关系。在关系中的长期互动会形成我们相互对待的模式，我们经常会发展出一些不健康的模式，比如有的人会成为拯救者，有的人会成为完美主义者，有的人会变成加害者，有的人很反叛，有的人喜欢指责，有的人反倒成了受害者。如果不注重修复这些模式的话，就会在关系中消耗。我定义了良性关系的三要素：和谐、独立、滋养。和谐指的是一个人的内在和谐；独立是指的是一个人的边界独立；滋养指的是和对方处于相互滋养的状态中。在关系中最重要的是转变观念，一切"为"我而来，而非"冲"我而来，由此可以把一切束缚化为资源，把一切消耗化为滋养。

愿力：做世俗眼里成功的人，还是做自己灵魂嘉许的人

原继东是我专家型导师班第五期的学生，他在班上分享过他自己找寻人生大愿的经历和故事。

激活课堂

"我的大女儿第一天上幼儿园,早上高高兴兴地去,晚上高高兴兴地回。大女儿是个非常活泼开朗的孩子,别的孩子都哭成一片,她跟没事人一样。在接她回来的路上,我问蹦蹦跳跳的她:'今天在幼儿园学到什么了吗?'她抬起天真无邪的脸,用稚嫩的声音对我说:'我学到了。''那你学到了什么能给爸爸说说吗?''我学到了——回到你的座位上去!'我听到这个答案,心中五味杂陈,一个天真活泼的孩子在她进入课堂的第一天,学会的不是开放的创造,而是束手束脚的规矩。

"后来,我到出版社工作担任编辑室主任,主要做本科院校、高职院校的教材,出版的教材不计其数。有一次去院校做教材使用的调研,恰好遇到学生毕业摆摊卖旧物,学生的地摊上有不少他们使用过的教材。我就去问他们这些教材的使用情况,结果一个摊位一个摊位走过去,我的心越来越凉。很多教材几乎都是全新的,甚至连折页、批注都没有!从作者写稿到编辑审校到排版印刷到入库发行,当这些书卖给这些学生的时候,其实它们的销售价值已经实现了,但是因为学生们的买而不用,实际上它们的使用价值完全没有实现。到底是教材的问题,还是学生的问题,抑或是教学的问题?从那一天开始,我决定追寻问题的答案。"

"科技的发展给我的探索带来了希望,我后来投身到用科技解决课堂教学的问题这条路上去。我加入了一家互联网教育公司,开发了一款课堂教学手机软件,辅助老师做课堂活动,不是把手机当作课堂的敌人,而是把手机转化为课堂的助手,比如用手机做头脑风暴活动,用手机开展课堂测验,用手机快速批改作业等。很多老师使用这个软件改变自己的课堂,但是更多的老师选用它是因为它能够非常方便地帮助老师给学生点名签到,甚至称它为'签到神器'。而它在学生端却口碑较差。我困惑于我做的这件事到底是对还是错。

"在田老师这里,我最终找到了答案。改变教育的关键,是改变教育里的人。老师的理念不改变,老师的心智不改变,老师的底层操作系统不改变,课堂就不会变。田老师'活着是要淡定地改变中国教育'的大愿也是我的大愿，从改变一个一个老师做起，让教与学由此不同。"

人生的意义，是一种支持我们心灵的终极力量。人生的道路崎岖不平、充满坎坷，时常会撞到一些艰难的选择，人生的意义能帮助我们跨越漫漫人生路上的山山水水、沟沟壑壑。陶行知说："人生在世，为一大事来，干一大事去。"愿力，就是找到你要干的那件"大事"。稻盛和夫说："只要你知道自己想去哪里，整个世界都会为你让路。"当一个人找到了真正属于自己的清晰的愿景和使命，自身的内在能量运用就会聚焦。生命是短暂的，只有把内在能量长期持续聚焦在某一个领域才可能有所作为。一旦找到清晰的愿景和使命，生活就会变得从容而坚定，不再为感性的烦恼所困扰，只会想办法为冲破束缚而突围。尼采说，知道"为什么"的人几乎能够克服一切"怎么样"的问题。唯有找到自己的最高目标，为它而活，生命才能充实、圆满，也更有创意。

自控力：自我主宰从倾听、看见、理解自己开始

我的一位学生既是一个妈妈，也是一个高校的老师。有一天，她需要为参加教学比赛录视频，要求非常高，而且时间非常紧张。她不断地改自己的教学设计稿，改到自己满意后交稿，却被屡次三番地打回来重改。一天改了十几版还是没有改好，不得不第二天再改。当天晚上回家，她已经筋疲力尽了。一开门，她的五六岁的孩子兴致勃勃地给她手里塞了一沓纸，说："妈妈这是钱，我在客厅开了个超市，妈妈你拿这个钱快来买东西吧。"孩子想跟她玩游戏。她哪有心情干这个啊，一把就把孩子推开说："去去去，谁跟你玩这个啊，无聊。"然后自己就四仰八叉地在床上躺着休息了。这时孩子就很委屈，盼了一天的妈妈回来了，结果却是这样。当她歇了一会缓过神来，就想哄一哄孩子，没想到孩子越哄越气，干脆就哭起来了，边哭边说："你们大人整天玩的那才是些无聊的游戏呢！"她才突然意识到，这么好的一个跟孩子互动的机会，让她搞得一团糟。这个事件的根本原因，就是白天的工作已经把她的意志力耗尽了。

自控力就是自己控制自己做什么和不做什么的能力。康德说："自由不是随心所欲，而是自我主宰。"人和动物最大的区别就是人的能量能够自我主宰。每天我们摄入的这些能量，有多少是由自由意志支配的，又有多少是因为外界刺激消耗的？我们的能量是自我主宰的，还是被动的、被支配的？这是我们应该时时反省的大问题。我有一个朋友，觉得自己讲的课是业内最顶尖的，在言语中时常自夸，于是很容易让学生进入批判态，经常有学生提出质疑，他就会马上进入自我证明模式和人辩论。结果，他的人生就形成了这样的模式：不断地证明自己，然后被人家质疑，就更努力地证明，不是在证明自己就是在准备证明自己的路上。这样，他还是自己注意力的主人吗？他的精力还能被自己主宰吗？也许前一秒钟还是自我主宰，下一秒钟就失去了控制权。有一本书就叫《意志力》，说意志力的应用是要消耗身体能量的，所以每个人一天的意志力是有限的，如果你不会开源也不会节流，那么它就容易耗尽，耗尽之后就会失控。自控力的提升，一是学会聚焦自己的生命能量，这就是开源；二是学会不额外消耗，自省而不自责，这就是节流。成功属于能够主宰自己生命能量的人。

复原力：没有忘我体验的人生是不完整的人生

有一位职业讲师，给我讲了一个他自己的故事。他说因为刚出道，课酬也不是特别高，但是正因为课酬不高，所以工作还是蛮多的。有一次，一个档期他要讲9天课，第9天讲到中途的时候自己失音了，人整个就失控了，最后成为教学事故，崩溃在讲台上。从那以后，他很长时间都对上讲台有恐惧。相反，我对自己也曾经做过一次压力测试，有一次在13个自然日里讲了12天课，剩下的一天还是在路上。到最后一天结束的时候，我好像除了身体有点疲惫之外，我的精神状态很轻松，与只讲两三天的那种感觉没什么不同。为什么两相比较会有这么大的差别？原因就在于你是否具有让自己精力、心理、精神复原的能力，这就是复原力。

我们每天通过补充饮食、睡眠让身体复原，但更重要的是我们的精神复原。上课是一个身体条件、精神条件、心理条件等各方面的综合比拼，既是体力活也是智力活。为什么你的精神难以复原，就在于你不能及时地释放自己的大脑内存，让自己回到一个很好的精神状态。<u>老师在课堂上千万不要"装"，越"装"就越会耗能，维护这个"装"是要额外消耗一份能量的</u>。建议老师在课堂上要"真"。我上课的状态和我在平常生活里和人聊天的状态没有什么不同，我不需要端着装着、小心翼翼，所以我就很容易复原。陶行知说："千教万教教人求真，千学万学学做真人。"另外，老师还要学会及时地释放自己的心理能量，让心理回归本源。特别建议老师们学会"正念"，现代心理学已经有大量的实验证明了冥想、身体扫描等方法对心理复原的有效作用。教学工作是个马拉松，如果老师不具备让自己身心及时复原的能力的话，迟早会被那种高压力或者一连串的事情搞崩溃。

再滋养学生：教学的重点是帮人觉醒

永远关注积极面：关注即赋能

每个人在自己成长的路上，都离不开良师益友的唤醒。其实学生需要的并不多，只需要帮学生打开一扇门，唤醒学生的内在原动力就足够了。

奥托·瓦拉赫是诺贝尔化学奖获得者，他的成功过程极富传奇色彩。瓦拉赫在读中学时，父母为他选择了一条文学之路，一学期下来，老师写下了这样的评语：瓦拉赫很用功，但过分拘泥，难以造就文学之材。于是父母让他改学油画，可瓦拉赫不善于构图和润色，成绩全班倒数第一。面对如此笨拙的学生，大部分老师认为他成才无望。只有化学老师认为他做事一丝不苟，具备做好化学实验的素质，强烈建议他学化学。瓦拉赫智慧的火花一下子被点燃了，最终获得了巨大的成就。瓦拉赫的成功，最初源于化学老师对他优点的"看见"和"赋能"。学生的智能发展并不均衡，看到学生的优势智能并给予赋能，就可能激发他们取得惊人的成绩。

从古到今，好老师有很多，有的好老师教的是思考人生的意义，有的好老师教的是解决问题的方法，有的好老师教的是应对紧急情况的沉着冷静的状态，但所有好老师身上共有的，就是在师生互动中唤醒了对方的好奇心和内在的原动力。我们强调老师的师德，我认为师德最重要的一点就是要有一双善于发现的眼睛，只有拥有这双眼睛才能启发那些等待唤醒的学生。永远关注学生积极的一面，因为关注即赋能，"喂饱机会才能饿死问题，喂饱优点才能饿死缺点"，老师能够看见学生的优点，学生的优点就能够被放大。

《泰迪的礼物》讲述的是一位小学老师用她的善良和爱心改变一个孩子命运的故事，然而获得惊喜的并不仅仅是学生。

汤普森夫人是一名小学教师。开学第一天，她对五年级学生说，会平等地爱班里的每一位同学。可是，她知道这是不可能的。因为她发现坐在前排有个叫泰迪的小男孩，衣着邋遢，与其他同学格格不入。于是，汤普森夫人采用了冷淡的态度对待泰迪。每次阅卷，她都会用红笔在泰迪的卷子上画一个个红叉。

不久，学校要求老师查阅每个孩子的档案。不用说，泰迪是最后一个。然而，当汤普森夫人看到泰迪档案时，她大吃一惊。

一年级老师："泰迪是个聪明的孩子，永远面带笑容，很有礼貌，作业写得很整洁。他给周围的人带来了欢乐。"

二年级老师："泰迪是个优秀学生，深受同学喜欢。但是，他很苦恼。因为妈妈的病已到晚期，家里生活困难。"

三年级老师："妈妈去世对他是个沉重打击。他试图尽最大努力。但，他爸爸责任感不强。如果不采取一些措施，他的家庭会对他产生不利影响。"

四年级老师："泰迪性格孤僻，对学习不感兴趣。他没有什么朋友，有时会在课堂上睡觉。"

此时此刻，汤普森夫人突然意识到问题的所在，她为自己的行为感到羞愧。

第六问
如何在教学中滋养学生的心灵

圣诞节到了。汤普森夫人收到了孩子们送的包装精美的礼物。但，泰迪的除外。他的礼物，粗糙地用一张厚厚的牛皮纸袋包裹着。汤普森夫人费了很大的劲儿才把它打开。那是一串掉了几颗水晶石的手链，还有一瓶用剩的香水。一些孩子忍不住议论纷纷，她马上制止他们，并大声夸赞手链真漂亮，当场把它戴在手上，同时，擦了些香水在手腕。

放学后，泰迪走到她身边说了一句话："汤普森夫人，今天你身上味道就像我妈妈以前一样。"孩子们走后，她哭了很久。那一刻起，她决定不再研究怎样教阅读、写作和算术，而是研究怎样教育孩子们。自此，汤普森夫人开始特别关注泰迪。她对泰迪进行了课后辅导。她发现泰迪聪明、灵活、反应快。没多久，他的成绩就赶上同学，一路突飞猛进。年末，泰迪已是班上最优秀的学生。尽管她说过会平等地爱所有的孩子，但是，不知不觉中泰迪成了她的宠儿。

一年后，汤普森夫人在门缝下发现一张泰迪写的纸条：她是他一生中遇到的最棒的老师。过了六年，汤普森夫人又收到泰迪的另一张纸条：他已高中毕业，成绩全班第三。她仍是他一生遇到的最棒的老师。多年后，汤普森夫人收到了一封信：当初拿到学士学位后，他决定继续留在学校深造，汤普森夫人仍是他一生中遇到的最好老师。

某年春天，泰迪又来了一封信：他要结婚了，邀请汤普森夫人参加他的婚礼，坐在新郎母亲的座位上。汤普森夫人欣然前往。她戴着那串残缺的水晶手链，特地喷了泰迪母亲用过的那种香水。师生俩互相拥抱。泰迪，如今的医学博士，轻声对老师说："谢谢你，汤普森夫人，非常感谢你，让我知道自己可以有所作为。"汤普森夫人眼含热泪，低声说："泰迪，是你教会了我，直到遇见你，我才知道如何做老师。"

黎巴嫩诗人纪伯伦曾说："即使是神圣正直之人，也不可能超越你们每个人心中的至善，同样，即使是邪恶软弱之人，也不可能低于你们心中的至恶。"重要的是你激活什么。

激活课堂

有一个真实发生的故事。在某婚宴中，一位中年男士认出他小学的教师，于是上前恭敬地说："老师，您好！您还认得我吗？"老教师回答："对不起，我实在记不起来。"学生说："老师您再想想，我是当年在教室里偷了同学手表的那位学生。"老师看着面前的这位学生，还是摇了摇头说："我真的认不出你。"学生："当时您叫全班同学站起来，面向墙壁，再用手帕蒙上自己的眼睛，然后您一个个搜查我们的口袋。当您从我口袋里搜出手表时，我想我一定会受到您的谴责和处罚，一定会遭到班上同学的鄙视，也将在我人生中烙下不能磨灭的耻辱和创伤……但是事情并不如我想象，您把手表归还给物主后，就叫我们坐回原位继续上课。一直到我毕业离开学校那一天，偷手表的事从来没有被提过。老师，现在您应该记起我了吧。"老师微笑说："我怎么会认得你呢？为了同学之间能保持良好的关系，为了不影响我对班上同学的印象，当时我也是蒙上自己眼睛来搜查学生的口袋。"学生听了，紧紧抱着面前的这位老师，师生俩就这样彼此默默拥抱着……给人容身的空间，给人转身的台阶，这不只是慈悲和智慧，更是一个高超的境界。人非圣贤，孰能无过，过而能改，善莫大焉。天下没有什么绝对的善和绝对的恶，有的多是浪子回头金不换！

永远关注积极面，首先要关掉老师自己心中的成见。在孩子的眼里全是纯真，而在成年人的世界里，恐怕成见居多。电影《哪吒》里申公豹说："人心中的成见是座大山，任你怎么努力都休想搬动。"因为有成见，人生便少了很多乐趣。NLP大师罗伯特·迪尔茨说："有效的改变来自'回归感官'的能力，只有我们的原生体验才能为生活带来活力、创造性以及自身的独一无二感。"学习的目的就是为了改变，当我们与孩子互动时，一定要记得屏蔽自己心中的成见，进入孩子的世界里常常能让我们获益良多。

上小学时，有位班主任刚刚开始工作，个性沉稳，我们当初没觉得他有多好。班上有位同学上学经常迟到，某天又迟到了，到了班上跟老师说，"我迟到是因为今天我妈妈没有叫我，我醒来后叫妈妈，怎么也叫不醒，摇了很

> 第六问
> 如何在教学中滋养学生的心灵

久"。班上的同学都哈哈大笑,以为又是个借口。然而我们班主任老师脸上并没有笑容,低头沉思了一下,赶紧跟着孩子一起回家。进门就发现他母亲昏迷了,立马送医院急救,后来医生说,幸好送来得及时,否则后果不堪设想。班主任真了不起。后来班主任给同事们分享时说:"我察觉到这孩子的状态,觉得他说的是真的,如果是真的,问题就非常严重了。在孩子的眼里,一切都是真实的,孩子的话里面往往不掺杂任何水分。很多老师听到孩子说得不合逻辑时,总以为孩子说的是假的,其实在孩子的眼里,都是真实的。"

老师给学生赋能什么,学生就能得到什么。爱是溢出来的,那些越缺爱的人就越需要赋能,然而现实中他们遇到的更多的是打击和嘲讽。美的心灵才能发现美的风景,老师要努力去发现学生身上的闪光点。屏蔽自己的评判心,带着欣赏的眼光去发现。评判心一旦起来,发现的都是缺点,说出来的都是批评;欣赏心一旦起来,发现的都是美和优点,讲出来的都是赞美。

要把教学过程中自己的情绪和学生的情绪都视为一种反馈,这些反馈都在提醒我们回归到"慈、雄、对、觉"的状态位。用情绪对抗情绪是本能,但用反思对冲情绪则是修养。要学会用好奇心代替批判态:是什么样的家庭、什么样的环境导致这样的行为?好奇心被唤起,就容易进入觉察,就能腾出大脑内存,让自己进入从容的反思态。

有时候我们看到孩子到处是问题,只关注问题,对优点就视而不见。我的一位学生说,他的女儿在青春期非常叛逆,后来他们两口子实在没招了,就从我的课上学了一招,叫"昧着良心夸",结果夸着夸着这孩子真的就不一样了。老师们常常会认为,只有学生做到了才会得到评价,但事实经常是,当学生得到评价后他才能做到。很多这样的故事都在证明一种倒循环,不是因为学生有这样的行为,我们才认定他们是这样的人,而是因为我们肯定他们是这样的人,他们才越来越表现出这样的行为。我们屏蔽了评判态为孩子的进步预留空间,我们适度超前的夸奖为孩子指明前进的方向。给学生贴善良的标签,他们就会努力善良;给学生贴上顽劣的标签,他们真的会变得顽劣。这就是相信的力量。如果你相信这个世界是美好的，那么你眼中看到的世界就一定是美好的。只要你选择这种正念的相信。那么你一定会生活在一个充满阳光充满正能量的世界中。相信一个人也是给他善良的一面赋能！怀疑一个人即是给他邪恶的一面赋能！

训练自己看透本质的智慧

要想成为一个赋能型的老师，还要训练自己看透本质的智慧。所谓看透本质，就是看得远、看得大、看得全、看得透。对于老师特别重要的是要对模式敏感。

每个人的行为模式都是在长期的生活经历中跟所处的社会环境相互作用演变而来的。每个人的行为模式都会带着童年的影子，带着家族的印痕，掺杂着曾经经历过的多个社会系统的风格。我认为，成长意味着持续的模式演化。如果一个人能够持续地优化其为人处世的模式，代表其生命的活力还十足，只要活力还在，年龄大点也无碍，活力没了，再年轻也难堪重任。在课堂上，我们面对着形形色色的学生，每个学生都带着他们独有的模式来到课堂上。有经验的老师经常会发现课堂上存在着一种无能，我称之为熟练的无能——熟练地运用某种不合时宜的陈旧模式。也许这些学生年龄并不大，但在他们身上却丝毫感受不到生命的活力和时代的气息。

我的一位学生是某高校的专业课教师。有一次新学期开班，她发现班里最后一排有一个膀大腰圆的男生，根本不好好听课，戴着耳机沉浸在自己的世界里。后来她观察到这位学生是在打游戏。她很想提醒这位大个子男生，但是身材娇小的她总也提不起那股勇气。在课后她反思到，在课堂上，老师的序位高、学生的序位低，按道理说，老师提醒、督促、警告一位学生都是很正常不过的事情，为什么她却没有这股子勇气面对这位大个子男生呢？后来她经过深刻的自我剖析，发现这个模式和她幼时曾经被大个子男生欺负的经历有关，对于这种膀大腰圆的大个子男生她有一种天然的畏惧感和逃避态

◂ 第六问
如何在教学中滋养学生的心灵

看见即疗愈,她很快升级迭代了自己的心智模式,在课堂上用真诚的提醒换来了这位大个子学生的改变,她自己也在这一事件中获得了真实的成长。

我们身上的模式既保护了我们,又妨碍了我们的发展。人们常常被自己的情绪绑架,被自己的出身绑架,被自己的限制性信念绑架,被自己的习惯绑架。而实际上,你的情绪永远只是你的情绪,你的历史永远只是你的历史,你的习惯永远只是你的习惯,只是一部分,不是全部。每一个明天都是新的一天,都有机会活出全新的自己,都有机会让生命绽放不曾有过的精彩。成长意味着模式的持续演变,只有敢于放下过去的模式,才可能发展出属于自己的新模式。一个人如果被旧模式绑架,成为旧模式的奴隶,生命能量就很难精彩绽放。

模式之轻,轻得难以觉察;模式之重,重得难以摆脱。如果老师能够发现学生身上的模式,并且帮他点出来,指导他通过刻意练习做模式的升级,当他有提升时又能给他一些赋能的反馈,让他形成"认知-行为-情感"的学习闭环,从而有了意义感、效能感和获得感,那他就有机会在更远的未来改变自己的人生。这样的老师就会是学生一生的贵人。

举几个我促使学生模式升级的案例。

案例1:好学生模式让人生很累

有一次,有一个学生在我的课堂上表现出了极强的求胜欲,对我在课堂上用于激励大家互动的评分极度关注,常常为自己小组的成绩辩护,甚至影响了整个班级的情感流动。我当时就指出他身上有一个典型的情绪模式,就是"好学生模式",看得出这个模式对他的人生影响很大,因为课堂上的积分表都能引发他的情绪反应,可谓典型的阈值低、反应大。

我的点拨让他进入了反思,随后他告诉我们一些他过去的事情。原来,他从小到大在班级里都是第一名,工作后在同龄人当中也都是一直领先。但永久领先是不现实的,时常在外面听课,当有积分不能排到前面时,就会有失落感。当碰到课堂上做练习，他就会感到紧张有压力，因为总想努力成为第一名。凡是在课上老师对他特别给予肯定的、让他有很好表现的，他就觉得这个老师好，甚至这老师的缺点他也看不到。另外，他还容不得别人对自己有指责和批评，容不得自己不如别人。他自己是能意识到自己有这个模式的，甚至他也知道自己这个模式的成因，很可能源自他的父母。他的父母亲都是自我要求特别严格的人，也特别地努力，他们的一个总体的价值观就是"我要是我们村第一，要是我们村最好的"，于是他们对子女的要求也极高，就造成了他现在这样的模式。

我对他说："你在原生家庭中逐步形成了这种模式，父母对你要求很高，所以你会经常被父母批评，于是你的内在就形成了完美人格。这种模式，不仅对你自己的人生，而且对你孩子的未来，也会有极大的影响。如果你不能改变自己的这个模式，这种完美主义倾向就会子子孙孙复制下去。但是你也不能把责任推给父母就完了。你要感谢那时候严苛的爸爸妈妈，感谢他们用这样的方式帮助你长大，并且塑造了你；你还要感谢过去的自己努力表现的完美模式，毕竟这种模式帮助你成长、帮助你长大。但是成长不意味着重复旧的模式，今天你要用更能让自己幸福的模式、让别人幸福的模式来处理新问题。先感恩，然后才有力量去和这种模式说再见。长大就是修行的过程，意识到自己的老模式，然后接纳自己的不完美，对自己说：'别太累了，我要接纳自己，我要看淡这些，我要注重内在的感受，我要看淡外部的奖励。'被功利心绑架，将永远奔不向幸福。"

案例2：新职位激活了旧模式

我一个学生，她当了领导之后，团队里就鸡飞狗跳的。为什么呢？因为她身上有个固定的"刺激—反应"模式：她特别看不惯那种好吃懒做的、爱占便宜的人，对这些人她都疾恶如仇、反应强烈。然后团队里的很多人受不了，特别是团队中有一个这样子的下属就和她弄得剑拔弩张。这种工作状态

◀ 第六问
如何在教学中滋养学生的心灵

直接影响了她的生活质量,几乎得抑郁症了。

她给我打电话咨询。我听完后对她说:"这个事情跟你的成长经历有关,当你作为一个个体工作者时,这个'刺激—反应'模式没有机会激活,如果生活环境不变,也许你一辈子都没有机会发现。但是现在生活场景变了,你要领导别人,于是就激活了你的一些经验碎片,激活了由这些经验碎片带来的比较极端的'刺激—反应'模式。"后来,在我的引导下,她终于找到了一些相关的经验碎片。小时候亲戚们经常到家里来,又特别爱占便宜的,连吃带拿,亲戚走后,她父母都会吵架。这些小时候的经历,让她对爱占便宜这件事情有了特别敏感的反应,从小就见不得好吃懒做、爱占便宜的人。如今她的团队里恰好有这么一个人,这个"刺激—反应"模式就被立即点燃了。

我对她说:"人生中重要的时刻,就是那些灵魂被触动的碎片时刻。你应该感谢团队里存在这么一个人,因为这个人的出现,让你发现了你从原生家庭里带来的'刺激—反应'模式,让你更能深刻地认识你自己,也能帮你找到未来修身的功课。所以,我们得感谢生活中遇到的一切,它们的出现都会让我们变得更好。"

案例3:培训屡不见效是因为模式陈旧

不仅个人存在模式问题,对于一个组织来说也常常存在模式问题。

我曾经去一个特别大的企业给他们讲课。那天上午讲完以后,我就让学生们开展讨论活动,结果他们讨论过程中懒洋洋的。于是我就赶紧补充说:"你的学习效果不取决于你听课的认真程度,而取决于你参与讨论的认真程度。"依然没人听,甚至董事长第一个拿起手机出去了。中午吃饭的时候,该企业的HR陪我吃饭,对我说:"田老师,我们对您讲的内容都特别感兴趣,但是有一个反馈不知当讲不当讲啊,我们觉得您的这个课节奏有点慢,掺水有点多,您能不能给我们多弄干货?"其实对我来说,兜干货实在是太容易的事情了。但这次我还是接受了这个反馈，于是我在下午练习和讨论前就问学生："各位，这里有个练习，你们练还是不练？"他们都说不练了，老师我们还是想听你讲。我说那好吧，于是就继续讲，讲别人练的案例和故事。最后，所有人都感觉特别好，甚至评价说这是他们若干年来听得最好的一堂课。

课堂最后的20分钟，我提议做下答疑。企业总经理就举手问："田老师，我有一个百思不得其解的问题，我个人觉得您可能能给我答案。我想问一下，我们这个团队特别热爱学习，每年都会脱产专门学习一周，平常也很注重学习。但是我一直有个困惑，那就是怎么样解决课上激动、课下不行动的问题？"这是一个特别好的问题，因为这个问题正是这个组织的一种陈旧的固有学习模式的反映。

于是我对他们说："今天这堂课你们看起来收获很大，但在我看来则是我今年讲得最烂的一场。我在课堂上开辟时间让你们讨论、练习，你们都懒洋洋的。你们凭什么让我相信，当你们在课下没老师辅导，有一堆事情在拖你们时间的时候，你们还能拿出来今天讲的知识去应用？如果说会，那绝对是骗人的。所以，上我的课重要的是什么？不是听课，而是互动、讨论，把知识变成你的才叫转化。同时，听课也同理。听一段时间课，就得消化消化，就得拼命提问，就得和人讨论。"最后我对那个总经理说："我特别感谢你的发言，你让我在结束之前有一个弥补的机会，让大家通过你的提问懂得学习需要转化。如果你们以后再听课，你们都能拼命地提问、努力地讨论，也许这就是你们听到的最后一堂课上激动、课下不行动的课。"

深度关系才能引发深度学习

沙因在《谦虚领导力》一书中定义了关系的四个层级："-1级关系"，是完全没有人情味的支配与强迫；"1级关系"，是一种基于交易和规则的管理、服务或者帮助，比如普通的客户关系、同事关系、上下级关系；"2级关系"，则是个人化的、合作性的、信任性的关系，就像朋友和高效团队中的同事关系;"3级关系",达到更亲近的情感连接,是一种相互承诺的亲密关系。老师与学生,教与学,也是一种关系。真正成功的教学需要在高度开放、信任的场域环境中发展出来。传统的师尊生卑,或者学生客户化、教学服务化,都不能促进教学往更有深度的地方多走一步。只有师生双方都处在深度关系中,才能引发深度的学习。若以一颗心灵唤醒另一颗心灵来理解教育的本质,师生关系至少需要达到"2级关系"才能真正让师生双方都获得成就感与生命价值的体验。在"2级关系"中,师生之间传递的是"我看见了你",互相把对方看成一个完整的人,是用行动和语言表达"我想要更好地了解你"。

我有一个学生给我分享了他的一个故事。有一个学期开始,他分到了几个新的班级。一开始他采用了同样的教法来教这几个班,但是两堂课下来就发现教法虽然一样,但课堂氛围和教学效果却非常不同。其中有一个班的学生非常不活跃,参与课堂互动也非常不积极。于是他针对这个班的情况又多做了很多教学法上的调整和改变,几堂课下来还是不见效果。在他有些气馁的时候,同事给他打气:"这不正是一个探索的试验田吗?"他突然领悟到了"一切为我而来,而非冲我而来"的道理。他决定从师生关系入手探索学生不活跃的原因。在一节课上,他真诚地邀请这个班的同学们和他一起探讨几个问题:"咱们已经认识了几节课了,你们觉得,我身上有什么优点是你们喜欢的,是你们想要我继续保留和发扬的呢?我身上有什么缺点是你们不喜欢的,是你们想要我抛弃的呢?同时,你们觉得咱们班的同学们在课堂表现上有什么优点是值得发扬的?又有什么缺点是需要抛弃的呢?"提出问题之后,他首先自己先敞开心扉,针对这几个问题,剖析了自己的心路历程,和对自己的表现、同学们的表现的看法。他真诚而开放的状态深深打动了这个班的同学们。随后同学们也都纷纷参与到对这几个问题的深入讨论中。最后,全班共创出一整套的规则,在这个规则下,作为老师的他能够最大限度地在这个班上发挥所长,同学们也能按照他们喜欢的规则和方式同老师做好互动和参与课堂。师生共同承诺在这个学期遵守这个规则,并额外确定了对这套规则的动态调整机制。这一堂课，专业知识一点都没教。但是，从此以后，这个班的班风为之大变。师生之间的那种互相信任、相互尊重与相互合作的关系，让他为之心醉。

我在"重塑关系训练营"中提出了重塑关系的五步法：第一，看见自己，看见自己在这段关系里的诉求；第二，看见对方，理解对方在关系中的表现和心理需求；第三，共创方案，双方用对等的方式制订关系改善计划；第四，主动改变，自己先做改变，自己的改变其实也是对方环境的改变，谁主动谁先受益；第五，持续迭代，在改变中动态调整和迭代。案例中的这个学生可谓深得重塑关系五步法的精髓。从他的故事中，我们也确实能够体验到：成功的课堂管理没有真正的"秘诀"，积极的师生关系才是一切管理策略的基石。

想要让教学工作成功，必须懂得一条极为重要的准则，那就是：学生只对他们了解的、喜欢的、信任的老师给予非常积极的反馈。有一位作家说："每一个孩子，距离成功就只差一个成年人给予的关怀。"老师只有把工作重点从教学内容转换到教学对象身上时，真正的工作重点才开始显现。若是关心学生的成绩胜过于关心学生的心灵，老师就会彻底迷失教育的意义和方向。教育始于人，也止于人，老师必须充分发挥自己在教育过程中扮演的重要角色。关系是能量传递的管道，良好师生关系的建立能够在师生的心与心之间搭建信任的桥梁。在教学过程中，不要任由师生关系发展成关系贫瘠的荒原，师生关系的质量将决定你给学生留下的影响的品质。

把师生关系想象成一个"关系账户"，老师在这个关系账户中投入得越多，回报就会越多。这里的"投入"，不是看得见的金钱，而是那些看不见的，包括老师对学生的关心，包括老师与学生日常的频繁沟通，包括老师对学生真诚的赞美。老师能够提供给学生们最好的东西，不是全新的知识技能，不是精心设计的课程安排，而是一颗能够看到他们、听到他们的同理心。

我的另一位学生也分享了一个她和学生之间的感人故事。她班上有一位男同学，上课戴着帽子，也不抬头听课，作业也不好好做，特立独行，似乎和同学们的关系也一般般。用通常的标准来定义，这就是一个差学生。但她认为：这世界上哪有什么差学生？哪有改变不了的学生？她决定试着去改变他。有一天上课前，她正在和其他同学聊天，这位男同学又戴着帽子走进了教室，刚好和她打了个照面。她开玩笑地问他："是不是没洗头啊？怎么老戴着帽子呢？"那男孩嘴一撇说："才不是呢！"就摘下了帽子，原来这孩子留了一头长发，把长头发藏到了帽子里了。见状，她补了一句说："呵，小伙子还挺帅的！"男孩子脸一红坐回了座位。这一次，他们师生之间就初步建立了一种关系，起码这孩子和她说话了。在后面的几次课上，她都有意地给这个孩子发言的机会，只要他能说出点啥，她就使劲地鼓励和表扬。甚至在这个孩子交上来的作业上，她也"昧着良心"地给他打高分。同学们甚至有些嫉妒这孩子，很多同学都拿老师无原则地给他高分来打趣。但事实上是，这个孩子的作业越来越好。同时，在她的课上也能感受到这孩子越来越开朗，积极主动性在提升，和班级的融入度在提升。一个学期很快就要结束了，在学期末结课的那一天，这个孩子没戴帽子，一头短发帅气地走进教室，专心致志地听完了她对同学们最后的嘱托。下课了，别的同学们陆续走出教室，这个男孩子塞了一封信到老师的讲台上。当她打开信后，眼睛都湿润了，这孩子在信中倾诉了自己曾经孤独的心声，并在最后说："老师，您的腰不好，不要老站着讲课了，以后多坐着。"

要学会赋能点评的功夫

老师面对的是学生的整个精神世界，而不仅仅是教知识、教技能。想要在传授知识的同时滋养学生的心灵，老师还要学会赋能点评的功夫。老师永远不知道学生到底向自己学到了什么，也许老师很不经意间的一个点评会对学生产生非常深刻而持久的影响，但我们老师自己却不一定知道。<u>与其被动伤害，不如主动赋能</u>。所以老师一定要有一个意识，就是通过点评的方式给学生精准赋能。这也就是我常说的：<u>给学生信心比给知识更重要</u>。

那应该如何精准赋能学生呢？下面我举几个例子，助你理解怎么样通过点评滋养一个人的灵魂，怎么样通过点评为一个人的自我系统赋能。

第一种精准赋能的方法，叫作突破模式的枷锁。

别看我们的身体是自由的，但是我们每一个人的思想中却有很多的限制性信念，这些限制性信念给我们的内在戴上了镣铐，每当我们遇到一类刺激时，都会做出同样的反应，就是因为这些限制性信念长期主导我们的行为形成了固定的"刺激－反应"模式。所以在课堂上，如果你能够看到学生内在小孩的状态，或者看到学生内在更深层次的模式，就值得通过点评撬动学生旧模式、旧行为的改变，老师的赋能点评极具能量。

有一次在课堂上，有一个学生要代表小组汇报，但是她却扭扭捏捏地站在自己座位那里准备汇报。我请她站到讲台上去讲，她不得不走上讲台，但也只是站在讲台角上。我说你站到讲台中间讲，她又勉强往讲台中间挪了挪，开始了汇报。我通过她这一系列的反应，看出来她内心的那种不自信。于是，在她汇报结束后，我首先对她汇报的内容做了一些点评，然后马上对她刚才的一系列行为做点评。我说："我从你一系列的行动里看到你内在小孩是不太自信的，你自己觉得自己不应该或者不值得待在C位。请你记住，从今以后你可以更落落大方地走到讲台中间来。尤其你参加了我的培训，成了我的学生，你作为田老师的学生，要记住，你永远值得站在C位！"我说的这些话完全是针对她身上模式的点评，我要用这种方式让她意识到自己的模式，并有信心打破这种模式。讲完这些话，她的眼泪瞬间就流下来了，然后深深地向我鞠了一躬，全班同学更是用热烈的掌声给她力量。在这个培训结束的许久之后，这个学生给我发微信说，我的这番话对她的赋能非常大，真的会影响她的后半生。

第二种精准赋能的方法，叫作让学生看到自己身上的资源。

每个人身上都有很多潜能，但是往往自己却看不见。如果老师能够看到学生自己看不到的潜能，就可以给他一些任务，让他施展这种潜能做出成绩，然后再把这个成绩和他的潜能挂上钩,让学生通过亲身体验意识到自己身上的潜能,让他们发现自己身上那些长期被忽视的资源,这将会极大地增强学生的自信心。比如我在课堂上经常会对那些公共表达出色的学生说他们有表达的童子功,并且指出他们在表达中的哪些方面比较出色,或是逻辑性强,或是情感丰沛,或是语言有张力等,这就是在提示他们去觉察自己身上的表达潜能。

有一次我给一个企业上TTT课程,到第三天的时候,每一组都玩得特别嗨,但是每组总有一些不是特别积极的人。所以在临结束最后一次汇报作业的时候,我就提了一个要求,希望每一组没发过言的人来汇报。有一组就推出了一个在这三天学习中基本没怎么公开发言的同学来讲,结果他讲了30秒就卡到那里了,然后愣在那儿大概有一分钟的时间,最后对我说:"老师,不瞒你讲,我40多岁了,从学校毕业到现在,我从来都没有在公开场合发言汇报过。今天是因为我没有发言被小组成员逼上来了,所以特别紧张。我很抱歉,我就下去了。"说完他就下去了。他这一段汇报,什么也没讲出来,从内容上讲,没有给我留下任何点评空间。那么这种情况下,我作为老师应该怎么点评?因为我的信息流是没有得到东西的,所以我必须得从能量流入手,得为他表现出了一些品质、一些价值观做赋能。我略加思索,就对他反馈说:"你今天能站到这个地方,哪怕只说一句话,就已经是一个巨大的突破,你站到台上来就值一个A+(小组打分),大家同意不同意?"全班的同学鼓掌同意。毕竟,学习改变就在于突破,当一个人愿意带着勇气突破自己,这件事本身就值得嘉奖。所以我就不点评他内容,而点评他的勇气。然后紧接着,我在小组打分栏上打上A+,同时在后面又写了一个加号,并在这个加号上画了一个圈圈。我继续说:"如果你以今天为契机,从今以后愿意做刻意练习,让你自己逐渐克服在公众场合发言的这种恐惧心理,变成一个敢于表达的人,那么这个加号是我进一步激励你的。这个加号外边的圈圈,代表着什么时候你做到了,这个加号就真正属于你。大家同意不同意?如果大家相信这个同学能做到的话，请再次掌声鼓励。"两次掌声之后，我的点评就结束了。当天晚上，我就收到了这个同学单独给我发来的将近2000字的微信留言，讲他今天是怎么样在我的课堂上有勇气站起来的，怎么样在我的课堂上感受到大家的赋能后想要突破自己的，虽然他自己的这个开头不是特别好，但他向我承诺他一定要以此为契机，刻意练习公开场合表达的这项技能。从这个留言中我能看得出，这个学生在我的影响下，他的自我系统得到了赋能滋养。所以老师一定要善于发现学生身上表现出来的优点，哪怕是一个世俗眼里很糟糕的表现，老师也要能够透过表层看到内在有意义、有价值的元素。

第三种精准赋能的方法，是帮学生探索使命和愿景。

在我的课堂里，很多人会觉得自己的人生变得不一样，甚至会说自己的人生分为遇到田老师之前和遇到田老师之后，我认为他们最主要是在我的课堂上找到了使命和愿景。当老师能够让一个人活明白，让他知道自己为什么而活，这就是一种赋能。很多人其实一身的才干，但是却并不知道他自己此生为何而来。只有找到人生的使命和愿景，才能让一个人把自己的生命能量聚焦。

有一次参加一个聚会，遇到一个相熟的资深前辈。他向我请教了一个问题，源起于他看到当下的互联网热，问我如何通过新媒体炒作自己，因为他觉得我的学生里可能有很多大咖具备这方面的经验。我一开始自然是给他分享了一些经验，但是越分享越觉得不对劲，因为这位前辈的逻辑架构能力、建模能力极强，但优势的阴影里是他的劣势，那就是他在表达的时候会有情感情绪这一块的弱项，他讲话几乎都是逻辑的，缺少情绪情感。我说着说着就突然停下来，然后问他："我其实一直在想，为什么上天会给你这种天才式的逻辑架构能力，这种万里挑一的天分呢？"他摇摇头表示不知道，我继续说道："我突然有一个灵感，天资过人者必承天命。当你身上有一个万里挑一的天赋的时候，你一定承担上天给你的天命！你得知道你的天命是什么。你的逻辑思维天赋，一定是让你在某一个领域里做深度的钻研。你的天命也许是写一本能流传几百年的书,而不是用这种稀缺的、罕见的天赋用来换钱。而且你现在也不缺钱了,如果真的学那些网红,用自己有限的时间和精力去换取财富,我感觉你的灵魂都会为此哭泣。"我当然可以给他讲如何讲好一个故事、怎样提问、怎样植入感性元素等技术上的内容,但是这些其实对他来讲都没有意义,都不如启发他活出自己独特的人生。各人有各人的活法,各人有各人的使命,没有必要所有人都去争流量。当时我就感受到了我这番话给这位前辈的赋能,他陷入了很长时间的沉思。

第四种精准赋能的方式,是对有些事情重新赋予意义。

学生有时候会把自己固着在一些事情里,不会换个角度或者站在更高的维度去理解,于是就会有类似钻牛角尖的行为特征,使得他自身的能量难以流动。在我们的生命里的贵人,往往都是那些指点我们重新定义事情的人,让我们打开了视野,流通了能量。不想当贵人的老师不是好老师。教知识的老师好做,而当贵人考验的是老师的人生阅历和心智维度。

我记得在一个总裁班里,课上有个学生给大家分享了一个自己的故事。从小父母和两个姐姐就格外照顾他、保护他、偏爱他,穿衣服要比别人穿得厚一点点,吃的饭要比别人多煮一会儿,小心翼翼地就像捧着鸡蛋一样地让他这样成长,什么冒险的事都不干。就这样一直到他30多岁遇到了一位老师。这个老师点拨他怎样活才能对得住此生生而为人,那就是必须用有限的一生活出两辈子的精彩,最大限度地突破自我,走出自己的舒适区,干自己想干又没干过的事。这些话把他"电"着了。他就想,"我的生命算什么呢?前面有限的人生只活出了别人百分之六七十的精彩,真是亏大了。"于是他下定决心,自己要让后面的生命活出两辈子、三辈子的精彩,把前面30多年缺失的生命体验补回来。从此他就跟变了一个人一样,每年都要挑战自己的一个极限,还用了七八年的时间创办了三家企业。他30多岁遇到的那位老师就是他的生命中的贵人,用赋能的语言激励了他的改变。

第五种精准赋能的方式,是让学生感受到老师的"看见"。

在课堂上，所有的表现都渴望被点评，所有的人都渴望被看见。"看见别人"是一种非常稀缺的能力。真正的"看见别人"，是深入对方的自我系统，看到他们的需求，看到他们的渴望，是真正"虚己受人"的倾听，而不是用自己的心智去评判对方。

有一次在我的课堂上，有一个学生非常真情地讲述了他过往的一段经历，讲得他自己声泪俱下，甚至最后都有点情不自已、难以控制了。那么这个时候，我又做了一个什么样的点评呢？我说："每一份真情的表达都值得倾听，每一份用生命谱写的故事都值得尊重。"我点评的是他的这种坦诚、这份真情。他能够真诚地表达，一定是渴望被看见和被点评，所以这时候我就把点评聚焦到他的真情流露和坦诚这个价值观上，毕竟坦诚对很多人来讲都是非常重要的特质、价值观。当一个人愿意在公开场合敞开心扉，讲自己最纠结的事情，而且是带着情感来讲，这份勇气、这份打开乔哈里窗的真诚本身就值得肯定。这样的人往往会对课堂的氛围也特别有贡献。

以上五种赋能方式只是不完全的列举，还有很多其他赋能方式值得每一位读者继续在实践中探索。也许有的人会说，这种赋能点评实在太难了吧……我认为，赋能点评其实并不难，难就难在作为老师的你有没有一颗慈悲心，有没有一颗想要赋能的心，有没有那个发现美的眼睛。用这双眼睛、这颗心，透过世俗的表面看到学生的德、志、智、体、学。然后再用真诚的语言表达自己的"看见"，扬善于公庭，规过于私室。这就是赋能。

第七问

如何成长为专家型老师

离开用友后我开展的第一个项目就是专家型导师特训营，截至 2023 年年中，特训营已经举办了八期。我认为，改变中国教育的大愿要从复制专家型老师开始。一个深度改变的老师能够影响成千上万的学生，这成千上万的学生再去影响他们的学生，形成燎原之势后全面改变教育现状也并非难事。为什么课堂还都是灌输式的？因为老师们当初上学的时候，他们的老师用这种方式给他们上课，身教远胜于言传。所以，当务之急是培养一批体验过建构主义课堂并从中受益而产生深度改变的老师，他们再以同样的方式在各领域影响更多的老师，让更多人深度改变。

立志做有情怀的专家型老师

要让老师发生自内而外的深度改变是一个极大的挑战，但最关键的是老师自己必须得"立志"。所谓立志，就是必须搞清楚你的人生要活成什么样子。如果你还不知道你的人生要活成什么样子，那么你做什么都是对的或者做什么都是错的，因为你没有一个标准去掂量轻重、分清好坏，不知道什么东西应该属于你、什么东西不属于你，什么东西值得你追求、什么东西不值得你关注。作为老师，要立志成为有情怀的专家型老师。

三句话定义专家型老师

我想用三句话来定义专家型老师——

第一句：真正融会贯通的专家，敢于放下自己的知识和经验，与学生肩并肩地解决实际问题。

现实中，太多的专家是伪专家，他们不敢放下自己的知识和经验，不敢放下自己的逻辑框架，不敢放下自己的课程内容，不敢与学生一起直面实际

第七问 如何成长为专家型老师

问题。如果你是真专家，你真的做到融会贯通了，那你怎么会害怕面对学生的实际问题？即使学生遇到的问题出现在你的经验之外，那也是提供给你的学习机会。这个世界从来都不是以领域知识为线索组织起来的，而是以问题为线索组织起来的。从更本质上看，所有的教育都是为了帮助学生应对未来的"不确定性"，那么我们为什么不敢在教学中让他们直面实际问题呢？所以普通老师和好老师的区别是什么？普通的老师是和知识站在一起问倒学生，好的老师是和学生站在一起解决问题。企业培训中经常出现的所谓的"工学矛盾"问题，也是因为老师不敢和学生一起直面业务难题，而只是一厢情愿地灌输一些或然有用的知识。真正的专家，绝不会高高在上地指指点点，而是能躬身入局地指点指点。

第二句：真正的导师，愿意俯下身来，帮助学生把抽象的知识转化成具体的能力。

我认为，知识改变命运是个伪命题，知识只有转化成能力，能力才能够改变命运。这就是学习的真相。所以教学没有效果，一多半原因在于只传授知识而没有帮助学生做转化。那么转化的关键在哪里？说得更本质一些，就是要帮助学生进行两次创造，第一次创造就是生成个人版本的理解，第二次创造就是根据实际工作情境做适应性的改造和创造性的发挥。第一次创造是知识的重新建构，第二次创造是知识的应用。在帮助学生把抽象的知识转化成具体的能力的过程中，老师自己也有两次创造，第一次创造就是根据学生的背景去创造性地备课，第二次创造就是在课堂上面对学生所提问题的临场发挥。第一次创造是"编剧"的创造，第二次创造是"表演"的创造。这就是促成了师生的教学相长。我的线下课和线上训练营，知识密度都是很高的，但是仍然设计了大量的转化环节，比如线上训练营的每日打卡、领教辅导、社会化学习研讨，线下的小组研讨、晚课作业、微行动学习，都是为了俯下身来帮助学生把知识转化成能力。所以说，有没有高能的知识只是教学这件事情的一个小方面，能不能帮助学生消化、应用这些知识，才是教学这件事情的一个大方面。

第三句：真正有情怀的教育工作者，在传授学生知识的同时，还能滋养学生的心灵。

老师不能只做知识的搬运工，在课堂上把知识交代完了就算完了，教书和育人从来都是密不可分的，教书只是教育这座冰山之上的一小部分，育人才是教育这座冰山之下的一大部分，老师不能只成为一个教书匠，更要成为一个真正的教育工作者。作为老师，当你白发苍苍退休之后，回首往事的时候，你可以捋一捋有多少个学生因为你的教育，他的生命质量有了一次质的飞跃和改变，也就是说在你的干预下有几个灵魂变得高尚起来。如果你有大把这样的例子，你就是一个真正的教育工作者。不要只盘算自己有多少学生考上了重点高中、重点大学，他们的分数有多高，这些都只能说明你教书教得好，而育人必须是触及灵魂的。你带的学生里有不少考入了清华北大，那可能并不是你的功劳，很可能是你运气好碰到了这些优秀的学生，对于这些优秀的学生，不管谁教他们都能考上，反而可能是你沾了学生的光，这不应该是你骄傲的资本。反之，你带的学生里有多少个成绩不好的，因为你的干预，让他们重新树立了信心，让他们一点一点找到了学习的感觉，让他们从20多分考到了及格，甚至让某一个潜在的社会危险分子变成了国家的栋梁之材，这才是一个老师真正的骄傲，这才是一个老师真正的价值。如果只为内容负责，就是教书匠；如果还为学生的心灵成长负责，就是教育工作者。

以上面三句话作为标准，这样的专家型老师真的是凤毛麟角。今天的教学出现了如此多的问题，也是因为缺少以上三句话描述的这样的专家型老师。一个真正的专家型老师，一定是把专家、导师、教育工作者集于一身的人。

专家型老师的成果框架

真正的专家型老师到底是什么样呢？可以从三个维度来描述：一是拥有和谐自洽的内在状态；二是具有远超社会平均水平的学习力；三是有专业的教学能力。

1. 和谐自洽的内在状态

专家型老师应该始终处在积极自信的正能量状态，只有自己的状态是平和的，人格是自洽的，心灵是丰盈的，才能有效影响他人，因为"你永远也给不了别人自己不曾拥有的东西"。哪怕偶尔状态不好，专家型老师也要有能力快速调整自己的状态。同时，还要长期有意识地让自己恰好处在学习态，激活人区别于动物的高级机能。专家型老师一定是自身人格健全，处在快速迭代的轨道上，并掌握教学方法能够有效帮助别人成长的人。

我们一直在强调老师"学高为师"的部分，却常常忽视老师"身正为范"的部分，过分强调冰山上老师的"传道、授业、解惑"的小部分，却忽视了冰山下"教育是爱和榜样"的大部分。老师能真正做到状态平和、人格自洽、心灵丰盈，这其实是一个蛮高的要求和修养，不能处于这种状态下，常常是因为老师自己的内在还有很多低效能的"模式"，这些"模式"很多来源于原生家庭和儿时教育。我很认同一句话，没有人可以毫发无伤地走过童年。如果成年之后不能有意识地审视自己的童年，不去觉察和改变自己低效能的模式的话，这些模式一定会被带到你的课堂上。你永远也不知道学生到底向你学到了什么，对学生心灵的滋养往往是潜意识层面的，那些低效能的模式会阻碍你对学生人格的塑造。

对于如何打造专家型老师和谐自洽的内在状态，前文简述了关于老师的心力提升的五力模型：耐受力、连接力、愿力、自控力、复原力，这五力的每一个维度都和谐自洽才有可能让一个人的整体心力和谐自洽。这五个力每一个都有它自己的提升方法，读者如果有兴趣，可以参与我的"18天心力拓展训练营"学习提升，在此不作进一步的论述。

2. 远超社会平均水平的学习力

只有学习力远超社会平均水平的人才有资格持续当老师。做老师，绝不能用自己的存量知识了此残生，必须运用自己的学习力与时俱进地发展自己。

专家型老师必须具备独立的理论学习、社会学习以及经验学习能力,能够把外在的信息交流、内在的心智建模、上脑的认知迭代、下脑的模式升级等多种学习活动有机地结合起来持续更新自己的心智模式和反应模式。

前面我多次谈到的复盘与经验萃取,就是老师的经验学习能力,在经验中学习,把经验中朴素的素材加工成结构化的知识。前面专门讲到的社会化学习,也是学习力的重要组成部分,通过对话的方式主动寻求反馈和启发反思,在社会化交流中做数据的积累和算法的升级。当然,学习力里一定还有一部分理论学习,包括读书、培训等,我在专家型导师特训营里要求学生必读《认知心理学》《教育心理学》《21世纪教育目标新分类》三本书,作为老师不懂得这些教育教学的底层规律是做不好的,同时还要与时俱进地跟踪最前沿的现代心理学、脑科学、教育学的研究。除了这三种学习,最为重要的是把自己的学习和教学工作紧密地结合起来,从认知到行为到情感形成学习闭环,从认知的增量到行为的增量到情感的增量,每一次对教学的新理解都会引发课堂的不同,事后复盘反思不断有增量的认知,一圈一圈如树的年轮般拓展开去,如果你能坚持数十年如此这般恰到好处地走出自己的舒适区,想不成为专家型老师都不行。

前文介绍过我在"学习力跃迁训练营"中首次提出的"学习力加速的 ACCP 循环模型":**吸收(Absorb)——建构(Construct)——创造(Creat)——表现(Perform)**。学习者从外界获得信息、知识、反馈,在个体内在把自己的旧知经验和新吸收的信息知识做整合建构,再通过潜意识创造把自己建构的知识创造性应用于新的问题、新的场景,最后在个体间把自己的创造向外输出、表现,这个表现能带来新的个体间的反馈,反馈就会在此引发新一轮的吸收、建构、创造、表现的学习过程。这个模型整合了意识学习和潜意识学习、个体内学习和个体间学习。想成为专家型老师,必须把 ACCP 循环作为最底层的学习方法。

3. 专业的教学能力

教学的本质是影响人发生改变,但促人改变可不是仅凭三寸不烂之舌就可以做到的。没有人喜欢被人影响，每个人都喜欢自我主宰的感觉。老师须懂得改变背后的认知规律，不仅能讲道理影响学生的意识，更能用自己的状态影响学生的潜意识，还能够运用多种方式有效帮助学生富有成效地思考，使其生成自己改变的理由和策略。此外，还可以迁移使用教育教学中影响人的方法。老师这种专业地影响人做出改变的能力，在家庭场景中、在工作场景中都能用得上。比如说教学引导的关键是调动学生大脑的思维，用听、说、问、答、评让学生大脑里的"五个小孩"踢皮球，那么其实不管对方是学生还是领导，是客户还是家人，他们脑子里都有"五个小孩"，这套引导的方法都能用。所以我一直说，<u>当老师是这个世界上最"赚"的职业，因为它不仅在帮人成长，也在帮己成长</u>。

  专家型老师要具有专业的影响力，必备的技能有很多种，最核心的有三个：设计能力、引导能力和控场能力。无论是教学还是行动学习，老师都要事先进行教学设计，教学设计的关键是设计教学活动全过程的学生思维方式。思想是思维的产物，只有学生经过思考得到的思想，其所有权才是学生自己的。老师一定要有设计的意识，好的课堂效果有一多半是设计出来的，绝对不能凭个人感觉和偏好讲课。如果把教学设计比作编剧的话，那么现场教学的引导就好比表演。对老师而言，最富有挑战性的工作是持续用语言驱动学生的思维过程。教学引导过程无非是听、说、问、答、评等几项功夫的组合运用。这些能力就像相声行当的说学逗唱一样，属于老师的基本功。另外，课堂要恰到好处地维持在一个让学生适当兴奋而不亢奋，适当轻松又不放松的氛围下进行。控场的任务就是把团队的研讨氛围始终维持在这个合理的区间内。这就要求老师具备觉察和调整学生状态的能力、恰当运用规则的能力、促进思想和情感流动的能力，根据临场情况进行权变的能力等。老师需要综合采用多种策略，让课堂始终有秩序地流畅进行，处在"有秩序的失控"状态。

专家型老师提升之路

用什么措施才能培养出专家型老师呢？除了理论学习、社会学习、实践学习的有机结合之外，我认为更重要的是底层心智的升级，而要完成这种升级还需要有三大功课的支撑，还必须掌握个人经验持续升华与迭代的方法论。

专家型老师的心智升级

成长并不完全来自一股热情，我们有可能是我们自己心智的囚徒。传统的学习观点，只要我们投入相当多的时间和精力学习专业知识与技能，通过知识和技能的积累就能成为一名专家。这种学习当然可以让我们懂得更多、会得更多，让我们能处理更多技术性的问题。但是，我们常常忽视了另外一个层面的学习，它是一种垂直的、纵向的心智升级，它让我们从低阶心智迈向高阶心智，有机会看到更多的观点与可能性，有助于我们面对那些复杂的调适性的问题[一]。很多在低阶心智阶段看来是对的事情，上升一个心智后再看它又错了，人们每次心智的升级都要部分否定以前的自己。

我认为，老师心智的提升才是当下教育变革的核心。管理大师彼得·德鲁克说过："在动荡的时代里，最大的危险不是变化不定，而是继续按照昨天的逻辑采取行动。"当下教育的最大问题就是不能突破传统教学范式的那种心智模式，不能用更高一阶的心智水平去看待和处理教育领域的"调适性难题"。这也就回答了一些很"诡异"的矛盾，一个方面是教育技术的快速发展，移动互联网、人工智能等新兴科技能快速应用到教育领域，每一项新技

[一] 领导力领域大师罗纳德·海菲兹，把人们面对的变革问题分成两种：一种叫作"技术性挑战"，应对这类挑战需要人们提升技术水平；另一种叫作"调适性挑战"，应对这类挑战则需要人们转换思维框架、提升心智水平。

术的突破都在信誓旦旦地宣称"颠覆教育";另一个方面是教育的内核并没有发生大的变化,知识传授式的教学仍是主流,那些新技术没有让学生们更加绽放,反而成为传统教学理念的"帮凶"。处在教育教学中心的老师的心智不升级,很多问题就无解。

回顾我自己的专家型老师成长之路,特别能感受到心智提升对我教育教学进阶的巨大推动作用。

我大学里学的是计算机专业,从学校毕业后最初做的是产品研发工作,后来在西安的某企业担任研发部经理。可能是家族遗传的缘故,我这个人的表达能力很好,能够把研发工作中比较艰深的问题用更为接地气方式描述给大家,因此常常在各种公开汇报的场合大展风采。当时就开始对做培训这件事逐渐有了兴趣。后来用友陕西分公司挖我,他们问了我一个问题:"十年后你想成为什么样的人?"我非常干脆地回答说:"我想成为国内最牛的培训师、咨询师。"于是他们就送了我两张光盘,是用友总部领导精彩的演讲视频和用友内部老师的培训视频。这正是我当时梦想成为的样子,我就毫不犹豫地加盟了用友。进入用友后,我有了大量给客户讲东西的机会,抢着干那些搞不定的业务,到处给客户讲产品、讲实施方案,到处都是我的舞台。我很享受那种在舞台上征服观众的感觉。

如果说之前的我都是野蛮生长,那么不久之后遇到的两门好课让我进入了专业之门。用友总部向全国招募沙盘培训师,我主动报名参加,遇到了《ERP企业管理经营沙盘》这门课。当很多人认为玩沙盘就像过家家的时候,我就敏锐地察觉这门课的设计有很深的原理。我就一边到处讲这门沙盘课,用老师的身份推广ERP,一边在讲课过程中细心揣摩这门课到底为什么这么吸引人。对这门课的投入甚至让我在整个用友集团都很出名,也因此赢得了遇到另一门好课的机会,那就是用友从IBM购买的版权课《关键时刻(MOT)》,我也有幸成为这门版权课的授权讲师。这门课被我称之为"课王",它精巧的课程设计、讲授方法都是世界顶级的。讲"好课"才能"讲好"课,在这两门课的讲授过程中，练就了我专业的讲课本领。但因为这两门课都是版权课，所以也在一定程度上限制了我个人的创新空间。

2008年我被聘任为用友大学校长。这个岗位给了我更广阔的学习和成长空间。因为要开发我们自己的课程，于是我就开始更深度地钻研教育学、心理学、脑科学的理论和方法。2009年我接触到了行动学习，行动学习这项技术对我的教学思想影响非常大，我敢于大胆甩开PPT式的教学正是因为遇到了行动学习。之前的课程讲授，我还是传统的灌输式的，但越讲越没劲，因为我感受到自己在讲课过程中没有任何的成长。为了不让自己在舒适区瞎混，在一次面向用友分支机构经理的领导力课上，我决定甩开PPT试一试。一上课我就先抛问题："领导力的本质就是有效地影响人，请问各位，在管人、影响人上你们在实际工作中有什么困惑吗？"然后就组织全班学生围绕着这个问题开展行动学习：团队列名、城镇会议、世界咖啡。结果是每个学生都觉得自己非常有收获，而作为老师的我也觉得自己很有收获，因为这次课的研讨结果直接就可以成为新开发课程内容的1.0版本，在下一次的教学中它们就会是我的内容的底牌。这次尝试让我真正尝到了行动学习的甜头，于是就在整个用友集团大力推广行动学习。用友大学是我的一块试验田，在这块试验田上，我探索出了很多教学理念和方法，建构主义、五星教学、微行动学习、精品课程开发、规模轮训等诸多主张都是我的首倡。

2017年我离开用友创办易明教育，旗帜鲜明地提出了我的大愿——"活着是要淡定地改变中国教育"。这个大愿被人质疑过，而我非常清楚的是，大愿能不能实现并不重要，重要的是能够让我的能量更加聚焦，能够整合更多的人、更多的资源为此努力。事实上，从创办易明教育开始，我个人在教育教学上的探索每年都有新的进步，同时也聚拢了越来越多的同行者。我相信，当易明教育能赋能越来越多的老师成长为专家型老师，他们也具有赋能更多人的能力，这样一圈一圈扩散下去时，教育的池塘迟早会被最初投入的石子激荡出涟漪。在教学上我也越来越意识到社会化学习、场域的重要性，更敢于在教学中把课堂的主导权让渡给学生，营造出一个良好的社会化学习场域让学生在其中发挥自己的创造力。教学的目的不仅是让学生学到所谓的知识技能，更是让学生拥有思维的方法、活学的能力和完整的自我。

以上每个阶段都对应着一种心智，每一次教学理念提升的背后都是我的心智升级：最开始站在讲台上的我总想要秀出自己、征服学生，这是一种完全自我中心的"唯我性心智"；遇到两大好课后，迷信权威，小心翼翼不敢越雷池一步，这是一种外界规范主导的"反应性心智"；行动学习开启了自己在教学领域的大胆创新，课堂拥有了更大的弹性空间，这是一种自主导向的"创造性心智"；在改变中国教育的大愿下，用场域整合老师、学生、资源，这是一种协调了外界与自我的"整合性心智"。

每一种心智下的老师会有不同的教法——

唯我性心智：这种心智模式主导的老师会把90%以上的注意力都放在自己授课的内容上，眼里几乎没有学生。他们上课完全以内容为中心，从头到尾沉浸在自己的世界里讲道理，认为把道理讲透是老师的职责，罔顾学生的已有旧知和课堂反应，至于学生能否吸收则完全不是这类老师会关心的问题。这类老师在课堂上缺乏深层次的安全感，把学生当作想要征服的对象，全程处于应激状态，他们最大的目标是把内容顺利地输出，最怕的是课堂失控，视学生的提问为捣乱，视学生的质疑为挑战，他们很容易成为知识的卫士，不是在证明自己所教授的内容的权威性，就是在证明自己有多厉害。

反应性心智：这种心智模式主导的老师对课堂教学的好坏、对错的价值判断总是来自其他人的观点，特别是权威的观点。他们将规范和道德内在化，相当地自律与自制，最怕自己不合群，不敢挑战权威。当教育领域公认的好课堂的标准是把课程内容演绎得精彩时，他们也能够注重内容的表达方式和内容的形式，但缺乏教学范式的突破性创造。此类老师会把教学变得泛娱乐化，甚至把课堂当成展示个人才华的舞台，但习惯的力量让他们眼中仍然没有学生，即使他们很容易得到很高的课堂满意度，但是满意度未必等同于有效度，学生未必能产生积极的、有效的改变。

创造性心智：这种心智模式主导的老师，其课堂有了更大的弹性空间，能够在课堂上更多地推动学生的创造和自我的创造。他们能够质疑权威，有效性取代道德成为决策准绳，生命的目标是不断地探索和前进。他们在教学上突破了以内容为中心的窠臼，注意力转移到了学生对传授知识的吸收转化上。他们意识到教学的重点不在于老师讲了什么，而在于学生的脑海里发生了什么反应，老师的真正作用是促使学生思考。他们能够让学习始终在对话中进行，把较多精力放在关注课堂氛围和学生状态上面，让学生始终保持创造性脑力的劳动状态。这类老师能够从教学过程中收获新的素材并深化自己对所授内容的理解，在老师建构学生思想的同时，学生也帮助老师建构了课程。

整合性心智：这种心智模式主导的老师克服了内在自我的恐惧，突破了外在规范的限制，也不再追求创造性地彰显自我，而是具有一种相信生命本自富足的能力，并在与人、事、物、梦的关系上追求独立、和谐和滋养。他们在教学中邀请自己和学生共同展现内在的、身心的完整性，用"全人"去学习、去工作。他们更关注形成一个积极的、开放的、互相信赖的、敢于表达的、敢于提问的公共课堂场域环境，不再以内容为中心，而是以问题为中心，只要有问题就可以教学。在这种课堂场域里，学生的知识、经验在老师的引导下加以整合，整合的结果也能让每一个学生从中受益。老师的学问不必一定比学生高，他们退后一步把舞台让给学生，师生同学同修，课堂成为信息交汇和相互促进转化的"道场"。

在整合性心智之上还有更高级别的心智，那就是老子在《道德经》里说的"太上不知有之"的境界——合一性心智。"一个好的课堂，上着上着老师就不见了。"这种境界下的老师没有必须要教给学生的内容，学生也没有必须要学到什么的期望，师生共同营造一个开放、轻松的氛围，参与者完全沉浸其中，进入中正平和的创造性潜意识的工作状态，彼此深度连接，信息充分流动，甚至能连接到人类共同的集体潜意识，师生共同感受发生的一切，再回到意识状态，用觉察的心解读各自的感受，收获潜意识里共创的智慧。老师和学生共同浸泡在思想、情感、精神都充分自由流动的课堂氛围中，有意识的学习只是冰山一角般的小部分收获，无意识的心灵滋养才是隐藏在冰山下的大部分收获。

五种心智下的教学显化，其表现是老师在课堂教学中的注意力分配情况。唯我性心智下的课堂教学，老师将自己的注意力几乎全部分配给了要讲授的内容，如果说有其他关注方向，也被自己的不安全感占据。反应性心智下的课堂，老师自己的注意力大部分集中在内容上，还会有一部分在老师自己身上，以保证自己的言行符合规范。创造性心智下的老师，开始关注学生的知识转化，所以会将一部分注意力放在学生身上，于是对内容的关注度和自己的关注度会有一定程度的降低。整合性心智下，场域和学生在老师的注意力结构里持续升高，内容和老师自己持续降低，有主题、营造好场域就可以整合课堂中所有人的智慧。合一性心智下，内容在老师的注意力结构里消失了，甚至老师自己也不重要了，只剩下学生和场域，在集体心流下完成每一个课堂参与者的智慧提升。

专家型老师的心智至少从创造性心智级别起步。读者可以据此盘点一下，自己的心智处在哪一级别？自己的课堂教学偏向哪一种情况？在你的课堂上，内容、你自己（老师）、学生以及场域，分别有多少注意力占比？然后据此得出，自己的课堂还有哪些改进的空间？你自己的心智该如何向更高一个级别升级？

专家型老师提升的三大功课

从一种心智跃迁到另一种心智，并非是仅仅意识脑知道了就能做到的。专家型老师提升还必须实实在在地做足三大功课：一个是在认知层面的重新定义；一个是在行为层面的刻意练习；还有一个是在情感层面的复盘反思。

要想成为任何一个领域的专家，对你所从事的工作没有十次八次的重新定义是不行的；而认知提升带动行为改变，这就要做刻意练习；不同的行为又会带来不同的结果，通过复盘再次迭代理论。这样就形成了"重新定义—刻意练习—复盘反思"的从上脑到下脑，再从下脑到上脑的良性循环。增量的认知、增量的行动、增量的情感，就能形成"认知—行动—情感"的增量循环，这个循环每转一圈，你就能比原来厉害一点。

1. 重新定义

常人成为不了专家的第一个大的障碍就是常人特别容易满足，当他觉得自己已经小有成就时，他在专业领域就停止迭代了。第二个大的障碍就是盲目迷信权威。时代是发展的，任何一个领域都要与时俱进，固守着权威的金科玉律只能限制自己的成长。所以，成为专家型导师第一大功课就是重新定义，要带着一种批判的精神勇于创造。专业领域的探索无止境，当你穷途末路的时候就是重新定义的时候，当你春风得意的时候也是重新定义的时候。穷途末路的时候，要思考你是不是该升维了；春风得意的时候，要当心自己是不是做低水平的重复。在同一个维度上努力只能带来线性的增长，只有跨越一个维度，才能够带来爆发式的增长。俞敏洪说："青春和年龄无关，只和活力相关。"那么，活力又和什么相关呢？活力和对待变化的态度相关，这就是重新定义的精神。如果你不会重新定义，一直重复过去的做法，你就很容易产生一种倦怠的感觉。拥有重新定义的精神，你的成长才会像树的年轮一样，不断地成长，一轮一轮地往外扩展。如果没有这种重新定义的精神，你就会固化、僵化，生命的意义就得不到发挥。

我与行动学习结缘已经十几年了。期间也有过不少困惑，但好在没有停留在简单的工具运用层面，一直没有停止对其本质的探索和应用的发展。细数下来，我对行动学习的重新定义也有过八九个版本，大的版本也有五个，每次重新定义都升华了我对行动学习的理解，都大大拓展了行动学习的应用空间，为行动学习注入了新的能量。

我最初对行动学习的理解就是结构化的研讨工具。后来我发现，行动学习其实是一种经验学习，把不同人的经验放在一起，然后不断用认知脑升级加工，形成实践和经验的循环，这和库柏的经验学习圈理论完全契合。由此我发展出"行动学习是没有答案的五星教学，五星教学是有答案的行动学习"的结论，并将行动学习应用到了课程开发中。

大约在2012年，我关注到了方法技能的重要性，经过大量对方法技能的研究后，我发现行动学习就是典型的方法技能，行动学习是非常典型的一套解决某类问题的流程和工具的集合。我更进一步发现，行动学习是解决病构问题最有效的方法技能。这一理解给我最大的收益是解决问题的理论都可以在行动学习中借鉴，解决问题的方法模型（比如教练技术的工具）都可以改造成行动学习工具。

第四次对行动学习认识的升华受益于阅读维果茨基的著作。维果茨基认为社会活动是人的高级机能发展最重要的途径。而行动学习恰是在社会环境下进行的，这启发我发现：行动学习的本质是多脑联机解决问题，同时相互启发，促进参与者学习提升。行动学习就是要用一个节拍器让所有参与者在同一时刻用同样的思维方式思考，从而减少摩擦，能够更好地相互启发、相互借力，形成脑力聚合效应。

最近一次对行动学习在认识上的升华是近两年创业之后发生的，发现行动学习是把经验学习和社会学习两大属性整合后的产物。行动学习无非就是社会化的经验学习，虽然库伯经验学习圈说的也是经验学习，但是它没有社会化。于是就有了我对行动学习创造的四句偈：团队工作节拍器，个人智慧碰撞机，收集碎片找规律，利用规律解难题。

重新定义的方法就是深度思考。深度思考是向上打通的办法，遇到情境总要努力地将其与理论关联。当我们找到情境背后深层的联系的时候，理论框架就得到了升华，反过来，升华过的理论就能更好地指导新的实践。换句话说就是"以道御术",尽可能地找到更为本质的"道",而不被"术"所绑架。每一次重新定义带来的都是专业水平的巨大精进,因为只有遇到连已有的框架都解释不了的问题,才会促使人去探索新的解释框架,而解释框架的升级必然带动决策框架、处置框架和感知框架的升级。

2. 刻意练习

刻意练习就是老师自己学习的第二次创造过程,就是想办法把自己的新知运用到课堂中去。专家型老师的刻意练习包括前面提到的三刻意:刻意运用、刻意练习和刻意抒情。在三刻意中实现从知到行,让知识变得有体验感。当你的知识有了体验感,当你的知识得到了验证,再授课的时候你就能身心合一地使用。我的课程长期坚持一个原则,就是"己所不'用',勿施于人",我讲的东西我自己都用过,所以学生在我的课堂上能够感受到那份真诚,从书本上看来的知识和真正用过的知识在课堂上讲出来的底气是完全不一样的。所以刻意练习练的就是信息流和能量流的合一。另外,通过刻意练习,很多知识技能逐渐成为你的自动化反应,就能释放更多的大脑内存,在课堂上就能够有更大的弹性。你见到的人家的谈笑自如、从容应对,其实都是人家的长期主义,都是人家的刻意练习。刻意练习无他,唯手熟耳。

我一个学生的故事很好地说明了刻意练习的效用。他原本在一家大型公司担任一线销售,因为销售业绩很好,被总部选中参加培训。他到了总部才知道,原来这次培训的目的是从全国各地的优秀销售中选拔一批人担任销售技能培训师,未来专门负责各地销售队伍的培训工作。可惜的是,全国 50 多人中只有他和另外一位销售被刷了下来。两位失败者晚上一起吃饭,那一位吐槽说总部专家不识人才,这破培训工作自己也不稀罕,而他却在那一天暗下决心,一定要培养自己的相关能力。

从总部回来后,他就搜集各种关于如何做好培训师的资料,尤其是针对他自己的语言表达部分制订了长期的刻意练习计划。他每天照着镜子练习1小时的演讲，同时还给自己的练习做录音。照着镜子是为了逐步纠正自己的神态、体态，录音是为了回放听自己的语音语调和流畅程度。而且在工作上，只要有发言的机会，他都会厚着脸皮抢着上，以克服自己在公众面前发言的恐惧。就这么刻意练习了一年。当他再一次回总部代表片区汇报销售业绩时，他的表达惊艳了现场的所有人。随后他就顺理成章地从地方销售岗位调到总部培训岗位，很快就被提升为培训总监。

任何一项需要熟练掌握的动作技能都是多项成分技能有机整合的综合表现。比如弹钢琴背后的成分技能有：第一要能识谱。第二，要能把谱子的每一个音符匹配到钢琴上的按键上。第三，找到按键并根据音符的强弱操作按键。第四，掌握合适的节奏。第五，沉浸在音乐的氛围中并融入情感。技能的掌握过程是一个循序渐进的过程。需要针对性地练习每一项成分技能，再花较大的经历完成多种成分技能的有机整合。每一个新的成分技能都需要一个"认知—实践—感受"循环完成强化整合。我有一个隐喻：这1万小时强化过程就像磨豆腐一样，磨一会儿就要再加点豆子，加点水，不断有增量，不断有产出的过程。没有任何基础，想突击掌握一个复杂的技能几乎不可能。一位好老师应该有把某一门课讲过20遍以上的经历。讲前5遍课的时候，老师的大部分意识和精力都倾注在要讲的内容本身上，基本顾不上学生。当讲到5~15遍的时候，老师才能营造良好的互动氛围、循循善诱又可以有效控场。讲到15遍以后，老师才能真正体会到建构主义教学的真谛，才能超脱内容、忘掉自己，与学生融为一体，一起建构。很显然，每一遍都要比前一遍有点变化，有所提升！

3. 复盘反思

专家型老师一定要把复盘反思当成自己的习惯。我说过一个金句：如果你没有把复盘反思当成习惯的话，也许你的人生还没有开始，所以有很多人的人生还没有拉开序幕就结束了。通过复盘反思能带来对人、事、物、梦的觉察，这是人生进入快车道的一个重要标志。复盘反思的本质是促使人们以过去真实的经历和体验为素材，挖掘其中有价值的规律和方法，以期用于未来类似的实践中去。前文多次提到老师要把复盘反思用在教学上，不要轻易放过每一堂课，从每次授课的经历中汲取成长的滋养。当老师把课堂复盘反思当成习惯时，教学能力成长就开始加速了。

　　如果只把复盘反思用在工作能力的提升上就小看了它的应用范围，复盘反思更是一个人心智模式迭代的重要工具。就像 App 需要常常更新一样，人的心智系统也要常常更新；就像 App 可以通过打补丁升级持续迭代一样，人的心智系统也可以通过复盘反思不断完善。人的心智系统迭代的速度比最初的天赋要重要得多。我们每个个体的大脑里都有数据和算法，我们也要不断地迭代我们的思维方式和行为方式，也要不断地随着年龄的增长提升我们的智慧，这就是成长。其实成长就意味着不断地自我否定和自我发展，原来在低版本的时候觉得很完美，但到了一个高版本发现原来认为很完美的东西居然很幼稚。每一个人身上其实都有很多种模式，每次遇到同一类刺激你就会有同样的反应，就说明这种模式在你身上根深蒂固。这就是有人说的，人生常常是童年经历的翻版，而且是一种无意识的翻版。所以一个人就有必要通过复盘那些情绪反应，通过交叉类比发现自己身上低版本的、低效能的模式。如果你不有意识地去觉察，不有意识地去修改那些模式的话，你的人生始终会停留在这个低版本的模式下。

　　有一个学生说他总是对那些领悟能力很差的人没有耐心，而且一没有耐心就会对他们凶巴巴的。我对他说："如果你屡屡出现这种情况，对这个人是这样，对那个人也是这样，那问题就不是出在这些人身上，而是你对这类人有同样的反应模式，而这个模式很有可能来自你的童年。我猜想你的父母当年带你的时候没有耐心，当你有一些慢吞吞的行为时，他们会对你很严厉。一个人小时候怎么样被对待，他长大了就会用同样的方式对待别人。所以在你的潜意识里就认为这种行为是不可以容忍的，长大了之后遇见这样的人你的情绪就会被激起。当你复盘看到了这个模式，你就疗愈了一半了。另一半则需要你与童年的自己、父母进行和解，同时在现实中有意识地改变自己的反应模式，这个问题才能从根本上得到解决。"

模式之轻，轻得难以觉察；模式之重，重得难以摆脱。所谓修身，就是不断地去觉察自己身上那些低版本、低效能的模式，然后通过刻意练习把它变成高版本、高效能的模式。所有的学习都是有意识地学、无意识地用，当你有意识地去复盘那些经历事件，有意识地去萃取那些经验碎片时，那么你就会为它们留出一些注意力，未来再遇到同样刺激的时候就有可能改善自己旧版本的反应。

个人经验升华与迭代

假如你已经饱读诗书、饱经沧桑，经过了人生的惊涛骇浪百战归来，你一定满腔热情地想要让自己的知识和经验得到更大范围的传承。那么如何能够结构化地把自己的经验转化成知识？如何更加高效地把这些知识传承给学生？如何让自己的知识和经验创造更大的社会价值？现实中，太多的人只是凭着朴素的感觉、满腔的热情教导那些后学，但后学们却无动于衷。所以有经验是一回事，能够把经验传承给别人并应用你的经验解决实际问题则是另外一回事。每一个专家型老师都得具备升华与迭代个人经验的本事，也就是具备以下能力。

1. 把经验升华成知识

知识是结构化的经验，经验和知识之间最大的区别就是结构。只有有结构的东西才能在个体间传播。很多培训老师都不懂得这个基本原理，以为自己有经验就可以开课了，但经验与具体的情境的联系很紧密，学生即使拿到这些经验往往也无法迁移到不同的情境中去使用。知识改变命运是个伪命题，因为知识只有转化成能力才能改变命运，而想要用经验改变命运，就必须加上从经验升华成知识这一步。所以第一步是要让你的知识有一个硬核的结构，而这个硬核的结构就需要你去复盘自己的经历、萃取自己的经验⊖，把它们加工成一种能够解决某一类问题的可传授的框架、模型和知识，它们才具备可传承的意义。

知识管理里面有一个 DIKW 模型，说的就是所有东西都是数据（Data）的堆积，在数据里面找到某种关系，这个关系叫信息（Information）；当这个信息积累足够以后，发现这个信息背后的底层结构，这个结构叫知识（Knowledge）；然后运用知识解决问题，这就叫智慧（Wisdom）。这个模型本身就告诉我们数据和算法之间的关系，数据积累多了，其实知识（算法）就有了，只不过这个算法是潜意识层面的，我们通过有意识地发掘潜意识层面的联系，就能够把它意识化、知识化。

2. 问题导向的课程开发

有了硬核的结构还是不足以开展教学，因为硬核的结构只是后台逻辑，要想把知识传递给学生还需要用教育学的相关理论来当支架。如果把自己的模型硬塞给学生，结果一定会让你大失所望，因为他们不会罔顾自己的经历经验轻信你的模型，他们只关心自己的问题。所以在教学的时候一定要注重问题导向，要针对每一个人、每一个时代的具体问题。

我有一个学生在给企业家们讲怎么样解读财务报表时，她一上来就花大量的时间讲会计准则、财务原理，因为她自己的实践经验告诉她，不懂得这些基础性的东西是不可能读懂财务报表的。结果这些企业家们就都跑了。为什么会这样？因为这些企业家们来听课是带着问题来的，满脑子都是想要解决在现实中实际遇到的难题，哪有时间和耐性像学者一样从头学起？一边是她满脑子自己的框架，另一边是企业家们满脑子自己的问题，于是一上课双方就出现了背离。

⊖ 我在"复盘与经验萃取训练营"中讲解了专业复盘方法论、萃取方法论，能够帮助个人和组织通过复盘和萃取的方式提炼决策模型和方法模型。

所以真正的高手有勇气能够先放下自己的后台逻辑，然后和学生们一起面对他们在现实中遇到的真实问题。所有教学的基本原理都是一样的，用一个不变的模型去套那些与时俱进的、有现实意义的问题。只有老师敢于面对学生的实际问题，才能够吸引他们的注意力，然后在共同解决问题的过程中再植入你的模型，运用你的模型解决问题，无形中就把这个模型转移给了学生。以情境化的问题做教学导入，课程开发以问题为导向，这是教学的切入点。

3. 用模型解决现实问题

在教学过程中，不能仅仅把模型讲给学生就完了，更重要的是指导学生能够应用模型解决现实的问题，也就是说让学生形成由知到行的闭环。所有的知识都是原则性的、方向性的、指导性的，要用知识解决问题，就必须根据问题的实际情境做适应性的改造和创造性的发挥。但是这样要么需要应用者有极大的悟性，要么有人不断给他指导和反馈。等待高悟性的学生是守株待兔，并不靠谱。一个好老师更应愿意躬身入局，指导学生把知识和模型应用起来，辅助和支持学生进行适应性的改造和创造性的发挥。这个过程中最关键的是给学生有效的反馈，及时、有针对性的反馈会引发学生的反思，有反思就有学习。即便你有一套很好的理论模型，却没有指导过任何人用它去解决实际问题，那又何以验证它的科学性呢？

4. 在教学中寻求反馈

在教学过程中，新鲜的学生问题、新鲜的应用场景都是老师自己思考和迭代的机会，同时也是老师把自己模型中没有总结出来的隐性知识进一步显性化的机会。老师就要学会在教学中主动寻求反馈。教学中的一切"遇到"对老师而言都是反馈，一切存在对老师而言都是资源。一定要利用好这些反馈和这些资源，持续地去打磨自己的模型。很多大师写的书，比如戴维·迈尔斯的《心理学》、曼昆的《经济学》等，总是隔几年就会更新一版，最多的甚至有十几版。为什么他们能不断地创作那么多增量的内容？就是因为这些大师们长期坚持在教学一线,他们经常有机会在与学生的互动中发现新问题,然后再对新问题进行研究后迭代他们的内容,他们不是生下来就成为大师的,都是通过在教学中的互动学习逐步融会贯通而成为大师的。

5. 持续迭代你的知识结构

我认为,真正的专家型老师一定是集学者与工匠于一身的人,他身上一定有一种特别强的能力,我称之为双闭环能力。第一个闭环,是能帮助学生实现知行合一的闭环,学生能够运用知识解决实际问题,能够感受到知识的实际价值。第二个闭环,是老师自己在教学过程中发现自己模型优化的空间、迭代的可能,实现了自己在课堂上的学习。老师在教学中是帮学生"悟",而学生的反馈和问题其实是在帮老师"修",让老师不断地融会贯通。

简单讲,个体经验的升华与迭代,就是首先必须萃取出一个知识结构,然后在教别人的同时丰富自己的理论,然后用丰富后的理论再去教别人,不断地形成这种上下打通的循环,如此把自己培养成为一个集学者与工匠于一身的专家,也就只是个时间的问题了。

三 积极淡定,向愿而行

一个人的自我越大,越觉得自己是专家,恰恰也就是从专家席位离席的时候。大前研一说得好:要有永不满足的好奇心。对真理的探索永无止境,需要我们积极淡定、向愿而行。

教学方法探索永无止境

教学方法就是一个永无止境的领域,只要去探索,就永远有提升的空间。每一代人有每一代人的探索任务,时代在发展,科技在进步,我们必须把这个时代持续发展的成果应用到自己的教学里。

近十余年来,脑科学有了长足的发展,借助先进的科技手段,我们今天对一个人思维、行为过程中的大脑活动洞若观火。但可惜的是,这些脑科学的前沿研究成果主要用在了人工智能领域,却并没有多少用于改造自然人的学习。整个人类的学习并没有发生大的跃迁和改变。

人类一代一代地走到今天,发展出很多的理论。这些理论本身也有一个根本诉求,就是被传承。南怀瑾在作古之前说他的老师要比他幸福,因为他的老师找到了他这个传承人,走的时候就很安心,但是自己现在老去的时候却还没能找到传承人,先生甚至因此老泪纵横。所以看起来是学生在找老师,实际上老师也在找寻有情怀、有悟性、有能力传承自己肚子里学问的学生。所有学问的发展背后都是泪水、汗水和血水,谁也不希望自己的学问随着生命的离开而付诸东流,学问本身就具有传承的属性。

催眠大师吉利根在向艾瑞克森拜师的时候,只是一个穷大学生。他很想付学费,但实际上他上大学的学费都是靠助学贷款。他就很不好意思地问艾瑞克森,我不知道应该给您付多少学费,要不我再贷一些款把学费交了。艾瑞克森目光深邃地看着吉利根说:"无所谓的,你不用付我学费,只要你将来能够用从我这里学到的东西真正地帮助他人,就是对我的报答。"绽放是最大的感恩,学生对老师的知识的传承和发展,就是对老师的报答。正因为吉利根在成长路上有艾瑞克森这样的老师给他赋能,他才成为新一代的催眠大师,持续把这种能量传递下去。

我很多知识的源头都是书本,应该说,这些大师向我打开了成长的大门,我对他们都非常感恩。同时,我在他们的理论基础上,通过大量的实践,不断地进行认知整合、行为整合、情境整合、建模重构,最终得出来一套我自己的理论方法,可以毫不谦虚地说我又超越了他们。超越前辈,是时代赋予我们的责任,所以,前进的路上老师是用来超越的,回望的时候老师是用来感恩的。这才是正确做学问的姿态。

对真理的探索无止境，对真理的传承也无止境。期待你成为我的同行者！

算法可以快速获取，数据需要慢慢积累

无论我在线上还是线下的教学中，都不断地向学生强调一件事，那就是"悟后起修"，就是期待学生在我的课堂里"悟"到之后，不要只停留在认知脑的满足上，而要在自己的工作生活实践中去"修"，通过修行、修习，让这些知识真正转化为长在自己身上的能力。悟后起修也是形成学习闭环的关键。"悟"和"修"是两道不同的工序。课堂上悟得再好，课下不修，都不能转化，都不能变成能力。很多人不断地学，但是并没有修，于是就一直形不成自己的能力。修的重心，就是有意识地应用，有胆识地把知识化为成识、再变成常识。

学习的本质是我们大脑里的算法升级与数据重构。有人学到了这一点之后就问我："田老师，你大脑里的那些数据库能不能快速拷贝给我们啊。"我回答他们说："理想很丰满，但现实很骨感，根据脑科学的理论，这是不可能的。即使我把那些故事、那些金句、那些问答都讲给你，你也未必有感觉，因为我是这些故事、金句、问答的亲历者，我在亲历它们的过程中大脑释放过很多多巴胺，我的杏仁核和海马体被充分地激活，所以我给你讲的时候那些经历画面历历在目。而你听到的只是故事的语义层面，在认知上虽然被触发了，但是在情感和行为上却没有形成闭环。认知走的是信息流，情感和行为走的是能量流，信息流和能量流合一的经验才真正有效。所以你必须得自己在课堂上真枪实弹地去积累那些灵魂被深深触动的情感碎片、行为碎片，那些才是让你变得厚重的非常重要的东西。"

倡导悟后起修，就是因为算法可以快速获取，而数据则需要慢慢积累。在学习中，算法可以通过老师的课堂讲授、读书等渠道快速获取。比如我在课堂上讲五星教学、老师的状态位、学生的状态位、场域营造的方法、听说问答评技巧、DIKW模型、复盘三找法、课程开发五要素、五大结构基础模

型等，这都是我长期教学实践中发展出来的关于教学的算法。这些算法很容易学到，我的书里、我的课里到处都是，而且我这个老师也从来不会"藏一手"。但奇怪的是，即使这些算法学生已经背得滚瓜烂熟，他们也仍然达不到我教学的程度，只能感慨知易行难。问题出在哪里？就在于没有感觉、没有体验的知识很难用得上。而这些感觉、这些体验，也就是算法之外的数据部分，需要每个人自己慢慢积累。学生必须带着这些算法去实践，在实践中积累自己的直接经验；学生必须带着这些算法和直接经验去和别人交流，在交流中交换别人的间接经验；学生必须带着这些直接经验和间接经验再进行读书等理论学习、再进行反思复盘等加工动作，这些算法和数据部分才能真正升级、重构成为他自己的。

《重塑大脑，重塑人生》一书介绍了人类大脑的"神经可塑性"，书中讲了一个重要的实验：实验的内容是让这些盲人学习用手摸盲文。摸盲文是用要用手接触纸上凹凹凸凸的点，这个触觉激活的大脑反射区非常固定。这些科学家们就想知道这个摸盲文的学习需要多长的学习时间。实验从周一开始，每天这些盲人学完后，科学家们就带上设备检测一下其对应的大脑反射区的情况。盲人周一摸了一天盲文，测试发现对应的大脑反射区大了一点点；周二又摸了一天盲文，大脑反射区又大了一点点；周三、周四、周五，大脑反射区都会比前一天大一点点。但是周六、周日要休息。那就周一回来再测。周一在还没开始学之前，科学家们先测试一下大脑反射区的情况，结果让人大吃一惊。原来，上周五的大脑反射区比上周一扩大的部分不见了，反射区又回到了上周一还没学习时的样子。继续往下研究，这新的一周，大脑反射区从周一又开始一天一天地扩大到周五。但是一过周六周日到新的周一再一测，大脑反射区又回到上周一的水平，感觉这一周就像是白学了。科学家们把周一的大脑反射区称为"星期一地图"，把周五扩大后的大脑反射区称为"星期五地图"。经过了半年时间的跟踪测试，也就是在六个月后，科学家们终于发现，周一的大脑反射区不再往回缩了，固定成了"星期五地图"。这个实验就说明了，要学习一个东西，至少要有半年时间的强化，大脑内部才能固定形成"星期五地图"，这半年没坚持下来就会回到"星期一地图"，就白学了。

所以我每次在各种课程结束之前，都会语重心长地告诉学生们：别看你们现在学完了之后感觉豁然开朗、醍醐灌顶，但这种兴奋有可能只是你人生中的一个幻象，因为它极有可能仅仅是"星期一地图"，如果你不去持续应用、不去持续实践，半年后的你可能也就剩下一个在我的课堂上曾经悟过的感受，到时候你将还是那个原来的你，没有什么改变。其实，活过的人都悟过，即使是特别愚钝的人也会有一刹那对世界的领悟，虽然在领悟的一刹那大脑多巴胺井喷，让你感受到了狂喜和通透，但如果不悟后起修，这一切"如梦幻泡影，如露亦如电"。只有终其一生用修的方式保持那个悟的状态，才是真正的学习。

学会在批判和挫折中学习

生活中的挫折和批判在所难免，但是如何对待挫折和批判，却是因人而异。人性的本能是在遇到挫折后气馁，遇到批判后反驳和对抗。但我认为：反驳是本能，反思才是学习。凡是那些高手，他们都能够做到一点，就是在挫折和批判中学习。如果说在挫折和批判中学习是一种隐性技能的话，那么这个隐性技能的提升应该有极高的优先级。

那么，该如何在挫折和批判中学习呢？

1. 调整状态

其实，挫折和批判有双重属性，一方面它有伤害你的可能，另一方面它也可能成为你学习的原料。遇到挫折与批判，启动"战斗-逃跑"的模式是本能，但是人一旦启动防御态，学习态也就同时关闭了。要把挫折和批判转化为学习的机会，最关键的就是要认识到：挫折和批判本身是一种包装丑陋的反馈。

状态决定了你能不能把挫折和批判当成一个包装了的反馈。处在学习态，批判也是一种反馈；不处在学习态，反馈也会被解读成批判。如果你的状态对了，能够冷静下来去反思的话，就会发现不管是批判还是挫折，里面都包装着两个东西。第一个，是积极的、有效的反馈成分。这世界没有百分之百的对，也没有百分之百的错，即便99%的错在对方，那也还有1%的错是你的错，那你愿不愿意挖出这个"1%"来，愿不愿意就这个"1%"进行反思呢？如果你愿意，这"1%"的部分就会成为对于你的学习有效的反馈成分。第二个，是在遇到挫折和批判时的情绪反应。凡是这种无意识、自动化的情绪反应，绝大多数都和一个人的原生家庭、童年经历、创伤记忆相关，都值得你去追溯它形成的根源，去疗愈小时候的自己，然后把这种低效能低版本的反应模式升级为更高效能、高版本的模式。

2. 反思迭代

遇到挫折和批判，你的情绪反应越激烈，越说明隐藏在你潜意识层面的那些没有和解的事物曾经"扎"得你很深很痛。它们隐藏在潜意识层面，特点就是"不思量，自难忘"，时间并没有消除它们，它们一直在你的内心里隐隐作痛。如果你不能有意识地发掘和疗愈它们，它们就一直会是你的一份常驻内存，甚至成为你大脑中的病毒，一直在额外消耗着你的一部分生命能量。

欧文·亚隆是一位顶级的心理治疗大师，但是在他80多岁的时候，他发现自己仍然没有和他已故的妈妈和解。因为在他小时候，妈妈一直在用批评的方式教育他，让他感觉妈妈永远看不上他，所以长大后的他，做的很多努力其实最根本的都是渴望让他的妈妈看见，都是渴望得到妈妈的肯定。他很早就发现了这一点，甚至专门写了一本书叫《妈妈及生命的意义》来帮助自己疗愈。

由此可见，这些东西都一直在潜意识层面，直到有一天你能够回过头来积极地面对它们，打开它们丑陋的包装，发现它们内里的礼物。

我曾经有过一段被下属出卖的经历，我认为我很照顾他，但他却反过来在背后"捅"了我一刀。我很多年都放不下。但是后来我发现，这件事绝对是难得的礼物，它用一种很特别的方式告诉我了一个道理：在任何位置上都要秉公行事，偏袒不一定会换来感恩，反而极可能造成多方面的伤害，偏袒不但破坏了对大多数人的公平，也剥夺了被偏袒方努力上进的机会。从这段经历中领悟到这个道理以后，我就觉得这是一个深层次的学习。如果我没有经历过这样的伤害，那可能一辈子都没有机会领悟到这么高深而真切的智慧，更没有机会把自己修得更好。自此，我就把这个伤害一点一点地转化为滋养了。

只有在这些遭遇中把它们当成资源和滋养，把那些潜意识层面的伤害、挫败、低版本反应模式，用反刍的方式慢慢咀嚼、慢慢消化，释放潜意识层面被批判和挫折所占据的那一部分放不下的内存，你才能够获得更深层次的智慧，从而更好地迭代和升级自己。正如村上春树在《海边的卡夫卡》中说的："暴风雨结束后，你不会记得自己是怎样活下来的，你甚至不确定暴风雨真的结束了。但有一件事是确定的，当你穿过了暴风雨，你早已不再是原来的那个人。"

我的教育梦想

我这个人其实蛮"二"的，其中最"二"的一点就是经常说一些惊人的语言，然后就把自己架到火上烤。

我刚开始在用友大学做培训的时候，就在业内大胆地提出"上不接战略、下不接绩效的培训不值得做"，其实提出这句话的时候我自己也不知道到底怎么上接战略、下接绩效，但是这个牛吹出去了就把自己架到火上了，于是时时刻刻提醒自己既然说到了那就想办法去做到，我就努力思考和实践怎么在企业大学的培训工作中上接战略、下接绩效，现在这句话已经成了我的一个标签。后来，我又提出了"不以学生改变为目的的教学都是耍流氓"，再一次把自己架起来了，于是我在所有课堂上都秉持着让学生真正发生改变的信念。

从用友出来之后创业，我又公开说了："我希望我的学生将来在回首往事的时候能把人生分为前后两段，前一段是和田老师结缘之前，后一段是和田老师结缘以后。"我说这句话就是希望能在课堂里不仅教给学生知识技能，还能触动学生的觉醒。刚开始说这句话的时候，我还特别脸红。但是后来越来越多的学生愿意为我这句话背书，当他们愿意公开站出来说他的人生分成认识我的前后两段时，我就知道我的这句话起作用了。立下这么一个"誓言"，就是要时时暗示自己，课堂一定是育人大于教书的。它也是我在教育领域里的自我宣言。我还曾经说过"全国14亿人粉我都不如14个人因我而改变"，这和现在很多人追求粉丝量的目标截然相反，他们的目标是让人粉他，我的目标是让人深度改变。我认为，作为一个教育工作者，如果你不能让学生的人生变得不同，那将会是一种负债。

除了以上的一些惊人的言论，我还有一个更惊人的大愿，那就是"<u>活着是为了淡定地改变中国教育</u>"。这个大愿并不是我用于吹牛的口号，我是玩真的！

正如我前面论述我的学问的发展，放眼全世界，没有几个人真真正正地把脑科学、现代心理学、教育学的最前沿成果用于改造我们的教学，用于让我们的课堂变得不一样。改变教育一定要从改变课堂开始，要从改变老师开始，这是常识。今天教育之所以许多怪现状，责怪现在的老师毫无道理，因为现在这些老师当学生的时候，他们的老师就是这样教他们的，所以他们给不了别人自己不曾拥有的东西，他们没有体验过活力课堂，他们没有体验过魅力引导，他们没有体验过建构主义教学，所以他们也不会用活力课堂、魅力引导、建构主义的教法来教。所以我认为，改变中国教育的核心策略，就是从培养对建构主义教学有体感的老师，对魅力引导有体感的老师，对五星教学有体感的老师，能够让课堂有活力的老师，能够让师生双双处在创造性脑力劳动状态下的老师开始。当这些老师真正有了体感、有了体验，他们就不再只是就理论说理论，而是可以从模仿开始到逐步发展迭代，从而改变他们的课堂。

我实现改变中国教育的路线是什么呢？就是用 10 年的时间复制 1000 个"我"，这 1000 个"我"能够灵活自如地运用我的理论方法实现新式的课堂。再用 10 年，这 1000 个老师每人也能再复制出 1000 个"我"，那就是 100 万个"我"了。再用 10 年，这 100 万个老师也每人能复制出 1000 个"我"，那就是 10 亿个"我"了……逻辑上就是这样的。当然这也是我对所有人的邀请，期待每一位读者都能参与到我的这项事业中来，成为"淡定地改变中国教育"阵营里的生力军。

所以我刚一开始公开说出这个大愿的时候，我还觉得脸红，但是后来我越来越淡定。为什么？随着我一期一期地办班，这个大愿逐步被我的学生"外包"出去了。我的很多学生都会立个自己的"誓言"，"我要淡定地改变金融行业教育""我要淡定地改变中小学教育"……越来越多的人加入了我的阵营。

人类学家玛格丽特说过：永远不要怀疑一小撮有想法又有勇气的人能够改变这个世界，事实上，这个世界屡屡是被这帮家伙改变的。苹果公司的经典广告《Think Different（非同凡响）》里是这么说的：

向那些疯狂的家伙们致敬，

他们特立独行，

他们桀骜不驯，

他们惹是生非，

他们格格不入，

他们用与众不同的眼光看待事物，

他们不喜欢墨守成规，

他们也不愿安于现状。

你可以赞美他们，引用他们，反对他们，

质疑他们，颂扬或是诋毁他们，

但唯独不能漠视他们。

因为他们改变了事物。

他们发明,他们想象,他们治愈,

他们探索,他们创造,他们启迪,

他们推动人类向前发展。

也许,他们必须要疯狂。

你能盯着白纸,就看到美妙的画作么?

你能静静坐着,就谱出动听的歌曲么?

你能凝视火星,就想到神奇的太空轮么?

我们为这些家伙制造良机。

或许他们是别人眼里的疯子,

但他们却是我们眼中的天才。

因为只有那些疯狂到以为自己能够改变世界的人,

才能真正地改变世界。

感受到这些语言背后隐藏的能量了吗?改变中国教育并没有那么难,只是需要越来越多觉醒的你加入和我们共同上下求索的路上。

马克·吐温说过:不要让课堂成为学习的绊脚石。我觉得这句话应该对所有老师是一个警醒。既然你已经学到、理解、体验到了更先进、更科学、更有效的教学方式,为什么还要墨守成规把几十年不变的那种课堂带给学生。

系统用索取的方式赠予,个人用奉献的方式获得。我希望你能够边奉献、边学习、边提高,把自己的学习和自己的奉献结合在一起,借助三尺讲台,让你自己的灵魂越来越高尚,让更多的灵魂在你的点拨下变得高尚,活出值得自己尊重的自己,活出富足的人生!

参考文献

[1] 安德森．认知心理学及其启示 [M]．秦裕林，程瑶，周海燕，等译．7 版．北京：人民邮电出版社，2012．

[2] 斯滕伯格，威廉姆斯．斯滕伯格教育心理学（原书第 2 版）[M]．姚梅林，张厚粲，等译．北京：机械工业出版社，2012．

[3] 梅里尔．首要教学原理 [M]．盛群力，钟丽佳，译．福州：福建教育出版社，2016．

[4] 加涅，韦杰，戈勒斯，等．教学设计原理（第五版修订本）[M]．皮连生，王小明，庞维国，等译．上海：华东师范大学出版社，2018．

[5] 马扎诺，肯德尔．教育目标的新分类学 [M]．高凌飚，吴有昌，苏峻，译．北京：教育科学出版社，2012．

[6] 马扎诺，皮克林．培育智慧才能——学习的维度教师手册 [M]．盛群力，何晔，张慧，等译．福州：福建教育出版社，2015．

[7] 维果茨基．思维与语言 [M]．李维，译．北京：北京大学出版社，2010．

[8] 威廉姆斯．合作学习有讲究 [M]．谭文明，译．北京：教育科学出版社，2021．

[9] 乔纳森．学习环境的理论基础 [M]．郑太年，译．上海：华东师范大学出版社，2004．

[10] 普莱文．建立以学习共同体为导向的师生关系 [M]．张静，译．北京：中国青年出版社，2019．

[11] 布兰思福特，等．人是如何学习的：大脑、心理、经验及学校 (扩展版)[M]．程可拉，孙亚玲，王旭卿，译．上海：华东师范大学出版社，2013．

[12] 帕尔默．教学勇气——漫步教师心灵 [M]．吴国珍，译．上海：华东师范大学出版社，2014．

[13] 默里．真实性学习：如何设计体验式、情境式、主动式的学习课堂 [M]．彭相珍，译．北京：中国青年出版社，2021．

[14] 戈特弗雷森．心态 [M]．李恩宁，译．北京：国际文化出版公司，2021．

[15] 蒙洛迪诺．情绪：影响正确决策的变量 [M]．董敏，陈晓颖，译．北京：中译出版社，2022．

[16] 蒙洛迪诺．弹性：在极速变化的世界中灵活思考 [M]．张媚，张玥，译．北京：中信出版社，2019．

[17] 埃德加·H．沙因，彼得·A．沙因．谦逊领导力：关系、开放与信任的力量 [M]．徐

中，胡金枫，译. 北京：机械工业出版社，2020.

[18] 夏莫. U型理论：感知正在生成的未来 [M]. 邱昭良，王庆娟，陈秋佳，译. 杭州：浙江人民出版社，2013.

[19] 道伊奇. 重塑大脑，重塑人生 [M]. 洪兰，译. 北京：机械工业出版社，2021.

[20] 凯根，莱希. 心智突围：个体与组织如何打破变革免疫 [M]. 杨珲，殷天然，译. 北京：北京师范大学出版社，2022.

[21] 盛群力，等. 21世纪教育目标新分类 [M]. 杭州：浙江教育出版社，2008.

[22] 田俊国. 让学习真正在课堂上发生 [M]. 北京：中国青年出版社，2022.

[23] 田俊国. 金课开发15讲 [M]. 北京：电子工业出版社，2022.

[24] 田俊国. 上接战略 下接绩效：组织学习新范式 [M]. 北京：北京联合出版公司，2020.

[25] 田俊国. 上接战略 下接绩效：培训落地新方法 [M]. 北京：北京联合出版公司，2020.

[26] 田俊国. 讲法：从说教到赋能 [M]. 北京：电子工业出版社，2018.